Matthias Wendt

Praxisbuch
CBT und WBT

konzipieren, entwickeln, gestalten

Matthias Wendt

Praxisbuch CBT und WBT

- **konzipieren**
- **entwickeln**
- **gestalten**

HANSER

Der Autor: Matthias Wendt, Karlsruhe
Herausgegeben von Ralf Lankau, Bingen

http://www.hanser.de

Bibliografische Information Der Deutschen Bibliothek
Die Deutsche Bibliothek verzeichnet diese Publikation in der Deutschen Nationalbibliografie; detaillierte bibliografische Daten sind im Internet über http://dnb.ddb.de abrufbar.

© 2003 Carl Hanser Verlag München Wien
Gesamtlektorat: Sieglinde Schärl
Copy-editing: Manfred Sommer, München
Herstellung: Monika Kraus
Gesamtherstellung: Kösel, Kempten
Printed in Germany

ISBN 3-446-22111-5

Inhaltsverzeichnis

Vorwort

E-Learning, das Lernen mit elektronischen Medien, gilt heute als zentraler Bestandteil zukunftsorientierter Bildungskonzepte. Denn moderne Kommunikations- und Informationstechnologien ermöglichen die schnelle, effiziente und bedarfsorientierte Vermittlung von Wissen aller Art. Transportable Datenträger und Netzwerke schaffen zeitliche und räumliche Flexibilität, Inhalte sind über das Netz jederzeit aktualisierbar, und Kommunikation ist in alle Richtungen möglich.

Insofern überrascht es nicht, dass dem E-Learning-Markt beste Wachstumschancen prognostiziert werden. Vor dem Hintergrund sich immer schneller wandelnder Marktstrukturen und dem daraus resultierenden Weiterbildungsbedarf investieren besonders Wirtschaftsunternehmen und ihre Dachverbände hohe Summen in leistungsfähige Bildungs- und Informationstechnologien – Tendenz steigend. Viele Konzerne und Branchenverbände organisieren die Aus- und Weiterbildung ihrer Mitarbeiter bzw. Mitglieder inzwischen über eigene Lernplattformen oder virtuelle Lernzentren, und selbst kleinere Unternehmen verfügen mittlerweile über ein eigenes Lernportal.

Private und öffentliche Bildungsträger haben das Potenzial der Neuen Technologien ebenfalls erkannt: Seit geraumer Zeit entstehen in mehreren Bundesländern virtuelle Hochschulen, an Fernuniversitäten können Teilstudiengänge online absolviert werden. Unabhängig davon starten einzelne Schulen E-Learning-Modellprojekte, die genau auf ihr Bildungskonzept zugeschnitten sind, und selbst Volkshochschulen bieten mittlerweile Online-Kurse zur Bearbeitung an.

Doch ob sich die Investitionen für das computergestützte Lernen auszahlen, hängt sehr stark von dem Leistungsmerkmalen der Lern- und Informationsmedien ab, die zur Wissensvermittlung eingesetzt werden. Denn sie bilden die zentrale Schnittstelle zwischen dem Lernangebot und dem Anwender. Ihre Machart entscheidet darüber, ob und inwieweit Wissen zielgruppenorientiert und themengerecht vermittelt und vom Lernenden auf die Praxis übertragen werden kann.

Viele Bildungsanbieter sind sich dieser Tatsache bewusst. Da die auf dem Markt erhältliche Lernsoftware selten auf ihr individuelles Bedarfsprofil zugeschnitten ist, suchen sie nach Alternativen. Und die heißt: selbst virtuelle Lernumgebungen entwickeln. Immer mehr Mitarbeiter aus Bildungsressorts besuchen Schulungen über Autorensysteme und die Entwicklung virtueller Lernarrangements; gleichzeitig investieren die Unternehmen große Summen in die Anschaffung einfach zu bedienender Entwicklungswerkzeuge. Auch in den Schulen abeiten medieninteressierte Pädagogen an eigenen Lernprogrammen und büffeln Software-Handbücher. Und selbst professionelle Multimedia-Agenturen, die nach dem Abklingen der Internet-Euphorie gezielt E-Learning als neues Geschäftsfeld aufbauen, beginnen sich mit der Frage zu beschäftigen, wie man einen Brückenschlag zwischen Pädagogik, Multimedia und Neuen Technologien herstellen kann.

Doch es fehlt an universell einsetzbaren Konzepten und verlässlichen Planungsrastern. Ein Leitfaden, ein konkreter „Bauplan" für ein Lernprogramm wird gesucht, der beschreibt, wie man im „Bermuda-Dreieck" aus Zielgruppenorientierung, Bildungskonzept und Plattformzuschnitt das didaktische, multimediale und technologische Potenzial des Mediums abrufen und nutzen kann.

Genau hier setzt das vorliegende Buch *CBT und WBT* an: Es beschreibt, wie man zielgruppen- und lernzielorientiert ein interaktives Lernsystem für CD-ROM und Intranet/Internet konzipiert, entwickelt und gestaltet. Es führt in die grundlegenden Konzepte interaktiven Lernens ein und stellt die Konzepte, Elemente und Strukturen vor, aus denen eine multimediale Lernanwendung bestehen kann. Des Weiteren beschreibt es Schritt für Schritt den Entstehungsprozess eines Lernprogramms (das sich als Anschauungsmaterial auf der beigefügten CD-ROM befindet).

Planungsraster und Strukturmodelle aus den Bereichen Pädagogik, Screendesign und Multimedia-Entwicklung helfen, eine schlüssige Konzeption zu erstellen und diese mit didaktischem und multimedialem Inhalt zu füllen. Praxisbeispiele erläutern die Darstellungen, zeigen Alternativen auf und bieten vielfältige Anregungen für die Realisierung eines eigenen Projekts.

Somit vermittelt das Buch alle Grundlagen, die man benötigt, um am Reißbrett und am Computer ein Lernprogramm zu entwickeln, und es zeigt auf, worauf es bei der Ausgestaltung und Umsetzung am Bildschirm ankommt. In diesem Sinne wünsche ich Ihnen viel Spaß beim Lesen und viel Erfolg bei Ihrem persönlichen Projekt!

Karlsruhe, November 2002   Matthias Wendt

Einleitung

Gebannt blicken die Nachwuchsmanager auf das großformatige TFT-Display im Seminarraum. „Düstere Lage", urteilt ein Teilnehmer fachmännisch. In der Tat befinden sich die Mitglieder der Ausbildungsgruppe in einem klassischen Dilemma: Verschiedene kritische Ereignisse drohen das auf dem Bildschirm abgebildete virtuelle Projekt zum Einsturz zu bringen. Ressourcen zur Abhilfe stehen zur Verfügung – aber reichen nicht aus. Es müssen also Entscheidungen getroffen, Prioritäten gesetzt werden. Doch wer übernimmt die Verantwortung? Wer entscheidet, ob die „unzureichende Kommunikation im Team" dringender angegangen werden muss als die „mangelhafte Ausbildung der Mitarbeiter" oder das plötzliche „Desinteresse des Projektpaten"? Schließlich greift sich einer der Jungmanager Maus und Tastatur und verteilt kurz entschlossen alle vorhandenen Ressourcen. Als sich nun auf dem Bildschirm die Situation dramatisch verschlechtert, geht ein Stöhnen und Kopfschütteln durch die Runde. „Ein klassischer Fall von Investitionsruine", bilanziert schmunzelnd der Ausbilder im Hintergrund und bittet seine Schützlinge zu einem neuen Durchlauf. Diesmal klappt es besser: Die Nachwuchsführungskräfte richten ihre Strategie neu aus und beziehen nun in lebhafter Diskussion alle Einflussfaktoren in ihre Entscheidungen mit ein. Das vernetzte Denken und Handeln führt zum Erfolg: Die Lage wird gerettet, das Projekt auf dem Bildschirm mit einem ordentlichen Ergebnis abgeschlossen.

Interaktive Lernsysteme wie das computergestützte Planspiel *e-project* bilden heute das Rückgrat des *Computer Based Trainings* (CBT) bzw. *Web Based Training* (WBT). Sie sind auf

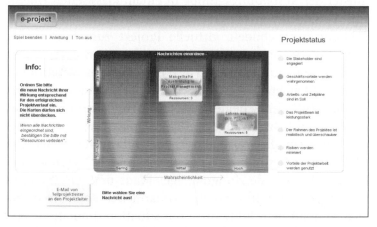

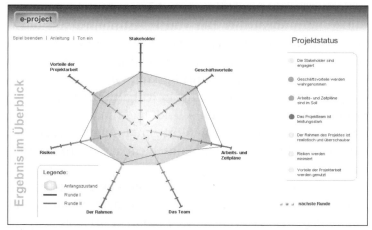

Abb. 1.1 – 1.3: Das webbasierte Lernsystem e-project trainiert vernetztes Denken in komplexen Situationen.

ein ganz bestimmtes Szenario und auf eine ganz bestimmte Zielgruppe zugeschnitten und können gleichzeitig auf verschiedenen technischen Plattformen (CD-ROM, Intranet, Internet) eingesetzt werden. Dabei nutzen sie das gesamte didaktische, multimediale und technologische Leistungspotenzial zur Wissensvermittlung: Der frisch angeeignete Lehrstoff kann direkt in einem multimedial simulierten Szenario erprobt und angewendet werden. Gleichzeitig sind die Anwender persönlich und emotional involviert. Lernen bleibt somit nicht auf den Erwerb neuen Wissens beschränkt – es wird vielmehr zum Erlebnis, zur persönlichen Erfahrung.

Um ein Lernsystem wie *e-project* zu entwickeln, benötigt man Kenntnisse und Fähigkeiten aus ganz unterschiedlichen Bereichen:

- Lernpsychologie
- Didaktik/Methodik
- Multimedia-Konzeption
- Screeendesign
- Entwicklung.

Dieses Know-how muss zu einem einheitlichen Ganzen verwoben und in ein Gesamtkonzept integriert werden. Die Herausforderung besteht darin, dieses Konzept von Anfang an auf

- die Zielgruppe und ihre Voraussetzungen (Medienkompetenz, Vorkenntnis in Bezug auf Inhalte etc.),
- das Bildungskonzept (Lernthema, Lernziele, Lernsituation)
- und die Zielplattform (Leistungspotenzial von Rechnersystem und Verteilungsmedium) zuzuschneiden.

Diese Aufgabe ist nicht einfach zu lösen, denn alle Faktoren stehen untereinander in einem wechselseitigen Abhängigkeitsverhältnis. Eine Fehleinschätzung in nur einem Bereich verschiebt automatisch das Koordinatensystem des gesamten Projekts. Und dies kann fatale Auswirkungen auf die spätere Akzeptanz und Nutzung des Programms durch den An-

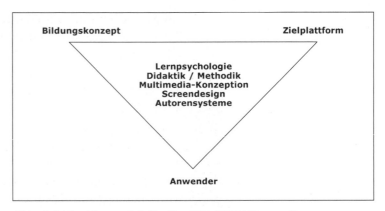

Abb. 1.4: Strukturmodell für die CBT-/WBT-Konzeption.

Abb. 1.5: Viele Anwender reagieren verärgert, wenn ein Lernsystem inhaltlich nur magere Kost bietet und an ihren Voraussetzungen vorbeiproduziert wird.

wender haben. Insofern bilden Zielgruppe, Zielplattform und Bildungskonzept – bildlich gesprochen – das „Bermuda-Dreieck" der CBT-/WBT-Entwicklung.

In diesem Buch steht deshalb die in erster Linie die Entwicklung eines Bauplans, eines Leitfadens im Vordergrund, der Sie in die Lage versetzt, ein Lernsystem wie *e-project* zu konzipieren, entwickeln und zu gestalten.

Im ersten Teil führt Sie das Buch in die Grundlagen interaktiven Lernens ein. Sie erfahren, welche Kompetenzen man mit einem CBT/WBT erlernen kann, welche Modelle zur Wissensvermittlung existieren und für welche Zielsetzung sie sich am ehesten eignen. Der zweite Teil des Buches stellt die Elemente vor, aus denen ein Lernprogramm bestehen kann: Sie erfahren alles Wissenswerte über die Entwicklung von Programmstrukturen, die Konstruktion von Aufgaben, den Einsatz und die Wirkung von Multimedia, über die Gestaltung von Benutzeroberflächen, die Eignung von Autorensystemen und über die Leistungsmerkmale der technischen Plattformen. Im dritten Teil führt Sie ein ausführlich kommentierter Workshop Schritt für Schritt durch die Entstehung von *e-project*. Das dem Workshop zugrunde liegende Raster eignet sich selbstverständlich zur Umsetzung ähnlicher Projekte, sodass Sie bei eigenen Vorhaben auf einen „Bauplan" zurückgreifen können.

I Lernen mit dem Computer

1 Die Möglichkeiten der Technik

Als Mitte der siebziger und Anfang der achtziger Jahre die ersten Computer-Lernprogramme auf den Markt kamen, fiel deren didaktische und multimediale Qualität naturgemäß bescheiden aus. Viele Programme ähnelten primitiven „Blättermaschinen", die den Anwender schrittweise und ohne Einflussmöglichkeit durch vorstrukturierte Lerninhalte führten, oder „elektronischen Karteikästen", die nach einem vorgegebenen Schema Übungsaufgaben so lange vorlegten, bis der Nutzer sie endgültig richtig gelöst hatte. Eine strenge, nicht beeinflussbare Führung des Anwenders durch vorgegebene Lernwege und vergleichsweise unspezifische Rückmeldungen über die Lernleistung („richtig"/„falsch") waren die Hauptmerkmale der ersten Generation von Lernprogrammen.

Demgegenüber standen einfache interaktive Modelle, die Wirkungszusammenhänge zwischen verschiedenen Elementen nachstellten (zum Beispiel einen Schaltmechanismus). Sie boten die Möglichkeit, am Bildschirm in ein bestehendes System einzugreifen und die Faktoren zu verändern – mit dem Effekt, dass das System unmittelbar in irgendeiner Weise auf die Veränderung reagierte. Insofern war es dem Anwender möglich, einfache Zusammenhänge zu erfassen, zu erfahren und zu beeinflussen. Allerdings, wie gesagt, auf einem sehr einfachen Niveau.

Die Programmentwickler der ersten Stunde erkannten schnell, dass das pädagogische Potenzial computergestützten Lernens stets

Abb. 1.6: Ein älteres CBT im *basic style*: Starre Führung durch das Programm, sehr einfache Didaktik, extrem schlichtes „Design".

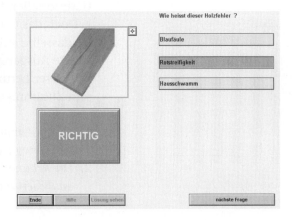

auf das engste mit der Leistungsfähigkeit der technischen Plattform verknüpft sein würde. Diese Erkenntnis bezog sich nicht allein auf technische Parameter wie zum Beispiel Prozessorgeschwindigkeit, Taktfrequenz oder Speicherkapazität (die gerade in den Pioniertagen der CBT-Entwicklung mehr als bescheiden ausfielen). Es war vielmehr die schematische Arbeitsweise und formale Logik des Computers, um die die Gedanken der Experten kreisten. Denn sie definierte den Rahmen dessen, was an Ideen und Konzepten in einem Lernprogramm umsetzbar war: Einerseits ermöglichte sie interaktive Lernarrangements, die gegenüber herkömmlichen Settings einen beachtlichen Mehrwert boten (z.B. Erfahrungslernen durch Simulationsprogramme), andererseits schränkte sie aber auch stark die Anzahl und Vielfalt der Themen ein, die durch ein Lernprogramm vermittelt werden konnten.

An diesem Grundproblem hat sich bis heute nichts geändert. Zwar hat sich die Computertechnologie in atemberaubendem Umfang weiterentwickelt: Rechnersysteme der heutigen Generation verfügen über Eigenschaften, von denen die CBT-Pioniere der siebziger und achtziger Jahre nicht einmal zu träumen gewagt hätten. Auch das Leistungsspektrum von Lernprogrammen hat sich – in Analogie zum technischen Fortschritt – um ein Vielfaches erweitert: multimediale Präsentationsformen in Verbindung mit vielfältigen Interaktionsformen ermöglichen Lernerfahrungen, die mit traditionellen Lernmedien nicht zu realisieren wären.

Doch das Grundprinzip, nach dem ein Computer arbeitet, ist dasselbe geblieben – und somit auch die technisch bedingte Ausgangsposition für die Planung und Gestaltung interaktiver Lernmedien. Besonders zwei Faktoren sind in diesem Zusammenhang von Bedeutung:

1. *Die Systematik, mit der ein Computer Daten und Informationen verwaltet beziehungsweise organisiert.*
2. *Die Art und Weise, wie ein Computer Eingaben des Anwenders analysiert und interpretiert.*

Beide Faktoren definieren, wie „intelligent" Mensch und Maschine im Lernkontext miteinander interagieren können. Insofern bildet das Wissen um die Arbeitsweise des Computers den Schlüssel zum Verständnis dafür, was man mit einem Computer lernen kann – und vor allem: in welcher Form und Qualität.

1.1 Die Arbeitsweise des Computers

Wenn Sie zuhause oder am Arbeitsplatz an Ihrem Rechner sitzen, dann kennen Sie möglicherweise die Situation, dass das Programm, mit dem Sie gerade arbeiten, genau das, was Sie wollen, *nicht* macht.

Dass ein Computer auf bestimmte Eingaben anders reagiert, als es sich sein Anwender wünscht, liegt daran, dass er nach *formal-syntaktischen* Regeln arbeitet – nicht aber nach den Regeln, nach denen Menschen Zusammenhänge erfassen, verstehen und begreifen können (semantische Regeln). Das bedeutet: Er kann die Daten und Informationen, die er erhält – zum Beispiel über die Tastatureingabe –, sehr wohl erkennen. Der Rechner weiß auch, was er zu tun hat, wenn er sie bekommt. Aber er versteht ihre Bedeutung nicht. Alle Eingaben und Informationen, die er erhält, haben für ihn den Charakter bedeutungloser Muster und Zeichen – vergleichbar mit Hieroglyphen.

Diesen Zusammenhang hat der US-amerikanische Philosoph John R. Seale auf sehr schöne Weise in seiner „Parabel vom chinesischen Zimmer" veranschaulicht:

Stellen Sie sich einen kahlen Raum irgendwo in Europa vor, in dem ein Mann alleine mit einem Karteikasten und einem dicken Buch sitzt. Durch einen Schlitz in der Wand fallen in regelmäßigen Abständen Karteikärtchen, auf denen unbekannte, komplexe Symbole aufgezeichnet sind. Die Aufgabe des Mannes besteht nun darin, diese Zeichen in seinem Buch nachzuschlagen. Das Buch enthält jedoch nicht nur das gesuchte Zeichen selbst, sondern darüber hinaus eine spezielle Anweisung, welche Karte der Mann im Gegen-

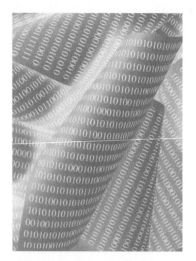

Abb 1.7: Der Computer interpretiert Anwendereingaben nur in Form von Zahlen und Zeichen – ihre inhaltliche Bedeutung versteht er nicht.

zug aus dem Karteikasten heraussuchen und durch den Schlitz in der Wand zurückgeben muss.

Was der Mann nicht weiß, ist, dass es sich bei den Symbolen um chinesische Schriftzeichen handelt und dass die Karteikarten, die er gemäß den Anweisungen im Buch heraussucht und durch den Schlitz hinausreicht, sinnvolle Antworten auf die eingegangenen Symbole darstellen. Die Person auf der anderen Seite der Wand, die keine Kenntnis von den Vorgängen in dem Raum hat, zeigt sich hingegen völlig fasziniert: sie hat den Eindruck, der „Schlitz" sei hochintelligent und verstünde ihre Eingaben.

Diese kleine Parabel zeigt sehr deutlich, wie viel „Intelligenz" man von einem Computer in puncto „Leistungsfähigkeit als Lernplattform" erwarten darf: Alles, was mit formallogischen Regeln nicht zu erfassen ist, was *un*logisch oder sogar *psych*ologisch ist, kann ein Computer mit seinen Mitteln nicht wahrnehmen und entsprechend einordnen. Die Leistung des Menschen, Zusammenhänge zu erkennen und zu verstehen, ist für ihn nicht reproduzierbar.

Wie wirkt sich dieser Aspekt auf die Konzeption und Entwicklung interaktiver Lernsysteme aus? Die schematische Arbeitsweise des Computers macht es beispielsweise sehr schwer, Lernprogramme zu entwickeln, die sich mit psychosozialen Themen beschäftigen und vom Rechner „menschliche" Reaktionen erfordern. Ein Beispiel für ein solches Programm wäre ein CBT zum Thema „Teamkonflikte". Die psychologische Dimension des Themas kann der Rechner im Dialog mit dem Anwender weder erfassen noch umsetzen.

Aber auch schon bei einer ganz trivialen Lückentext-Aufgabe in einem Standard-Lernprogramm zeigen sich die Schwierigkeiten und Stolpersteine, die auftreten können, wenn der Computer mit seiner formalen Logik vor die Aufgabe gestellt wird, Eingaben so zu interpretieren, wie der Anwender sie eingegeben hat.

Stellen Sie sich ein Lernprogramm vor, in dem der Nutzer die Aufgabe hat, einen bestimmten Begriff in ein leeres Textfeld einzutragen. Wenn der Rechner die Eingabe des gesuchten Begriffs als „richtig" bewerten soll, muss in der Programmierung genau definiert werden, dass nur die Eingabe eben dieses Begriffs als „richtig" anerkannt wird – denn das gesuchte Wort selbst versteht der Computer nicht: für ihn zählt nur die Verschiedenheit und die genaue Anzahl der Buchstaben. Was passiert aber nun, wenn der Anwender sich vertippt oder ein Synonym eingibt, also nicht den vordefinierten Begriff wählt – die Aufgabe im Prinzip aber richtig gelöst hat? Dann benötigt das Programm klare Instruktionen: zum Beispiel, dass die Länge des richtigen Wortes eine bestimmte Zeichenzahl nicht überschreiten darf. Wenn aber nun ein Synonym eingegeben wird, das kürzer als der Suchbegriff ist? Die letzte Alternative bestünde darin, dem Programm eine Liste sämtlicher Antwortalternativen – inklusive möglicher Rechtschreibfehler – zur Verfügung zu stellen, da es sonst mit den Eingaben nichts anfangen kann.

Die Einschränkungen, die durch die formal-syntaktische Arbeitsweise des Computers entstehen, lassen sich in der Regel nicht ohne weiteres umgehen. Akzeptiert man jedoch den Gestaltungsspielraum, den die formale Rechnerlogik bietet, und begreift man den Computer beziehungsweise das Lernprogramm als *Medium*, als technisches Hilfsmittel zum pädagogischen Zweck, dann eröffnen sich mit etwas Kreativität und Phantasie einige Möglichkeiten für computergestütztes Lernen.

Dazu ein Beispiel: Angenommen, Sie möchten ein CBT zu besagtem Thema „Konflikte im Team" entwickeln. Der Trick, die begrenzte Intelligenz des Rechners zu umgehen, besteht darin, dem Programm die Funktion eines technischen Bindeglieds zuzuweisen und für diejenigen Bestandteile des Lernszenarios, die menschliches Verhalten erfordern, auch tatsächlich Menschen einzusetzen. Die Anwendung fungiert ausschließlich als Plattform und Erzeuger für ein virtuelles Konfliktszenario, in dem sich die Nutzergruppe zurechtfinden und miteinander interagieren muss.

Ein sehr schönes Beispiel für die Verwirklichung eines solchen Ansatzes ist das webbasierte Lernsystem *Lunaris*. Dabei handelt es sich um eine Computersimulation, mit der maximal zehn Personen gleichzeitig ihre Teamfähigkeit und ihr Verhalten im Konflikt trainieren können. Alle teilnehmenden Personen sitzen an einem separaten Rechner in einem Raum. Die Rechner sind untereinander vernetzt. Auf dem Bildschirm erscheint ein fiktives Konfliktszenario: Eine bemannte Raumstation auf dem Mond – eben *Lunaris* – wird von der Versorgung zur Erde abgeschnitten. Die Zahl der vorhandenen Vorräte (Sauerstoff, Nahrungsmittel etc.) ist begrenzt. Wollen die Besatzungsmitglieder bis zum Eintreffen der nächsten Versorgungskapsel überleben, müssen sie kooperieren. Freilich besteht auch für jedes Teammitglied die Möglichkeit, für sich allein Vorräte zu sammeln oder sich unbemerkt mit dem Rettungsschiff aus der prekären Lage zu entfernen ...

Alle Anwender, die an der Simulation teilnehmen, übernehmen an ihrem Computer die virtuelle Rolle eines Besatzungsmitglieds. Das Lernsystem bietet via Chat und E-Mail die Möglichkeit, miteinander zu kommunizieren und sich auszutauschen. Über verschiedene Auswahlmenüs kann jeder Nutzer die Vorgänge auf der Mondbasis interaktiv beeinflussen – sowohl in seinem eigenen Bereich, für den nur er zuständig ist, als auch auf der Ebene der gesamten Raumstation. Auf diese Weise können die Anwender beispielsweise untereinander Koalitionen schmieden oder lebenswichtige Vorräte horten, ohne sich mit anderen abzusprechen. Kooperation und Konflikt sind somit gleichermaßen Tür und Tor geöffnet. Ein Coach im Raum begleitet das Szenario und reflektiert mit den Teilnehmern ihre individuelles und kollektives Verhalten. Somit erhält jeder Lernende und die Gruppe als Ganzes eine differenziertes Rückmeldung über ihr Kooperations- und Konfliktverhalten – und kann ihre Strategie entsprechend modifizieren.

Im Fall von *Lunaris* stellt das Programm also nur den Rahmen für Konfliktsituationen und ihre Lösung, Zu keinem Zeitpunkt werden Computertechnik und Programm mit Aufgaben konfrontiert, die sie per definitionem nicht übernehmen können. Stattdessen nehmen sie Aufgaben wahr, die sie *besonders gut* können: den Austausch von Daten und

Abb. 1.8: Das Lernsystem „Lunaris" verknüpft das Leistungspotenzial interaktiver Lernmedien mit sozialen Lernformen.

Informationen, die Steuerung des Ablaufs, die Berechnung des aktuellen Status, die Simulation des Geschehens auf der Mondbasis. Zu keinem Zeitpunkt geraten Rechner und Anwendung in die prekäre Situation, sich abseits formaler Logik mit Aufgaben befassen zu müssen, die die bescheidenen „intellektuellen" Möglichkeiten der Technik übersteigen (beispielsweise muss das Programm nicht direkt auf eine Frage des Anwenders antworten). Stattdessen kann die Technik ihre Stärke – die vernetzte Simulation und Präsentation der Vorgänge – voll ausspielen.

Das Fallbeispiel *Lunaris* zeigt, dass man gerade zu psychosozialen Themen sehr wohl Lernprogramme auf ansprechendem Niveau entwickeln kann, wenn man die formal-syntaktische Arbeitsweise des Computers akzeptiert und als *Vorteil* begreift, als nützliches und hilfreiches Instrument zur Umsetzung didaktischer Konzepte – und nicht als Defizit.

Damit rückt die Frage näher, welche Lernthemen und Lernziele sich in Anbetracht der technischen Möglichkeiten generell am Computer umsetzen lassen, und wenn ja, unter welchen Voraussetzungen und in welcher Qualität.

1.2 Was man am Computer lernen kann

Die gute Nachricht vorweg: Ein Lernprogramm kann grundsätzlich Wissen zu *jedem* beliebigen Thema vermitteln. Es gibt diesbezüglich keine Einschränkungen. Aber: Es gibt gravierende Unterschiede im Hinblick auf die *zentrale Kompetenz*, die man mit einem Lernsystem erwerben kann.

So können Sie zum Beispiel mit einem CBT nicht Tauchen lernen: das Programm versetzt Sie per Mausklick weder auf den Grund des Roten Meeres noch bringt es Ihnen die Schnorcheltechnik oder den Flossenschlag bei. Ein CBT kann Sie jedoch sehr gut auf den ersten Tauchgang *vorbereiten*, indem es Ihnen am Bildschirm die theoretischen Grundlagen des Tauchens vermittelt: vom interaktiven 3D-Modell einer Taucherausrüstung über eine Unterwasserdrucksimula-

Abb. 1.9: Das Tauchen kann man mit einem CBT nicht erlernen ...

Abb. 1.10: ... wohl aber die dafür erforderlichen theoretischen Grundlagen.

tion bis hin zum Wissensquiz mit Prüfungsfragen für den Tauchschein ist in dieser Hinsicht alles denkbar.

Zwischen der realen Tauchpraxis im Neopren-Anzug und der „Trockenübung" am Computer besteht aus der Sicht eines CBT-Autors der feine Unterschied in der Definition des *Lernziels*. Beim echten Tauchgang auf dem Meeresgrund würde ein Programmautor von einem psychomotorischen Lernziel sprechen, denn inhaltlich handelt es sich um das Training grob- und feinmotorischer Bewegungsabläufe – die praktische Umsetzung dessen, was man im Seminarraum der Tauchschule lernt. Ein solches Lernziel ist mit einem Lernprogramm natürlich nicht umsetzbar, zumindest nicht in dieser Form. Die *Vorbereitung* auf den Tauchkurs oder die Tauchprüfung hingegen würde ein CBT-Autor als kognitives Lernziel definieren: Der Anwender soll lernen, was Tauchen eigentlich ist, welche Techniken es gibt, welche Ausrüstung man benötigt und so weiter. Kurz: Er soll das grundlegende Prinzip verstehen, und zwar so gut, dass er anschließend (im Idealfall) in der Lage ist, mit Hilfestellung einen ersten kleinen Probetauchgang in der Tauchschule zu absolvieren. *Dieses* Lernziel lässt sich mit einem CBT sehr gut verwirklichen.

Der Beurteilungsmaßstab dessen, was sich am Computer erlernen lässt, ist also das Lernziel. Die Pädagogik kennt im Wesentlichen drei Kategorien („Dimensionen") solcher Lernziele:

- kognitive Lernziele
- affektive Lernziele
- psychomotorische Lernziele.

Die Dimension der kognitiven Lernziele spricht die geistig-rationale Ebene im Menschen an. „Denken, verstehen, begreifen" sind die zentralen Stichworte, die kognitives Lernen charakterisieren. Der Anwender lernt zum Beispiel, zu einem bestimmten Thema Definitionen aufzusagen, Hypothesen zu bilden, Vorgänge und Abläufe zu beschreiben, unterschiedliche Perspektiven einzunehmen, Wirkungsgefüge zu erklären, Einflussfaktoren zu nennen, mögliche Auswirkungen aufzuzeigen und so fort. Die Aneignung von Grundlagenwissen steht im Mittelpunkt, ein vertieftes Verstehen und Begreifen wesentlicher Zusammenhänge, mit dem Ziel, das neue Wissen in einem praxisbezogenen Kontext einsetzen oder auf neuartige Lernsituationen übertragen zu können. Mögliche Themen für ein CBT mit kognitivem Lernziel wären zum Beispiel: „Grundwortschatz Englisch", „Strategien des Projektmanagements" oder „Das Funktionsprinzip des Otto-Motors".

Die Dimension der affektiven Lernziele stellt das Lernen von *Einstellungen* und *Verhaltensweisen* in den Vordergrund. Hier ist besonders die psychosoziale und emotionale Ebene

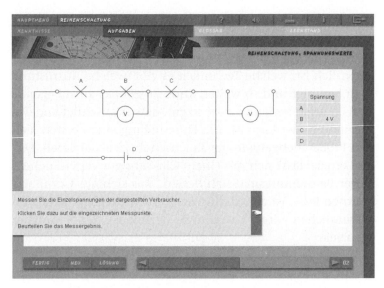

Abb. 1.11: Beispiel für ein CBT mit kognitivem Lernziel: das Lernsystem *Umgehen mit Elektrizität*.

im Menschen angesprochen. Beliebtes affektives Lernziel sind die vielzitierten *soft skills*, denen besonders im beruflichen Leben eine Schlüsselfunktion zugesprochen wird. Dabei handelt es sich um individuelle psychosoziale und emotionale Schlüsselkompetenzen, die erweitert, manifestiert oder verändert werden sollen, zum Beispiel mit der Zielsetzung, in komplexen Belastungssituationen einen kühlen Kopf zu bewahren und die richtigen Entscheidungen zu treffen. Insofern haben affektive Lernthemen immer eine psychologische Dimension. Beispiele hierfür wären: „Das Verkaufsgespräch im Einzelhandel", „Handlungs- und Entscheidungskompetenz als Manager" oder „Richtig und erfolgreich kommunizieren im Team".

Im Zentrum psychomotorischer Lernziele steht das Training von *Bewegungsabläufen* und *manuellen Fähigkeiten*. Hier dominiert die körperliche Dimension. Nahezu alle grob- und feinmotorischen Bewegungen können Lernziel sein. Im Mittelpunkt dieser Lernzielkategorie steht besonders die Fähigkeit zur *Koordination* von Bewegungsabläufen, das heißt, es

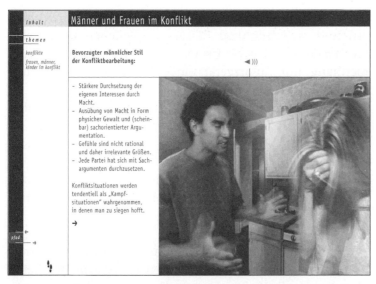

Abb. 1.12: Beispiel für ein CBT mit affektivem Lernziel: das Lernsystem *Konflikte XXL*.

geht zunächst einmal darum, sich auf einer kognitiven Ebene mit dem zu lernenden Bewegungsablauf vertraut zu machen und anschließend in speziellen Lernarrangements die Bewegungen auszuführen und zu trainieren. Ein Beispiel für ein CBT, mit dem sich psychomotorische Lernziele gut realisieren lassen, wäre eine Anwendung zum Erlernen des Zehn-

Abb. 1.13, 1.14: Beispiel für ein CBT mit psychomotorischem Lernziel: das Lernsystem *Vertical Motion Simulator*, hier mit Zusatzgerät (Flugkanzel).

Finger-Schreibsystems. Das Spektrum der Möglichkeiten erweitert sich mit dem Einsatz zusätzlichen Geräts. Ein sehr bekanntes Beispiel für ein Lernsystem, das im Zusammenhang mit Zusatzgerät eingesetzt wird, ist der Flugsimulator.

Fachleute stimmen heute weitgehend darin überein, dass man mit einem Computer-Lernprogramm …

- kognitive Lernziele sehr häufig,
- affektive Lernziele unter bestimmten Voraussetzungen,
- und psychomotorische Lernziele in geringem Umfang umsetzen kann.

Die Aufnahme und Verarbeitung aller relevanten Informationen erfolgt naturgemäß über den Bildschirm, das heißt: über die visuelle Wahrnehmung. Das Lerngeschehen selbst – und damit die aktive Auseinandersetzung mit den Inhalten – ist nur über Maus und Tastatur beeinflussbar. Das bedeutet: Lernen am Computer vollzieht sich auf einer sehr geistig-rationalen, intellektuellen Ebene. Andere Lerndimensionen des Menschen werden nicht oder nur in begrenztem Umfang angesprochen.

Entsprechend sind es vor allem die kognitiven Anteile aller Lernzieldimensionen, die mit Hilfe eines Computerprogramms am Bildschirm trainiert werden können. Affektive Lernziele eignen sich meist nur dann zur Umsetzung, wenn sie im Gruppenkontext vermittelt werden und wenn eine Lernbegleitung durch eine Fachkraft vorhanden ist. Psychomotorische Lernziele sind nur dann umsetzbar, wenn der Anspruch nicht über die Durchführung feinmotorischer Aufgaben hinausgeht – es sei denn, zusätzliches Gerät steht zur Verfügung, das mit dem Lernsystem gekoppelt wird.

Nimmt man das Lernziel-Modell als Maßstab, sind es insgesamt vier zentrale Kompetenzen, die man mit einem interaktiven Lernsystem erlernen kann:

- *Fakten- und Anwendungswissen* (im Sinne von Grundlagenwissen);

- *Intellektuelle Fähigkeiten* Produktives Problemlösen und vernetztes Denken in komplexen Situationen;
- *Verhaltensweisen* (im Sinne kognitiven Trainings);
- *Praktische Fähigkeiten* (einfache feinmotorische Fertigkeiten über Hand-Auge-Koordination).

Lernziele	Merkmale
Faktenwissen	Auswendiglernen, Hypothesen bilden, Zusammenhänge beschreiben …
Intellektuelle Fähigkeiten	Vernetztes Denken und Handeln, produktives Problemlösen, Übertrag auf Praxis
Verhaltens-weisen	Erwerb kognitiven Basiswissens, Identifikation richtigen und falschen Verhaltens in kritischen Situationen, Rollenübernahme, Verhaltenserprobung im interaktiven Rollenspiel
Praktische Fähigkeiten	Koordination kognitiver und motorischer Funktionen an Maus und Tastatur, z. B. beim Maschine schreiben, Programmieren, im Umgang mit Office-Anwendungen etc.

Diese Beschreibung von Lernzielen zeigt, dass sich interaktive Lernsysteme überwiegend zur praxisbezogenen *Einführung* oder *Vorbereitung* auf ein bestimmtes Lernthema eignen. Darin liegt ihre eigentliche Stärke, und in dieser Hinsicht sind sie traditionellen Bildungsmedien überlegen – besonders in Bezug auf die Vielfalt und Qualität der Lernaktivitäten und den Lernkomfort. Gleichzeitig bieten sie die Möglichkeit zum direkten Wissenstransfer. Man denke beispielsweise an Sprachlernprogramme oder Software-Trainings.

Das Wirkungspotenzial von Computer-Lernprogrammen erhöht sich, wenn sie mit anderen Bildungsmedien kombiniert und vor allem in ein übergeordnetes Bildungskonzept integriert werden (siehe hier auch das Beispiel von *Lunaris*). Eine Lehrveranstaltung oder eine personelle Lernbegleitung durch geschulte Lehrkräfte kann ein CBT oder WBT jedoch nicht ersetzen.

2 Interaktives Lernen

Das Verständnis dafür, was am Computer erlernbar ist, stellt sicherlich eine der wichtigsten Voraussetzungen dar, um realistisch die Konzeption und Entwicklung eines Lernprogramms angehen zu können. Der zweite, mindestens ebenso wichtige Baustein ist das Wissen um die pädagogischen und psychologischen Aspekte des Computer Based Trainings. Vor allem folgende Fragen bedürfen in diesem Zusammenhang einer Klärung:

- Wie lernt man am Computer?
- Welche didaktischen Modelle und Programmkonzepte existieren, um Lerninhalte zu vermitteln?
- Wie sieht die Umsetzung in der Praxis aus?

Eine Antwort auf diese Fragen zu finden, steht im Mittelpunkt der folgenden Abschnitte.

2.1 Philosophie und Konzept

Besitzen Sie einen Führerschein? Dann haben Sie bestimmt schon einmal irgendwann in Ihrem Leben einen Erste-Hilfe-Kurs besucht. Vielleicht geht es Ihnen wie mir: ich lernte seinerzeit, wie man einen Verletzten oder Bewusstlosen in die stabile Seitenlage bringt oder wie man eine Mund-zu-Mund-Beatmung durchführt. Ich weiß heute auch noch in etwa, wie ich diese Hilfeleistung erbringe. Doch käme ich in eine konkrete Unfallsituation, hätte ich ein Problem: Ich wüsste zwar ungefähr, welche Maßnahmen zu ergreifen wären, aber wie man sie ausführt, daran könnte ich mich sehr wahrscheinlich nicht mehr erinnern.

Dieses Phänomen – zu wissen, wie etwas funktioniert, es aber in der Praxis nicht anwenden zu können – bezeichnen Lernpsychologen als „träges Wissen".

Die Ursache dafür, dass jemand etwas, das er „eigentlich" gelernt hat, nicht in die Praxis umsetzen kann, beruht auf der Art und Weise, wie er sich die relevanten Lerninhalte angeeignet hat: Hat er nur vorgefertigte Informationsbausteine aufgenommen und abgespeichert oder sich aktiv und eigenständig mit dem Stoff auseinander gesetzt? War es für ihn möglich, die Lerninhalte nach seinen Bedürfnissen zu strukturieren und zu bearbeiten? War der Stoff so aufbereitet, dass er die Möglichkeit bot, bestimmte Sachverhalte aus unterschiedlichen Perspektiven zu betrachten? Und beinhaltete das Lernarrangement auch einen, in dem der Lernende aktiv und eigenständig mit dem frisch erworbenen Wissen experimentieren konnte?

Nach den Erkenntnissen der Lernpsychologie benötigt man vor allem Voraussetzungen wie diese, um erfolgreich lernen zu können, um den *Wissenstransfer* von der Theorie in die Praxis zu garantieren. Moderne pädagogische Theorien belegen, dass *anwendbares* Wissen nur dann entsteht, wenn der Mensch die Möglichkeit hat, sich aktiv und eigenständig mit den Lerninhalten auseinander zu setzen. Lernen ist demnach nicht auf das bloße Sammeln, Abspeichern und Wiederholen von Informationen reduziert. Die Konstruktion von Wissen ist vielmehr ein dynamischer Prozess, der durch aktives Handeln erzeugt wird. Erst durch die intensive Auseinandersetzung mit den Inhalten und durch ihre direkte Anwendung in praxisrelevanten Szenarien ist der Mensch in der Lage, jene kognitiven Muster und Strukturen herauszubilden, die ihn befähigen, das Gelernte zu verstehen – und es auf neue Zusammenhänge zu übertragen.

Diese Auffassung vom Lernen und seinen Bedingungen hat die Philosophie und das Konzept des *Computer Based Trainings* maßgeblich beeinflusst. *Selbstgesteuertes Lernen* auf einem hohen Niveau zu ermöglichen und gleichzeitig *hand-*

lungs- und erlebnisorientierte Lernaktivitäten anzubieten, die schnell, effizient und zielorientiert Wissen vermitteln, diese Maxime definiert heute das Selbstverständnis computergestützten Lernens.

2.1.1 Selbstgesteuertes Lernen

Selbstgesteuertes Lernen bedeutet, dass jeder Anwender den Lernprozess an seine individuellen Fähigkeiten und Bedürfnisse anpassen kann: Er allein bestimmt die Zusammenstellung der Lerneinheiten und die Reihenfolge, in der er sie bearbeitet, und er legt auch die Zeit fest, in der das geschieht. Auch wie oft er eine Übung wiederholt, bleibt allein ihm überlassen.

Aus psychologischer Sicht ist Selbststeuerung sehr wichtig, denn sie ermöglicht es dem Nutzer, das Lerngeschehen weitgehend an seine persönliche kognitive Struktur und somit an seinen ganz individuellen *Lernstil* anzupassen. Eine wichtige Voraussetzung hierfür sind unterschiedliche *Lernwege*, auf denen sich der Nutzer neues Wissen aneignen kann.

Aus dieser Erkenntnis heraus haben Didaktiker das Konzept der interaktiven *Lernumgebung* entwickelt. Die Grundidee besteht darin, dem Anwender in einer offenen Struktur alle Lerninhalte in modularisierter Form zur Verfügung zu stellen, sodass er nach persönlichen oder inhaltlichen Kriterien aus den einzelnen Lernbausteinen seinen persönlichen Lernweg zusammenstellen kann – angefangen von der kompletten Lektion bis hinunter auf die Ebene des einzelnen Lernschritts.

Gleichzeitig führen verschiedene Lernwege zu verschiedenen Lernräumen, die denselben Stoff auf unterschiedliche Art und aus differenzierter Perspektive präsentieren. Ein CBT zum Thema Elektrotechnik könnte beispielsweise ein Informationsmodul mit den Grundlagen und gleichzeitig einen praktischen Erprobungsraum mit einem simulierten Schaltkreislauf enthalten, den der Anwender interaktiv manipulieren kann.

Damit dieses Konzept funktioniert, verfügt eine Lernumgebung über entsprechende Bedien- und Steuerungselemente sowie gegebenenfalls über diverse Sonderfunktionen, die das persönliche Lernmanagement unterstützen.

Das Prinzip der Lernumgebung ist heute die konzeptionelle Grundlage für die Entwicklung von Lernsystemen.

2.1.2 Handlungs- und erlebnisorientiertes Lernen

Die Bezeichnung *Handlungs- und erlebnisorientiertes Lernen* bezieht sich auf das Lerngeschehen selbst, auf die Art und Weise, wie der Anwender sich neues Wissen aneignet und wie es ihm über das Programm vermittelt wird.

Die Handlung besteht naturgemäß in der Aktivität mit Maus oder Tastatur: Antworten auf Fragen eintippen, Gegenstände per Drag & Drop in die richtige Reihenfolge bringen, ein 3D-Modell so lange hin und her drehen, bis es sich in eine virtuelle Form auf dem Bildschirm einpasst (um nur einige Beispiele zu nennen). Das Erlebnis besteht entsprechend in dem urplötzlichen Entdecken neuer Zusammenhänge („Hebel A löst nicht nur Reaktion A aus, sondern auch B"), oder in der Erfahrung, dass sich eine Problemlösungsstrategie in einem Zusammenhang als hilfreich erweist, in einem anderen hingegen nicht (Stichwort: „Aha"-Erlebnis).

Der Vorteil dieser Form des Lernens besteht darin, dass der Lernkontext individuell erfahrbar und erlebbar wird. Durch sein Tun erhält der Lernende einen unmittelbaren Einblick in Wirkungszusammenhänge, und zwar schnell, denn er liest nichts über sie, er *erfährt* sie. Alle Lerndimensionen im Menschen werden auf diese Weise angesprochen – nicht nur eine.

Wie gut oder schlecht man auf diese Weise etwas lernt, hängt entscheidend davon ab, inwieweit es gelingt, zwischen Anwender und System einen gut aufeinander abgestimmten *Lerndialog* zu konstruieren. Denn was immer der Anwender auch tut, er benötigt eine direkte Rückmeldung, um seine Handlung richtig interpretieren zu können.

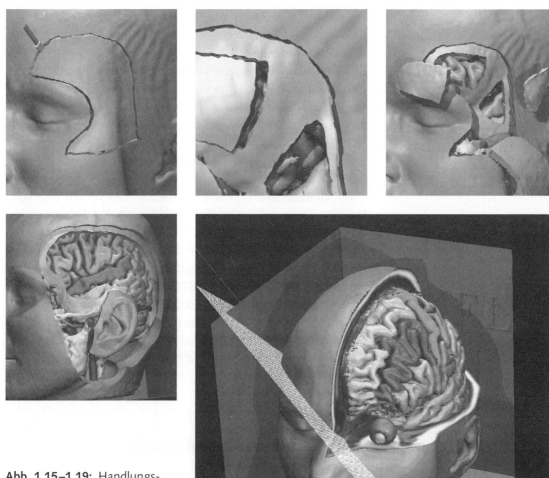

Abb. 1.15–1.19: Handlungs- und erlebnisorientiertes Lernen par excellence ermöglicht das Lernsystem *Voxel-Man*. Interaktive Modelle des Körpers erlauben die freie Erkundung der menschlichen Anatomie.

Der Sinn und Zweck eines Lerndialogs besteht darin, den Anwender in Form von sofortigen aktionsbezogenen *Rückmeldungen* (oder *Feedbacks*) kontinuierlich und konsequent mit seiner Lern- und Problemlösungsstrategie zu konfrontieren. Auf diese Weise kann er seine Handlungen im unmittelbaren Zusammenhang reflektieren und gegebenenfalls korrigieren. Natürlich haben diese Rückmeldungen auch eine Verstärkungsfunktion: Richtiges Verhalten wird ebenso belohnt oder gefestigt wie Fehlverhalten als nicht passend aufgezeigt.

Rückmeldungen haben jedoch nicht nur reinen Lernkontrollcharakter. Vielmehr weisen sie auch auf Fehlerquellen hin, enthalten motivierende Botschaften, bieten einen neuen Versuch an, geben Tipps in Bezug auf die richtige Lösung oder verraten diese sogar, wenn der Anwender es wünscht. Die sanfte und freundlich-motivierende Reflektion ist das Ziel, nicht der mahnende pädagogische Zeigefinger.

Ein verschachteltes und untereinander verknüpftes System von Rückmeldungen kann den Anwender „automatisch" durch den Lernprozess lotsen und auf den richtigen Weg führen – und zwar zum Teil, ohne dass es ihm bewusst wird.

2.2 Didaktische Modelle

Die Integration selbstgesteuerter und handlungsorientierter Konzepte in interaktive Lernstrukturen ist eine wesentliche Voraussetzung für erfolgreiches Lernen am Computer. Nicht weniger von Bedeutung ist das Schema, nach dem Informationen und Wissensbausteine didaktisch aufbereitet und dem Anwender auf dem Bildschirm präsentiert werden. Erst das Zusammenspiel dieser drei Strukturelemente ermöglicht es dem Nutzer, sich zielorientiert und nach individuellem Bedarf mit den Lerninhalten auseinander zu setzen.

Es existieren mehrere Ansätze, um Informationen und Wissen mit interaktiven Lernsystemen zu vermitteln. Sie lassen sich grob in drei verschiedene Kategorien einteilen:

- ■ freies Lernen (Selbstlernkonzept),
- ■ geführte Unterweisung (tutorielles Konzept),
- ■ entdeckendes Lernen beziehungsweise Lernen durch Erfahrung (exploratives Konzept).

In der Praxis werden alle drei Modelle sowohl separat eingesetzt als auch miteinander kombiniert. Ausschlaggebend für die Entscheidung für oder gegen ein Modell sind seine spezifischen Leistungsmerkmale im Zusammenhang mit der Zielgruppe, dem Lernthema und dem Einsatzzweck. Die nachfolgenden Abschnitte geben einen Überblick über die wichtigsten Merkmale.

2.2.1 Selbstlernkonzept

Computergestütztes Lernen nach dem Selbstlernkonzept bedeutet oftmals selbstgesteuertes Lernen par excellence. Natürlich lernt man generell mit jeder Anwendung „selbst". In Bezug auf Lernsysteme meint „Selbstlernen" jedoch, dass das Programm keine Unterstützung im Lernprozess anbietet, zum Beispiel in Form von Rückmeldungen. Es gibt auch keine Aufgaben, Übungen, Tests oder sonstige Instrumente der sichtbar oder verborgen gesteuerten Wissensvermittlung. Vielmehr werden dem Anwender multimedial aufbereitete Informationen und Wissensbausteine in einer offenen Struktur angeboten, sodass er selber durch die Inhalte navigieren und sich mit denjenigen Themen beschäftigen kann, die für ihn wesentlich sind. Das Programm nimmt zu keinem Zeitpunkt in irgendeiner Form Einfluss, stellt aber gegebenenfalls nützliche Zusatzhilfen zur Verfügung (z.B. eine Suchfunktion oder ein Lexikon). Die Grundidee hinter diesem Konzept ist der schnelle und auf den persönlichen Bedarf ausgerichtete Zugriff auf Informationen, ohne erst umständlich ganze Lerneinheiten durcharbeiten zu müssen. Gerade Anwender, die in Bezug auf die Inhalte über ein Vorwissen verfügen oder sich ganz gezielt in bestimmte Themenfelder einarbeiten möchten, profitieren von diesem

Konzept. Deshalb werden Lernprogramme dieser Art häufig auch als „Informationssystem", „Wissensdatenbank" oder „Expertensystem" bezeichnet.

Ein sehr schönes Beispiel für ein solches Lern- und Informationssystem ist das Lern- und Informationssystem *Existenzgründung*. Das CBT besteht aus mehreren Modulen, die ganz unterschiedlich Informationen und Wissen vermitteln.

Das Modul „Existenzgründung" enthält beispielsweise eine Datenbank mit vorstrukturierten Informationen, die direkt in ein kleines interaktives Tool zur Erstellung wichtiger Existenzgründungsunterlagen (Business-Plan etc.) integriert sind. Eine hierarchisch strukturierte Navigationsleiste ermöglicht die Auswahl des Themas; in einem gesonderten Fenster werden die entsprechenden kontextbezogenen Informationen angezeigt. In einem weiteren Fenster kann der Anwender nun auf Basis der angezeigten

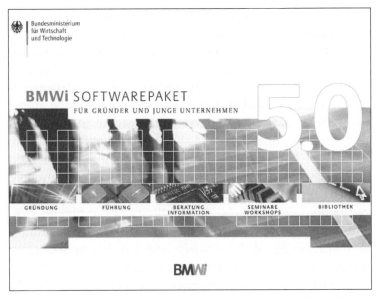

Abb. 1.20: Das Lernsystem *Existenzgründung* vermittelt Wissen und Informationen zu verschiedenen Themen auf unterschiedliche Art und Weise.

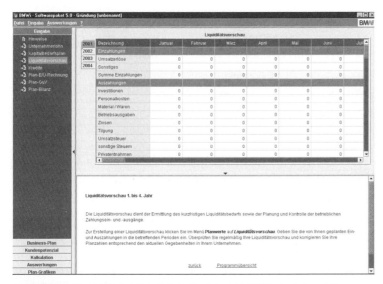

Abb. 1.21: Das Modul Existenzgründung enthält ein interaktives Werkzeug zur Erstellung eines individuellen Business-Plans.

Informationen im Schritt-für-Schritt-Verfahren seine persönlichen Unterlagen für die Existenzgründung erstellen. Vorgefertigte Eingabemasken erweisen sich dabei als nützliche Werkzeuge.

Geradezu klassisch angelegt (im Sinne freien Lernens) ist das Bibliotheksmodul. In einem dreiteiligen Frameset (mehrere Fenster auf einer Screen) können Informationen gesucht, verwaltet und angesehen werden. Um eine optimale Zugriffsmöglichkeit zu bieten, sind alle Inhalte netzwerkartig miteinander verknüpft. Der Zugang erfolgt über Themenlisten, grafische Übersichten oder Suchmasken, in die Stichworte eingegeben werden können.

Was das didaktische Konzept der Anwendung auszeichnet, ist die Tatsache, dass der Nutzer die im Programm enthaltenen Informationen nicht nur schnell findet, sondern auch sofort für den persönlichen Bedarf weiterverwerten kann – und das komfortabel, bedarfsorientiert und effizient.

Das Lernen mit einem Informationssystem setzt generell eine gewisse Erfahrung voraus. Für Anwender, die nicht im

Abb. 1.22: Einblick in das Bibliotheksmodul.

Umgang mit Expertensystemen vertraut sind, besteht das Risiko, dass sie in der Masse der Informationen die Orientierung verlieren.

2.2.2 Tutorielle Konzepte

Die Bezeichnung „tutoriell" (darin verbirgt sich das Wort „tutor", lat. für: Lehrer, Lehrkraft) deutet bereits an, welche Funktion ein Lernprogramm in der Interaktion mit dem Anwender übernehmen soll: Es führt ihn schrittweise an die neuen Lerninhalte heran, vom Kleinen zum Großen, vom Einfachen zum Komplexen im Stile eines stillen Lernbegleiters, der im Hintergrund arbeitet und sich nur bei Bedarf einschaltet oder wenn es der Lerndialog mit dem Anwender verlangt.

Programme, die nach dem tutoriellen Ansatz arbeiten, begleiten den Anwender durch den gesamten Lernstoff und geben kontinuierlich differenzierte Rückmeldung über die erbrachte Lernleistung. Das Herzstück der Anwendung bilden logisch aufeinander aufbauende *Lernsequenzen*. Diese enthalten für gewöhnlich sowohl Lerneinheiten, die neue Informationen und Wissensbausteine präsentieren, als auch direkt darauf bezogene Aufgaben und Tests. Tutorielle Lernprogramme sind in der Regel so aufgebaut, dass Nutzer ohne Vorkenntnisse mit der Anwendung arbeiten können.

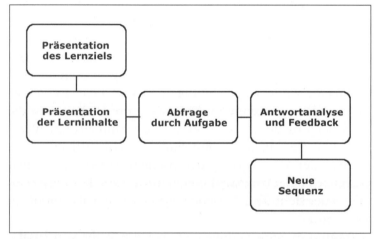

Abb. 1.23: Eine klassische Lernsequenz nach dem tutoriellen Ansatz.

In der Praxis des computergestützten Lernens haben sich insgesamt drei verschiedene Programmtypen herausgebildet, die Lerninhalte nach dem tutoriellen Konzept vermitteln. Dabei handelte es sich um:

- Trainings- und Testprogramme
- Tutorielle Systeme
- Intelligente tutorielle Systeme

Wie diese Programme aufgebaut sind und Lerninhalte vermitteln, zeigen die folgenden Beispiele:

Trainingsprogramme

Trainingsprogramme (im Englischen überaus treffend als *„drill & practice"*-Programme bezeichnet) dienen dazu, bereits bearbeiteten Lernstoff zu üben beziehungsweise zu wiederholen. Sie vermitteln also keine neuen Lerninhalte, sondern fragen vorhandenes Wissen ab.

Das Lernkonzept ist einfach, aber effizient: Fragen und Aufgaben zum Thema werden dem Anwender nacheinander vom Programm präsentiert. Bearbeitet dieser eine Aufgabe falsch, so legt sie das Programm zu einem späteren Zeitpunkt erneut vor. Ist die Antwort dieses Mal richtig, fragt das Programm die Aufgabe trotzdem noch mehrere Male in unregelmäßigen Abständen ab, um den Lernerfolg zu zementieren.

Um eine schnelle Bearbeitung und damit auch eine zügige Wiederholung einzelner Aufgaben zu ermöglichen, fällt die Rückmeldung des Systems meist sehr knapp aus („richtig"/ „falsch"). Die einzige Hilfestellung besteht oftmals in der Anzeige der Musterlösung (sie erscheint entweder automatisch nach einer vorab definierten Anzahl von Lösungsversuchen oder steht dem Anwender grundsätzlich als Option zu Verfügung).

Trainingsmodule verfügen oft über eine Reihe von Zusatzfunktionen, die den Programmablauf etwas abwechslungsreicher gestalten und auch eventuelle Bedürfnisse des Anwenders verstärkt berücksichtigen. So können Aufgaben nach dem Zufallsprinzip ausgewählt, in Themenbereiche untergliedert und nach Vorwissen und Kenntnisstand zusammengestellt werden. Darüber hinaus kann der Anwender zu Beginn des Trainings die Anzahl der Aufgaben bestimmen, den Schwierigkeitsgrad wählen und eine maximale Bearbeitungsdauer festlegen.

Trainingsprogramme eignen sich sehr gut zum Lernen von Einzelbegriffen (Vokabeln, Fachbegriffe). Außerdem eignen sie sich auch als Testinstrument. Versieht man die Programmstruktur mit einem Auswertungssystem, ist die automatische Zertifizierung von Lernleistungen möglich (z. B.: „Sie haben 80 % der Aufgaben gelöst. Ihre Note: 2."). Sind die Aufgaben unterschiedlichen Themengebieten zugeordnet, kann das Programm auf der Basis des Lernergebnisses eine Empfehlung für den weiteren Lernweg aussprechen, wenn es einem großen Lernprogramm vorgeschaltet ist. In diesem Zusammenhang dient es als Vortest. (Beispiel: „Aufgabenblöcke A und B wurden richtig gelöst und müssen nicht mehr gelernt werden. Es wird empfohlen, das Lernprogramm bei Themenblock 2 zu beginnen.")

Tutorielle Systeme

Tutorielle Systeme dienen dazu, *neue* Lerninhalte zu vermitteln. Entsprechend sind sie auf Zielgruppen ausgerichtet, die über keine oder einheitliche Vorkenntnisse verfügen.

Der didaktische Ansatz sieht vor, dass sich der Nutzer schrittweise neue Inhalte aneignet. Entsprechend sind Lernsequenzen das zentrale didaktische Element eines tutoriellen Systems.

Die Wissensvermittlung innerhalb einer Sequenz erfolgt in mehreren Phasen: Zunächst gibt es eine Einführung, in der beispielsweise die aktuellen Lernziele vorgestellt werden; anschließend werden die Inhalte in Einzelschritten erklärt und präsentiert. Der Lernstoffpräsentation folgt eine Aufgabensammlung, mit der das Wissen abgefragt wird. Zum Schluss wertet das Programm die Resultate aus und präsentiert ein Gesamtergebnis. Eine Zusammenfassung (z.B. „Lernziel erreicht") beendet die Sequenz. Wichtiges Merkmal: Die Möglichkeit zur freien Navigation innerhalb und zwischen den einzelnen Lektionen – die so genannte Lernwegfreiheit – ist eingeschränkt. Es können immer nur einzelne Sequenzen angesteuert werden. In der Regel kann der Anwender jedoch wählen, ob er lieber dem „offiziellen" Lernweg folgen oder sich die Lerninhalte nach eigenen Kriterien zusammenstellen möchte.

Ein weiteres wichtiges Merkmal von tutoriellen Systemen ist das differenzierte *Feedback*, das der Anwender erhält, wenn er die Aufgaben bearbeitet. Im Gegensatz zu einem „reinen" Trainingsprogramm arbeitet ein tutorielles System

Abb. 1.24 a: Eine tutorielle Sequenz im Lernsystem *Kundenorientiert beraten*: Als Erstes erscheint das Navigationsmenü mit Zugang zu den unterschiedlichen Sequenzen.

Abb. 1.24 b: Die Sequenz beginnt mit der Präsentation der Lerninhalte ...

Abb. 1.25: … gefolgt von der Aufgabe (Analyse einer Video-sequenz)…

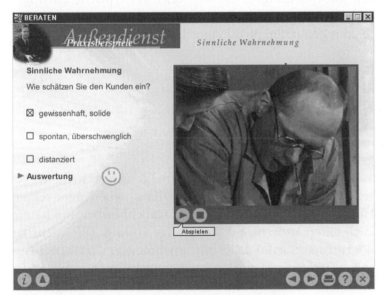

Abb. 1.26: … mit Abfrage 1 und visuellem Feedback …

Abb. 1.27: … beziehungsweise mit Abfrage 2 und visuellem Feedback.

mit Rückmeldungen, die weit über das typische „richtig"/ „falsch" hinausgehen. So gibt es in der Regel einzelne Rückmeldungen dafür, ob die Aufgabe

- vollständig richtig
- teilweise richtig, teilweise falsch
- richtig, aber unvollständig
- vollständig falsch

gelöst wurde.

Falls der Programmautor mehrere Lösungsversuche vorgesehen hat, enthält eine Rückmeldung neben dem reinen Hinweis auf den Ist-Stand der Aufgabenbearbeitung häufig auch einen Hinweis auf die richtige Lösung. Die Intensität des Hinweises kann dabei mit zunehmender Anzahl der Versuche stärker werden. Darüber hinaus kann dem Anwender die Möglichkeit gegeben werden, direkt von der Aufgabe aus noch einmal in den Teil des Programms zurückzukehren, in dem der Lernstoff vermittelt wurde.

In besseren tutoriellen Systemen dienen die Aufgaben nicht nur zur Abfrage des vorgelegten Stoffes, sondern regen auch zur aktiven Auseinandersetzung und produktiven Problemlösung an, sodass übergeordnete Zusammenhänge nachvollzogen, Auswirkungen erklärt und Tatsachen von Hypothesen unterschieden werden können (um nur einige Beispiele zu nennen).

Tutorielle Systeme eignen sich besonders gut als Einführung in neue Themengebiete. Dieses kognitive Basiswissen kann anschließend in Präsenzveranstaltungen, durch den Einsatz weiterführender Lernsysteme (wie z.B. Simulationen) oder durch *training on the job* ausgebaut und vertieft werden.

Intelligente tutorielle Systeme

Intelligente tutorielle Systeme (ITS) stellen eine Weiterentwicklung von tutoriellen Systemen dar. Die „Intelligenz" eines solchen Systems besteht darin, dass es Auswahl, Präsentation und Abfrage von Lerninhalten automatisch an Vorkenntnisse, Lernfortschritt und intellektuelle Fähigkeiten des Anwenders anpasst. Es verfolgt kontinuierlich, mit welchem Erfolg der Anwender welche Aufgabe bearbeitet, erstellt auf Basis dieser Beobachtung ein Bedarfsprofil und wählt daraufhin geeignete Informationen und Aufgaben aus, die es nacheinander vorlegt. Insofern eignet es sich sehr gut für Zielgruppen mit heterogenen Vorkenntnissen.

Da das Programm immer unmittelbar auf die Eingaben des Anwenders reagiert und nach jedem Arbeitsschritt dessen Bedarfsprofil neu berechnet, gibt es in einem ITS keine unterschiedlichen Lernwege, die der Nutzer separat ansteuern und beschreiten kann. Es gibt folglich auch keine Auswertungs- und Feedbackstrukturen wie im tutoriellen System.

Damit das Programm seine Aufgabe im erforderlichen Umfang wahrnehmen kann, benötigt es ein mathematisches Modell, das ihm äußerst zuverlässig die Ausführung zweier Aufgaben erlaubt:

1. Die genaue und zuverlässige Interpretation der Eingaben des Anwenders und entsprechende Rückschlüsse auf seine Leistung und Fähigkeiten.
2. Die hochflexible Organisation des Datenaustauschs im zyklischen Prozess „Lerndiagnose – Aufgabenauswahl – Analyse – Feedback – neue Aufgabe" mit zahlreichen Variablen.

Genau hier liegt jedoch das Problem: Die „künstliche Intelligenz" des Systems reicht nicht aus, um Rückschlüsse auf die tatsächliche Leistungsfähigkeit des Anwenders zu ziehen. Die Entwicklung eines entsprechenden mathematischen Modells stößt an die Grenze der programmiertechnischen Möglichkeiten. Überdies ist der zeitliche und finanzielle Aufwand für die Produktion immens. Aus diesem Grund sind intelligente tutorielle Systeme relativ selten.

Der Ansatz dieses Programmtyps ist aus Sicht des CBT-Autors jedoch überaus reizvoll: die Anwender haben zu Beginn ganz unterschiedliche Vorkenntnisse, am Schluss sind jedoch alle auf demselben Stand. Wo ITS bisher entwickelt und eingesetzt wurden, konnte dieses Ziel auch erreicht werden.

2.2.3 Explorative Konzepte

Scheinbar völlig im Gegensatz zum tutoriellen Ansatz steht das Konzept des entdeckenden Lernens beziehungsweise des Lernens durch Erfahrung: Nicht Führung und Rückmeldung stehen hier im Vordergrund, sondern das freie Erkunden und Erforschen von Zusammenhängen in eigens dafür konstruierten Lernwelten. Lerninhalte sollen *erfahrbar* und *erlebbar* werden.

Konket besteht das Lernziel darin, Funktionsweisen und Wirkungsprinzipien von dynamischen Abläufen und Prozessen kennen zu lernen, zu erfassen und vor allem auch zu beeinflussen. Auf diese Weise, so die Grundidee, kann ein Anwender Wissen und Erfahrungen über das Geschehen in der

Realität sammeln sowie die Konsequenzen einschätzen und verstehen, die bestimmte Handlungen in einem komplexen System nach sich ziehen. Entsprechend verfügt jedes explorativ ausgerichtete Lernsystem über Instrumente, mit denen man im System Größen beeinflussen und sich ein Bild von ihrer Wirkungsweise verschaffen kann.

Wie beim tutoriellen Modell, so gibt es auch hier unterschiedliche Programmkonzepte, die sich im Laufe der Jahre herausgebildet haben. Im Einzelnen unterscheidet man zwischen folgenden Basistypen:

- Mikrowelten
- Simulationen
- Plan- und Lernspiele
- Lernabenteuer.

Welche spezifischen Charakteristika diese Programmtypen im Einzelnen aufweisen, beschreiben die folgenden Abschnitte exemplarisch.

Mikrowelten

Die Bezeichnung „Mikrowelt" geht auf das Bestreben zurück, ein komplexes System aus der realen Welt in einem virtuellen Lern- und Erfahrungsraum vollständig abzubilden, sodass es dort durch Manipulation frei erforscht und erkundet werden kann (was in der Realität nicht ohne weiteres möglich wäre). Im Mittelpunkt einer Mikrowelt steht in der Regel ein interaktives Modell des Lerngegenstandes. Die Aufgabe des Anwenders besteht darin, das Modell selbstständig zu (re-)konstruieren und in den einzelnen Konstruktionsphasen Rückschlüsse auf Wirkungsprinzip, Funktion und Gesetzmäßigkeiten des Gegenstands ziehen. Zu diesem Zweck ist das Modell grundsätzlich interaktiv veränderbar, und es steht eine ganze Reihe von Instrumenten und anderen Hilfsmitteln zur Verfügung, mit denen es konstruiert, manipuliert oder in irgendeiner anderen Form verändert und beeinflusst werden kann.

Eine Beschreibung von Lernzielen oder Aufgaben gibt es in Mikrowelten ebenso wenig wie Hinweise und Informationen, die verraten, ob man auf dem richtigen Weg ist. Rückmeldung gibt es lediglich in audiovisueller Form: Wenn zum Beispiel ein Objekt mit der Maus an die richtige Stelle gezogen wird, ertönt ein akustisches Signal und das Objekt rastet auf dem Bildschirm ein („Magneteffekt"). Diese Form der Rückmeldung gibt jedoch nur Aufschluss darüber, ob eine Aktion generell durchgeführt werden kann. Der Anwender erhält von Seiten des Programms keinen Hinweis, ob sie im Gesamtzusammenfassung richtig eingeordnet wurde. In keinem Fall gibt es schriftliche Anleitungen.

Ein gutes Beispiel für eine Mikrowelt ist das Lern- und Informationssystem *interBrain*. Es bietet die Möglichkeit, das zentrale Nervensystem (ZNS) des Menschen interaktiv zu erforschen und wurde für Medizinstudenten und Ärzte konzipiert. Das Lernziel besteht darin, sich mit der topografischen Anatomie des ZNS vertraut zu machen.

Entsprechend besteht die Mikrowelt aus zwei- und dreidimensionalen Modellen des menschlichen Gehirns, die interaktiv manipuliert (gedreht, vergrößert, zerlegt) werden können. Geht der Anwender mit der Maus auf Entdeckungsreise, offenbaren sich ihm sehr bald die neuralgischen Punkte des Nervensystems. Ein kontextabhängiges allgemeines und klinisches Glossar informiert über Bezeichnung, Art und Funktion der angewählten Nervenbahnen. Auf diese Weise gewinnt der Anwender sehr schnell ein Bild von der Lage und Struktur der einzelnen Nervenzentren und -stränge und erhält zusätzlich alle unmittelbar relevanten Daten und Informationen, die er benötigt, um sich ein Bild von ihrer Aufgabe im Nervensystem zu machen. Spezielle Zusatzfunktionen – zum Beispiel die Option, von angewählten Gehirnregionen eine Schnittbildansicht zu erhalten – erleichtern die Arbeit mit dem Lernsystem. Zahlreiche Elemente zur individuellen Lernorganisation erlauben die Anpassung der Benutzeroberfläche und die Steuerung der Anwendung nach individuellen Gesichtspunkten. Zusätzlich besteht die Option, zwischen verschiedenen Schwierigkeitsgraden zu wählen.

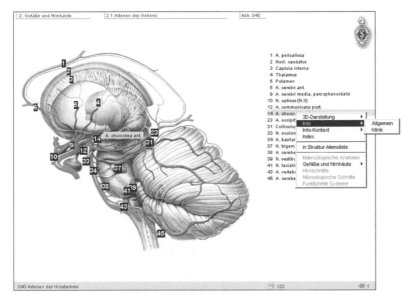

Abb. 1.28: Das Lernsystem *interBrain*.

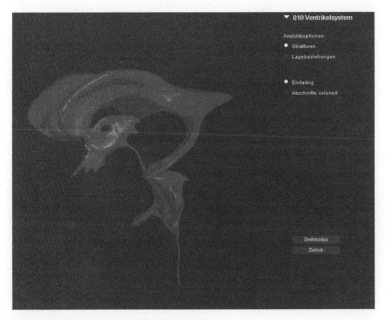

Abb. 1.29: 3D-Ansicht in *interBrain*.

Das Lernen an einem interaktiven Modell erfordert vom Anwender ein gutes Selbstlernkonzept und entsprechende Disziplin. Vorkenntnisse sind ebenfalls unbedingt erforderlich. Bei eher nüchtern gestalteten Lernumgebungen ohne hohen Aufforderungscharakter ist eine Einführung in das Funktionsprinzip des Programms – zur besseren Orientierung und zur Vermeidung von Frust und Demotivation – in der Regel eine sehr sinnvolle Maßnahme.

Das spezifische Konzept einer Mikrowelt erlaubt es kaum, den Lernerfolg zu messen und auszuwerten – zumindest nicht im direkten Zusammenhang mit der Arbeit an dem Modell. Dieses Manko kann durch ein Zusatzmodul ausgeglichen werden, das – um das Beispiel von *interBrain* aufzugreifen – in der Art eines Wissensquiz angelegt ist. Da eine Mikrowelt eine Plattform darstellt, auf der unterschiedliche Problemlösungsstrategien eingesetzt und ausprobiert werden sollen, ist für die Lernerfolgskontrolle nicht das Ergebnis von Bedeutung, sondern die Art und Weise, wie es zustande kommt – also, wie der Anwender bestimmte Zusammen-

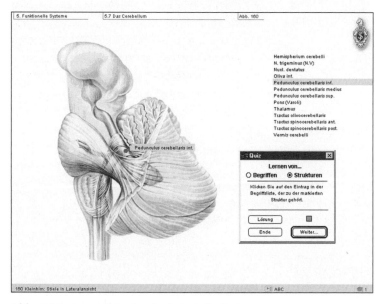

Abb. 1.30: Lernerfolgskontrolle in *interBrain*.

hänge analysiert und bearbeitet. Folgerichtig stellt das Quiz Aufgaben, die darauf ausgerichtet sind, Nervenzentren und -stränge am interaktiven Modell richtig zu lokalisieren und zu identifizieren. Ein Modul zur Abfrage von Fachbegriffen (Trainingsmodul nach dem tutoriellen Konzept) dient zur Gegenkontrolle.

Simulationen

Simulationen gelten als die komplexeste Form von Lernprogrammen. In der Regel handelt es sich dabei um aufwändig gestaltete, authentische Nachbildungen vielschichtiger und untereinander in Beziehung stehender Wirkungssysteme, deren Einzelelemente untereinander auf verschiedenen Ebenen in einem wechselseitigen Abhängigkeitsverhältnis stehen. Ihre Aufgabe ist es, das Funktionsprinzip komplexer Gesamtsysteme realitätsnah abzubilden, das in der Wirklichkeit nicht ohne beträchtlichen materiellen und finanziellen Aufwand konstruiert und erprobt werden könnte (z. B. die Reparatur eines Düsenjets).

Ein sehr schönes Beispiel für eine Simulation ist das Lernsystem *Vertical Motion Simulator*. Dabei handelt es sich um ein CBT, mit dem sich Astronauten der *NASA* auf ihre Flugausbildung vorbereiten – sowohl mit als auch ohne Zusatzgerät.

Entsprechend dem Einsatzzweck ist die Lernumgebung in der Notebook-Version (ohne Zusatzgerät) der realen Cockpitkanzel des *Space Shuttle* nachempfunden. Alle relevanten Bedienelemente – Anzeigen, Armaturen, Steuerhebel, Fußpedale – sind zentral positioniert und befinden sich im Blickfeld des Anwenders. Der Nutzer kann über Maus und Tastatur alle Steuerelemente interaktiv beeinflussen, so zum Beispiel das Höhen- und Seitenruder. Parallel dazu können alle technischen Parameter – Energiezufuhr, Geschwindigkeit etc. – eingestellt und modifiziert werden. Diverse Messinstrumente und Anzeigeskalen informieren über Druckluftwerte, Außentemperatur und andere essentielle Daten.

Neben dem Kontrollpult ist das Sichtfenster durch das Cockpit der wichtigste Teil der Anwendung. Das Lernsystem bildet hier in Echtzeit und im Großformat alle vorgesehenen Landeanflugrouten in 3D ab, einschließlich aller erdenklichen Wetterzustände auf der Flugstrecke. Zu diesem Zweck verfügt das System über gewaltige Datenbanken mit verschiedenen Flugrouten – einschließlich Notfallpisten: So kann ein Flugschüler nicht nur auf der virtuellen Piste im Kennedy Space Center in den USA landen, sondern auch auf Luftwaffenstützpunkten in Saragossa, Tel Aviv und Dakar. Die Aufgabe besteht im Training des Landeanflugs auf die verschiedenen Kontrollzentren unter unterschiedlichen Bedingungen. Von der Nebelbank über tropische Stürme bis zum Postkartenwetter sind alle Eventualitäten vorgesehen.

Das Lernsystem simuliert das Zusammenspiel von Flugeigenschaften, Wetterlage und atmosphärischen Bedingungen in Verbindung mit topografischen Karten. Zeitgleich bildet es das Geschehen im Sichtfenster ab und wandelt die Daten in Kontrollanzeigen und interaktiv beeinflussbare Werte zur Analyse und Steuerung um. Das System ist ständig im Prozess, alle Daten verändern sich kontinuierlich. Was immer der Anwender tut, das System reagiert sofort und passt die Umgebung einschließlich aller Messwerte und Daten in Sekundenbruchteilen den veränderten Gegebenheiten an.

Dieses Ablauf- und Reaktionsschema ist charakteristisch für Simulationen: Aufgabenstellung, Reflektion der Situa-

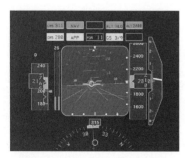

Abb. 1.31: Die Anzeigen im virtuellen Cockpit des *Vertical Motion Simulator*.

Abb. 1.32: Simulation eines Landeanflugs.

Abb. 1.33: Die Air Base für das *Space Shuttle*.

tion, Handlung und Entscheidung, Feedback und Lernerfolgskontrolle – alle Aspekte des Trainings erfolgen ausschließlich anwendungsbezogen und in einem äußerst realis-
tischen Kontext. Anwender und System befinden sich
ständig im (Lern-)Dialog.

Simulationen eignen sich ausschließlich zur praktischen
Erprobung von Wissen. Insofern erfordert das Lernen mit
einem Programm dieser Art generell gute Vorkenntnisse in
Bezug auf die Lerninhalte (was nicht nur für den Einsatz
am Flugsimulator gilt). Die Einbindung von Simulationen
in ein pädagogisches Gesamtkonzept ist deshalb mehr als
sinnvoll.

Plan- und Lernspiele

Eine Weiterentwicklung der Simulation ist das interaktive
Plan- und Lernspiel (engl. *simulation game*). Grundidee und
Konzept eines Lernspiels sind nahezu identisch mit der Simulation: Der Anwender soll in einer komplexen, realitätsnah konstruierten Lernumgebung Einblick in dynamische
Abläufe und Prozesse erhalten und auf der Basis seiner Erfahrungen Problemlösungsstrategien und anwendungsbezogene Fertigkeiten entwickeln. Strategisches Denken und
Handeln in komplexen Zusammenhängen ist das Lernziel.

Der wichtigste Unterschied zur Simulation besteht in der
bewussten Verknüpfung von Szenariotechnik und Rollenspiel: Der Anwender schlüpft in die Rolle eines virtuellen
Charakters, der Teil der multimedialen Lernsituation ist. Auf
diese Weise wird er Teil des Lerngeschehens auf der Screen
und ist somit auch emotional involviert. Diese emotionale
Beteiligung ist aus lernpsychologischer Sicht sehr wichtig,
denn sie erhöht die Aufmerkamkeitsspanne beträchtlich
und hält sie kontinuierlich auf einem hohen Niveau. Laut
wissenschaftlichen Untersuchungen behalten Lernspiel-Teil-
nehmer ohne Wiederholung durchschnittlich 75 Prozent
aller Lerninhalte, mit denen sie sich im Spielverlauf auseinander gesetzt haben – und das, wohlgemerkt, in komplexen
Problemsituationen.

Ein sehr schönes Beispiel für computergestütztes Planspiel ist das netzbasierte Lernsystem *Lunaris*, das ich Ihnen in Kapitel 1.2 bereits vorgestellt hatte, und zwar im Zusammenhang mit dem Thema „Konfliktmanagement" am Computer. Ich greife das Beispiel an dieser Stelle noch einmal auf, denn *Lunaris* wurde nicht nur zum Üben von Kommunikation und Kooperation im Team entwickelt. („Konfliktfähigkeit" ist nur eines von mehreren Lernmodulen). Vielmehr soll generell komplexes Problemlösen in authentischen Situationen trainiert werden.

Insofern handelt es sich bei Lunaris vordergründig um eine Handels- und Wirtschaftssimulation, die auf das Training beruflicher Schlüsselqualifikationen abzielt, hier besonders im Management-Bereich: Planen und Problemlösen, Projektmanagement, Führung, Selbstmanagement und – wie bereits an anderer Stelle erwähnt – Kommunikation und Kooperation im Team. Entsprechend richtet sich das Lernsystem an die Zielgruppe der Führungskräfte und Arbeitsteams aus der freien Wirtschaft. Die Besonderheit im Vergleich zu herkömmlichen Planspielen besteht darin, dass das Lernsystem auf eine gleichzeitige Nutzung durch meh-

Abb. 1.34

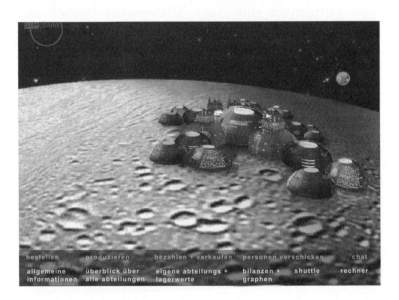

Abb. 1.34, 1.35, 1.36:
Verschiedene Module ermöglichen die Einflussnahme und Kontrolle der Ereignisse auf der Raumstation *Lunaris*.

rere Anwender ausgelegt ist, die mit- oder gegeneinander
interagieren.

Grundlage hierfür ist das Ihnen bereits bekannte virtuelle
Lernszenario der bemannten Raumstation auf dem Mond:
Jeder Anwender übernimmt an seinem Bildschirm in der

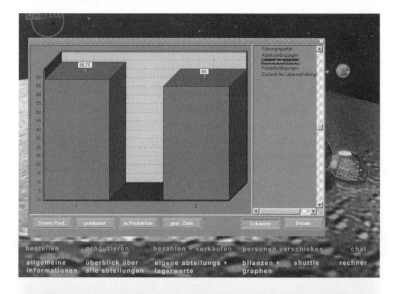

Abb. 1.35

Abb. 1.36

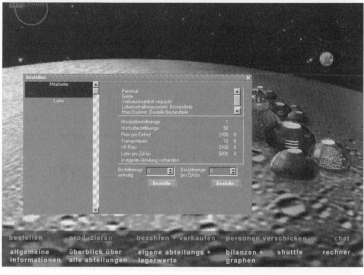

Mondbasis eine Arbeitsstation mit Mitarbeitern und einem festen Budget. Die Aufgabe besteht darin, die Arbeit auf der Station zu koordinieren und zu verwalten. Dazu stehen dem Nutzer in der Lernumgebung mehrere Auswahlmenüs mit verschiedensten Instrumenten zur Verfügung. So kann er auf der Erde Nahrungsmittel, Sauerstoffflaschen und technische Hilfsmittel bestellen, die mit einem Versorgungsshuttle eingeflogen werden. Auch hat er die Möglichkeit, bei anderen Abteilungen aus deren Produktion Systemkapazitäten zu ordern. Umgekehrt verfügt er über eigene Ressourcen und Produkte, die wiederum andere Abteilungen benötigen, weil sie sie nicht selber produzieren oder erwirtschaften können. Doch die Ressourcen der einzelnen Abteilungen und die Menge der Gesamtvorräte auf der Mondbasis sind begrenzt. Insofern sind die einzelnen Arbeitsstationen auf Kooperation und Kommunikation untereinander angewiesen, um den Gesamterfolg von *Lunaris* nicht zu gefährden.

Neben der direkten *Face-to-face*-Kommunikation über den Bildschirm gibt es für die Lerngruppe eine zweite Kommunikationsebene: das basiseigene Kommunikationssystem, den Chatroom. Hier können die Anwender offen oder verdeckt Absprachen treffen oder Probleme diskutieren – oder auf dem „kleinen Dienstweg" Einfluss auf die Verteilung der Vorräte aus dem Zentraldepot nehmen. Kooperation und Konkurrenz sind somit gleichermaßen Tür und Tor geöffnet.

Wer seine Vorgehensweise nicht mit den anderen Abteilungen koordiniert oder munter allein draufloswirtschaftet, riskiert die Instabilität der allgemeinen Versorgungslage und damit die Gefährdung der gesamten Raumstation. Vor allem spürt er die Konsequenzen sehr schnell auch in seiner eigenen Abteilung: schlechte Ernährungslage, hoher Krankenstand, massiver Rückgang der Sauerstoffvorräte …

Diese Form des interaktiven Feedbacks ist charakteristisch für Plan- und Lernspiele: Der Anwender wird unmittelbar mit den Auswirkungen seiner eigenen Entscheidungen und Handlungsweisen konfrontiert – im Fall von Lunaris sowohl auf der Ebene der eigenen Arbeitsstation als auch auf der Ebene der gesamten Mondbasis. Gleichzeitig passt das System den Status des Gesamtprojekts automatisch an alle Vorgänge innerhalb der Station an. Durch das komplexe Abhängigkeitssystem der einzelnen Abteilungen untereinander (es wird über 1200 Variablen gesteuert) wirkt sich der Erfolg oder Misserfolg einer Station direkt auf die Arbeit der übrigen Abteilungen aus. Ein kleiner Trost: Bevor alle Lichter ausgehen und der Sauerstoff vollständig verbraucht ist, steht eine Rettungskapsel zur Verfügung, mit der man die Mondbasis jederzeit (auch unbemerkt!) verlassen kann …

Der Einsatz von Lern- und Planspielen erfordert in der Regel eine Einbindung in ein pädagogisches Gesamtkonzept und eine Lernbegleitung. Vorkenntnisse zum Thema sind erforderlich.

Lernabenteuer

Die Intensität der emotionalen Beteiligung des Anwenders im interaktiven Lerngeschehen und somit seine Lernleistung zu steigern, ist das Ziel des „Lernabenteuers". Vereinfacht ausgedrückt, handelt es sich dabei um ein von zahlreichen Lernebenen durchzogenes Computerspiel. Das heißt: Alle Lerninhalte werden ausschließlich in spielerischer Form vermittelt.

Wie beim Plan- und Lernspiel übernimmt der Anwender in einer virtuellen Welt die vordefinierte Rolle eines virtuellen Charakters. Durch die Konstruktion einer *Spielhandlung* mit einem entsprechenden *Spannungsbogen* wird sein Spieltrieb geweckt. Neugier und Spannung entstehen und steigen, je mehr Steuerungs- und Einflussmöglichkeiten ihm im Lernszenario zur Verfügung stehen und je weiter er in der Lernwelt vorankommt. Gleichzeitig erhöht sich auch seine Aufmerksamkeit und Behaltensleistung, zumal er die Konsequenzen seines Handelns unmittelbar am eigenen (virtuellen) Leib erfährt. Durch die Spielhandlung und den Spannungsbogen entsteht ein gewisser Unterhaltungswert, mit positiven Folgen für den gesamten Lernprozess und die Lernleistung: der Anwender lernt druckfrei und bleibt bei der Auseinandersetzung mit den Inhalten unbefangen.

In Form einer *Spielanleitung* zu Beginn des Szenarios erfährt der Anwender, welche Aufgaben ihn erwarten und worin das Ziel seiner Handlungen besteht. Gleichzeitig erfährt er, welche Hilfsmittel ihm zur Verfügung stehen. In der Regel handelt es sich dabei ausschließlich um ein Glossar oder Lexikon, das heißt: es gibt keine tutorielle Komponente oder ähnliche Lernbausteine. Der Anwender lernt allein durch das Spiel.

Die Lernerfolgskontrolle erfolgt ebenfalls auf der Spielebene. Richtiges Verhalten im Sinne des Lernziels wird zum Beispiel mit einer bevorzugten Position im Spiel belohnt (z. B. mit einem Zuwachs an Kompetenzen). Umgekehrt kann man bei falschem Verhalten im Spiel an Status verlieren.

Ein sehr schönes Beispiel für ein Lernabenteuer nach dem eben beschriebenen Muster ist die Anwendung *Genomic Explorer*. Dabei handelt es sich um ein Lernsystem zum Thema Molekularbiologie. Es verfolgt das Ziel, dem Nutzer die grundlegenden molekularen Lebensvorgänge im menschlichen Organismus zu veranschaulichen.

Die Spielhandlung ist auf folgendes Szenario ausgelegt: Der Anwender unterzieht sich einem interaktiven Gesundheitscheck und erfährt, über wie viel virtuelle Lebensenergie er insgesamt verfügt. Um zu verhindern, dass sie langsam schwindet, muss er in einem virtuellen Raumschiff in die Welt des Organismus und der Zellen eintauchen und mit Geschick und unter Einsatz verschiedener Strategien verhindern, dass seine Gesundheit Schaden nimmt. Der Spannungsbogen entsteht zum einen durch die anfängliche Zeitbegrenzung (für die lebenserhaltende Mission steht zunächst nur eine Stunde Zeit zu Verfügung), zum anderen durch die zahlreichen Aufgaben, mit denen er bei seiner Reise durch die Welt der Gene und Zellen konfrontiert wird. Jede richtig gelöste Aufgabe bewirkt einen Anstieg der Lebensenergie und einen Zugewinn an Lebenszeit, jede falsch gelöste eine entsprechende Abnahme.

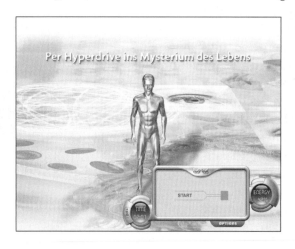

Abb. 1.37: Das Spiel beginnt: Per Hyperdrive gelangt der Anwender in die Welt der Zellen und Organismen.

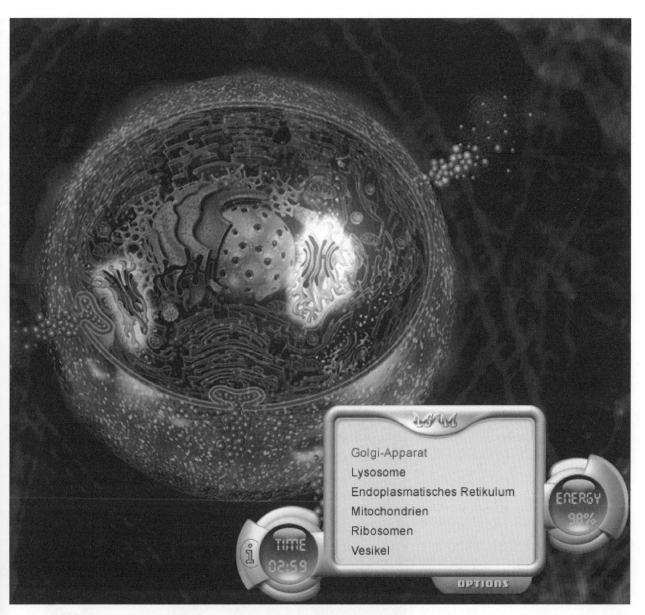

Abb. 1.38: Das aufwändig gestaltete Innere der virtuellen Lernwelt.

Das einzige Hilfsmittel, das dem Anwender zur Verfügung steht, ist eine Datenbank mit Informationen über molekular-biologische Vorgänge im Organismus des Menschen.

Indem das Programm bewusst Emotionen erzeugt und mit Kontrasten und Paradoxien arbeitet, bleibt die Aufmerksamkeit des Nutzers auf einem kontinuierlich hohen Niveau, was der Lernleistung in hohem Maße zugute kommt. Sie ist ähnlich hoch wie beim Plan- und Lernspiel. Gleichzeitig werden elementare Zusammenhänge mit Praxisbezug vermittelt. *Genomic Explorer* verknüpft somit sehr geschickt emotionale und kognitive Komponenten des Lernens.

Wie Simulationen und Lernspiele ermöglichen Lernabenteuer das Erfassen komplexer Realitäten. Gleichzeitig eignen sie sich aber auch sehr gut zur Vermittlung von Grundlagenwissen, was mit anderen explorativen Ansätzen *nicht* möglich ist (hier ist Grundlagenwissen sogar unbedingte Voraussetzung!) Insofern können Lernabenteuer auch bei Zielgruppen eingesetzt werden, die über keine Vor-

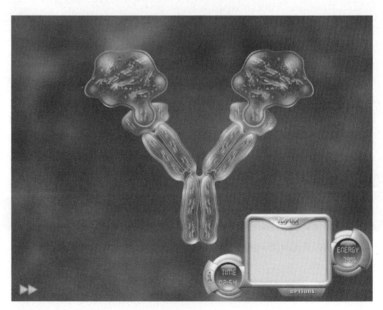

Abb. 1.39: Antikörper helfen die Aufgaben zu lösen.

kenntnisse zum Lernthema verfügen. Dennoch ist es sinnvoll, ihren Einsatz in ein pädagogisches Gesamtkonzept ein-
zubetten.

2.2.4 Eignung und Einsatzmöglichkeiten

Die Beispiele auf den vorhergehenden Seiten machen deutlich, dass jedes der vorgestellten didaktischen Modelle über
spezifische Vor- und Nachteile verfügt.

Das *Selbstlernkonzept* eignet sich am ehesten zum schnellen Aufsuchen und Nachschlagen von Informationen. Natürlich kann man sich auch durch alle Informationsbereiche
oder jedes Kapitel eigenständig durcharbeiten. Voraussetzung ist jedoch eine entsprechende Selbstdisziplin und ein
entsprechendes Selbstmanagement.

Das *tutorielle Konzept* eignet sich am ehesten zur Vermittlung von Grundwissen. In wohlproportionierten Lernschritten wird der Anwender an das Thema herangeführt und
kann sich in Ruhe mit dem Lehrstoff vertraut machen. Die
Tatsache, dass dazu die Komplexität der Lerninhalte zuguns-
ten einer besseren Vermittlung didaktisch reduziert werden
muss, wirkt sich nicht negativ auf das Lernergebnis aus,
denn ein direkter Übertrag auf eine Praxissituation ist
schließlich nicht das Ziel. Es geht um Grundwissen, um das
grundlegende Verständnis bestimmter Zusammenhänge.

Umgekehrt eignet sich das *explorative Konzept* am besten
zum Training praxisorientierter Anwendungssituationen.
Die ganze Komplexität realer Problemsituationen kann hier
risikofrei simuliert, erfahren, erlebt, erforscht und erkundet
werden. Der Anwender erhält Einblicke in das Wirkungsprinzip komplexer Systeme, kann Hypothesen überprüfen,
mit eigenen Gedanken und Ideen experimentieren und auf
diese Weise eine Vorstellung von den Abläufen und Prozessen entwickeln, wie sie tatsächlich in der nicht-virtuellen
Realität vorkommen. Insofern bieten explorative Konzepte
beste Voraussetzungen, sich im größtmöglichen Umfang auf
die Wirklichkeit vorzubereiten.

Merkmale für Auswahl und Einsatz didaktischer Modelle		
Selbstlernkonzept	**Tutorielles Konzept**	**Exploratives Konzept**
■ Didaktisch aufbereitete Informationen und Lernbausteine in offener Struktur ■ Schneller und bedarfsorientierter Zugriff auf Informationen und Lerninhalte ■ Kein Lerndialog, kein Feedback, keine Lernerfolgskontrolle	■ Präsentation neuer Informationen ■ Schrittweiser Erwerb neuen Wissens ■ Übung, Training und Vertiefung durch Wiederholung ■ Abfrage durch Testaufgaben ■ Differenziertes feedback ■ Direkte und genaue Lernerfolgskontrolle	■ Lernen durch Entdecken und Erleben ■ Freies Experimentieren und praktische Erprobung neuen Wissens in einem authentischen Szenario ■ Produktives Problemlösen in komplexen Zusammenhängen
Eignung: Zielgruppe mit und ohne Vorkenntnisse	Eignung: Zielgruppen ohne Vorkenntnisse oder mit einheitlichen Vorkenntnissen	Eignung: Zielgruppe mit Vorkenntnissen

Alle drei vorgestellten Ansätze mit ihren individuellen Stärken bilden heute das konzeptionelle Fundament eines Lernprogramms. Je nach Zielgruppe, Einsatzzweck und Lernthema setzen Programmautoren die unterschiedlichen Konzepte separat ein oder kombinieren sie miteinander, um die einzelnen Vorteile im Verbund zu nutzen.

Ein Standard-Lernsystem verfügt heute in der Regel über mehrere Module mit unterschiedlichen didaktischen Konzepten: ein tutorielles Modul vermittelt Grundlagenwissen, das anschließend im explorativen Modul praktisch erprobt werden kann. Ein Informationsmodul nach dem Selbstlernkonzept bietet die Möglichkeit, Einzelinformationen oder Fachbegriffe nachzuschlagen. Diese können noch einmal separat im Trainingsmodul geübt werden, das gleichzeitig als Eingangstest fungieren kann. Die Lernerfolgskontrolle mit praktischer Anwendung erfolgt im explorativen Modul.

II Baukasten für ein Lernprogramm

Einführung

Nach den einleitenden Ausführungen über die Möglichkeiten und Grenzen von Lernsystemen und über die grundlegenden Konzepte interaktiven Lernens beschäftigt sich dieser Teil des Buches mit der Frage, aus welchen Elementen ein Lernsystem bestehen kann (Baukasten-Prinzip), und welche Konzepte, Strukturmodelle und andere Planungsraster es gibt, um diese Elemente zu einem einheitlichen Ganzen zusammenzufügen (Bauplan).

Es sind besonders sechs Kernelemente, die in diesem Zusammenhang eine wichtige Rolle spielen:

- Das Lernkonzept und die Programmstruktur.
- Das didaktische Repertoire (Aufgaben und Lernszenarien).
- Das individuelle Lernmanangement am Bildschirm durch den Anwender.
- Der Einsatz und die Wirkung von Multimedia.
- Die Gestaltung der Benutzeroberfläche und die Benutzerführung im Programm.
- Die Eignung von Autorensystemen für Entwicklungsaufgaben.
- Die Leistungsmerkmale der technischen Plattformen und die damit verbundenen Problemfelder.

Auf den folgenden Seiten werde ich Ihnen die einzelnen Teilbereiche vorstellen.

Damit Sie jedoch erst einmal eine Vorstellung davon erhalten, wie ein *fertiges* Lernprogramm aussieht und worauf es bei der Konstruktion der einzelnen Programmelemente ankommt, möchte ich Ihnen zu Beginn dieses Praxisteils das

Lernprogramm *Holzbearbeitung mit Maschinen* vorstellen. Dabei handelt es sich um ein Lernsystem auf CD-ROM-Basis (CBT), das für sein didaktisches Konzept, seine inhaltliche und visuelle Gestaltung sowie für seine beispielhafte multimediale Umsetzung mit dem Comenius-Siegel 2002, dem Lernsoftware-Preis des Fachverbandes Pädagogik und Informatik, ausgezeichnet wurde.

Musterbeispiel: Das Lernsystem „Holzbearbeitung mit Maschinen"

Das CBT *Holzbearbeitung mit Maschinen* ist ein Lernprogramm, das für Auszubildende des holz- und kunststoffverarbeitenden Handwerks konzipiert und entwickelt wurde. Es unterstützt die Lehrlinge bei der Vorbereitung auf die theoretische und praktische Prüfung des „Tischler-Schreiner-Maschinenscheins" (TSM). Das Programm ist sowohl zum Selbststudium als auch zum Einsatz im Präsenzunterricht vorgesehen. Die Nutzer haben mit dem CBT die Möglichkeit, Fakten- und Anwendungswissen in Bezug auf die Arbeit an den Maschinen zu trainieren und ihr Wissen direkt in einem virtuellen Maschinenpark zu erproben.

Programmstruktur

Das Grundgerüst des Programms besteht aus vier zentralen Modulen, die in einer offenen Struktur angelegt sind. Dabei handelt es sich im Einzelnen um:

- eine Wissensdatenbank (nach dem Selbstlernkonzept) mit Informationen zum Thema „maschinelle Holzbearbeitung";
- einen virtuellen Maschinenpark mit theoretischen Aufgaben zum Thema „Maschinenteile" (nach dem tutoriellen Konzept);
- einen virtuellen Maschinenpark mit praktischen Aufgaben in Form von realen Arbeitsaufträgen (nach dem explorativen Konzept);
- ein Modul zur Lernstandübersicht.

Die Sequenzen sind nach dem klassischen Muster aufbereitet, das heißt, man muss erst eine Aufgabe vollständig richtig gelöst haben, ehe das Programm die nächste vorlegt.

Zentrales Steuerungselement ist das Hauptmenü, das gleichzeitig als grafische Inhaltsübersicht fungiert. Jeder einzelne Menüeintrag stellt eine Lerneinheit zu einem speziellen Maschinentyp dar. Als Unterstützungsfunktion im Hinblick auf die Bedienung und Handhabung des Programms gibt es eine technische Hilfe, die beim Aufruf kontextbezogen aktiv wird.

Navigation und Orientierung

Die allgemeine Orientierung innerhalb des Programms erfolgt über das Hauptmenü. Es gibt lediglich zwei Navigationsebenen – ein Umstand, der die Steuerung und Handhabung des Programms so wie das Zurechtfinden innerhalb der Anwendung sehr erleichtert und schnelles Navigieren ermöglicht.

Abb. 2.1: Das Hauptmenü.

Abb. 2.2: Die Navigationsleisten mit Verknüpfungen und Sonderfunktionen.

Zwei klar und übersichtlich gegliederte, jederzeit zugängliche separate Navigationsleisten mit direkten Verknüpfungen zu den einzelnen Modulen und Sonderfunktionen (Ton ein/aus, Ausdruck von vorgefertigtem Lehrmaterial und der aktuellen Bildschirmansicht, technische und inhaltliche Hilfe, Ausgang) enthalten alles, was man benötigt, um mit der Anwendung zu arbeiten und das Geschehen auf dem Bildschirm zu steuern.

Didaktisches Konzept

Selbstgesteuertes und handlungsorientiertes Lernen sind die beiden zentralen Überschriften des didaktischen Konzepts. Immer unter dem Blickwinkel, dem Nutzer schnell, anschaulich und praxisorientiert Informationen zu vermitteln, bietet das Programm die Möglichkeit, das in kleinen Bausteinen angebotene, frisch erworbene Wissen direkt in einem praktischen Kontext – in diesem Fall an virtuellen Maschinen – zu erproben. Jeder Nutzer kann unabhängig von der Tiefe seines Vorwissens direkt mit der Holzbearbeitung beginnen. Gut gestaffelte Feedbacks weisen den Anwender automatisch in die richtige Richtung, sodass er auch über die Trial-and-Error-Strategie zum Lernerfolg kommt.

Das gleichzeitige Angebot eines theorie- und eines praxisorientierten Lernmoduls in Kombination mit freier Lernwegwahl bietet zwei Vorteile:

- Alle Nutzer können *unabhängig* von ihren Vorkenntnissen direkt in das Programm einsteigen.
- Jeder Nutzer kann von Anfang an nach seinem persönlichen Stil lernen: Wer besser durch direktes Anwenden und Ausprobieren lernt, kommt ebenso auf seine Kosten wie jemand, der sich erst einmal mit den Grundlagen vertraut machen möchte, ehe er sich an die Praxis wagt.

Damit dieses „duale System" funktioniert, sind die Lerninhalte in den einzelnen Modulen nach unterschiedlichen didaktischen Konzepten aufbereitet:

Die Wissensdatenbank ist nach dem Selbstlernkonzept strukturiert. Das heißt, die Lerninhalte sind in einzelne Wissensbausteine verpackt und werden in einer offenen Struktur zum Abruf durch den Anwender bereitgehalten. Es gibt weder Aufgaben noch Tests oder Rückmeldungen. Über ein zentrales Auswahlmenü kann der Nutzer die alphabetisch sortierten Bausteine anwählen und aufrufen. Er erhält daraufhin drei Arten von Information: einen kurzen Informationstext, der eine prägnante Beschreibung des Lerngegenstands enthält, einen ebenfalls knapp gehaltenen Sprechertext und eine Visualisierung in Form von Grafik, Animation oder Digitalvideo. Sprach- und Bildgedächtnis werden auf diese Weise gleichzeitig angesprochen, was die Behaltensleistung erheblich steigert (gegenüber der Wissensvermittlung durch nur ein Medium).

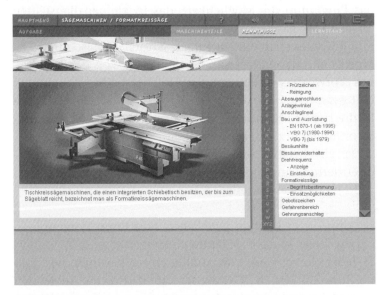

Abb. 2.3: Die Wissensdatenbank mit ihren drei verschiedenen Informationsebenen erlaubt die schnelle und anschauliche Aufnahme von Lerninhalten.

Das Lernmodul zum Thema „Maschinenteile" stellt das Bindeglied zwischen Theorie und Praxis dar. Bevor der Anwender an virtuellen Maschinen Arbeitsaufträge durchführt, soll er sich zunächst mit den Maschinen selbst, mit ihrem Funktionsprinzip und ihren Bestandteilen vertraut machen. Er erfährt, wie die einzelnen Maschinenteile bezeichnet werden und wo sie sich an der Apparatur befinden. Das erforderliche Wissen wird in Form von Zuordnungsaufgaben vermittelt und abgefragt: Per Drag & Drop zieht der Anwender Textbausteine mit Maschinenteilbezeichnungen auf das dreidimensionale Modell einer Maschine. Beim Überfahren der Maschine mit der Maus blenden die einzelnen Maschinenteile kurz auf, sodass der Anwender auch ohne Vorwissen einen sehr schnellen Überblick über die einzelnen Komponenten und deren „Zusammenbau" erhält. Hat er die Bezeichnung auf einem Maschinenteil platziert, rastet sie ein, bleibt jedoch bewegbar, sodass Korrekturen jederzeit möglich sind. Zumindest bis zum Zeitpunkt, zu dem der Anwender den „Fertig"-Button drückt. In diesem Moment nimmt das Programm eine automatische Auswertung vor und gibt anschließend in visueller Form Rückmeldung: Wurden alle Bezeichnungen richtig zugeordnet, erscheint ein Dialogfenster mit einem anerkennenden Lob. Wurde die Aufgabe nicht richtig gelöst, sind alle nicht richtig zugeordneten Elemente rot markiert. Das Programm teilt nun in einem Dialogfenster mit, dass die vorgenommene Zuordnung falsch oder nicht vollständig ist, und fragt, ob der Anwender die Aufgabe wiederholen möchte. Wird die Frage mit Ja beantwortet, macht das Programm alle vorgenommenen Einstellungen rückgängig, sodass er einen neuen Versuch starten kann. Beantwortet der Anwender die Frage dagegen mit Nein, präsentiert das Programm die nächste Aufgabe, die nach demselben Schema zu lösen ist.

Herzstück des Lernsystems ist das Modul, in dem der Nutzer an virtuellen Maschinen konkrete Arbeitsaufträge („Sägen Sie ein Brett in der Länge X cm bis Y Meter zu") ausführen muss. Didaktisch handelt es sich bei diesem Teil der Anwendung um eine Kombination des explorativen und

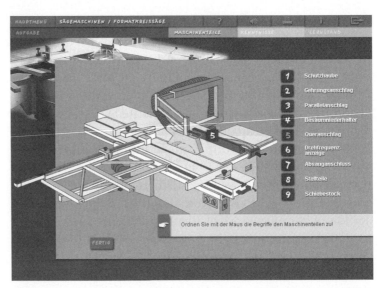

Abb. 2.4: Im Aufgabenmodul „Maschinenteile" soll der Anwender
die einzelnen Komponenten an der Maschine identifizieren: die Elemente werden beim Überfahren mit der Maus optisch hervorgehoben.

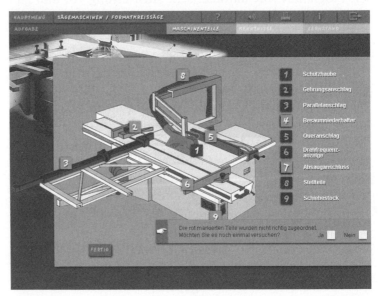

Abb. 2.5: Nach der Zuordnung erhält der Anwender ein Feedback.

tutoriellen Ansatzes: in einer Mikrowelt bearbeitet der Anwender Aufgaben, die in Sequenzen präsentiert werden.

Zunächst erscheint die Maschine mit sämtlichen Bedienelementen und Zusatzgeräten in verschiedenen Auswahlmenüs. Anschließend demonstriert eine Videosequenz die
exakte Durchführung eines Arbeitsauftrags. Dank einer entsprechend konstruierten Steuerleiste kann sich der Nutzer
jeden einzelnen Arbeitsschritt beliebig oft ansehen. Hat das
Video das Grundprinzip demonstriert, muss der Anwender
die gezeigte Prozedur an der virtuellen Maschine nachstel-
len.

Er kann hierzu verschiedene Einstellungen vornehmen,
Vorrichtungen installieren und Werkzeuge benutzen, die in
verschiedenen Auswahlmenüs zur Verfügung stehen. Letztere enthalten übrigens alle Elemente für alle Maschinentypen und Arbeitsaufträge. Das heißt, das Sortiment ist nicht
speziell auf die Aufgabe abgestimmt, die richtige Lösung somit nicht auf Anhieb erkennbar.

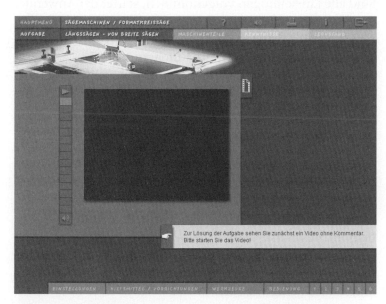

Abb. 2.6: Die richtige Ausführung des Arbeitsauftrags wird im
Video demonstriert.

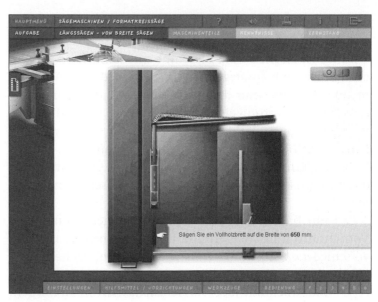

Abb. 2.7: Maschine, Bedienelemente und Aufgabenstellung.

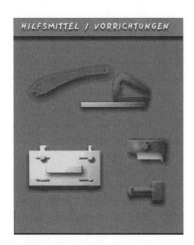

Abb. 2.8: Das Menü mit den Hilfsmitteln – das System platziert richtig ausgewählte Elemente automatisch an der Maschine.

Sind alle Einstellungen vorgenommen, startet der Anwender die Maschine. Das Programm analysiert nun, ob alle Elemente richtig platziert und eingestellt sind. Anschließend gibt es eine Rückmeldung. Inhaltlich und optisch entspricht sie dem Feedback aus dem Modul Maschinenteile. Es gibt lediglich einen Unterschied: Möchte der Anwender die Übung nicht noch einmal wiederholen, nimmt das Programm automatisch die richtigen Einstellungen vor, sodass der Anwender seine Fehler nachvollziehen kann.

Weiß der Anwender nicht mehr weiter, bietet die Hilfefunktion Unterstützung an. Auf Anfrage gibt sie einen Hinweis auf die richtige Lösung und fordert dazu auf, das Video noch einmal zu starten, um die richtige Bedienungsweise zu demonstrieren und denjenigen Abschnitt zu suchen, der mit dem Lösungshinweis übereinstimmt. Alle dafür erforderlichen Elemente – Videofenster, Bedienleiste etc. – werden automatisch eingeblendet.

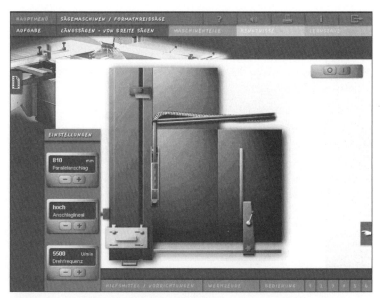

Abb. 2.9: Die Hilfsmittel sind angebracht, die Einstellungen vorgenommen. Die Maschine wird gestartet.

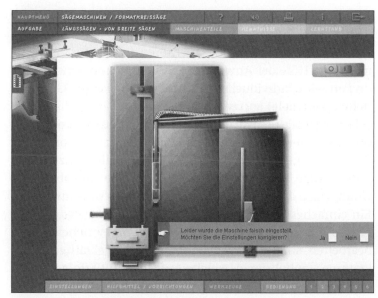

Abb. 2.10: Deutliches Feedback für den Anwender.
Wichtig: Die Fehlerquellen sind optisch hervorgehoben, Lösungshinweise im Bedienmenü vorgesehen.

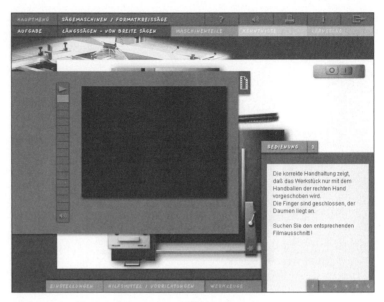

Abb. 2.11: Die intelligente Lernhilfe im Einsatz.

Lernmanagement

Das Programm verfügt über mehrere wichtige Instrumente, mit deren Hilfe der Anwender den Lernprozess organisieren und an seine individuellen Maßstäbe (Fähigkeiten, Gewohnheiten, Lernziele) anpassen kann.

Das wichtigste Instrument zur Orientierung und Lernorganisation ist das Lernstandmenü. Hier hat der Anwender die Möglichkeit, sich einen Überblick über alle Lernziele und seine eigene Lernleistung verschaffen. Alle Aufgaben und Übungen zu den einzelnen Maschinentypen sind aufgelistet. Ein einfaches Signalfarbenschema (Rot/Grün) zeigt an, welche Aufgaben bereits bearbeitet wurden und welche noch zu bearbeiten sind. Gut verständliche, aussagekräftige Piktogramme symbolisieren, welche Aufgaben mit Erfolg bearbeitet wurden, welche noch einmal wiederholt werden sollten und welche nicht vollständig bearbeitet wurden. Dank dieser einfachen grafischen Übersicht kann der Anwender sich sehr schnell über den Bearbeitungsstatus aller Aufgaben und

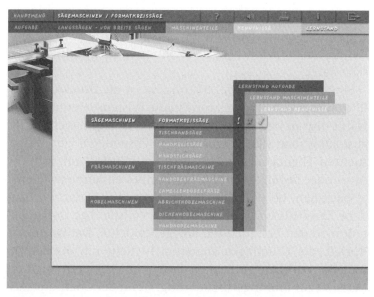

Abb. 2.12: Die grafische Übersicht Im Lernstand-Menü …

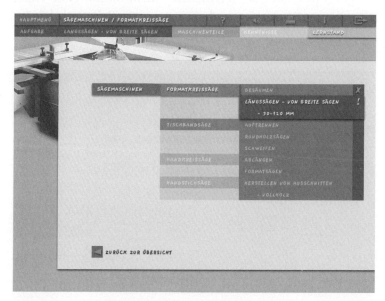

Abb. 2.13: … und die dazugehörige Detailansicht.

Übungen informieren und seine eigene Lernleistung nachvollziehen – und die nächsten Arbeitsschritte planen. Eine
Detailansicht bietet sogar Informationen zu einzelnen Lernschritten.

Eine weiteres wichtiges Instrument ist die Druckfunktion.
Begibt man sich beispielsweise in die Wissensdatenbank und
wählt dort in der alphabetisch sortierten Liste einen Begriff
aus, kann man sich vorgefertigtes Lehrmaterial zum ausge-
suchten Thema ausdrucken. Auf diese Weise kann sich der
Anwender bedarfsorientiert Lernskripte zusammenstellen –
je nachdem, ob er neues Wissen erwerben, bereits vorhandene Kenntnisse vertiefen oder eine vollständige Dokumentation zu den Lerninhalten anlegen möchte. Der besondere
Vorteil: die Unterlagen eignen sich nicht nur als Begleitmaterial zur Arbeit mit dem Programm, sondern auch als
Material zur Prüfungsvorbereitung, wenn der Computer aus-
geschaltet ist.

Bei Problemen mit der Bedienung und Handhabung des
Programms leistet die technische Hilfsfunktion erste Hilfe:
eine Animationssequenz demonstriert, welche Schritte zu

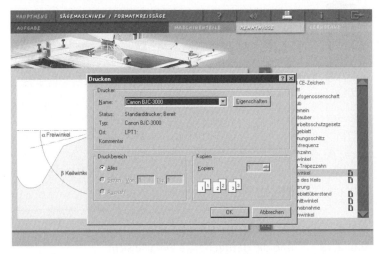

Abb. 2.14: Im Menü „Kenntnisse" kann man sich vorgefertigte
Lernmaterialien zu den einzelnen Menüpunkten ausdrucken lassen.

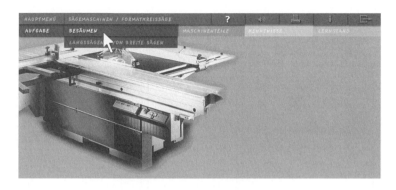

Abb. 2.15: Die technische Hilfefunktion im Einsatz: Nach dem Programmstart erläutert ein Sprecher Inhalt und Funktion der Navigationsmenüs, ein animierter Mauszeiger begleitet die Ausführungen und demonstriert ihre Umsetzung.

unternehmen sind, die aus dem Dilemma führen, während ein Sprecher kurz und prägnant den Hintergrund erläutert.

Raumaufteilung und grafische Gestaltung

Lernen am Computer bedeutet immer: Lernen am Bildschirm. Insofern kommen der Raumaufteilung der Screen und der grafischen Gestaltung der Benutzeroberfläche (Farbe, Formen, Grafik, Typografie) eine besondere Bedeutung zu: beide Faktoren beeinflussen die visuelle Wahrnehmung, lenken die Aufmerksamkeit des Betrachters, kommunizieren das Lernthema und sprechen das ästhetisch-emotionale Empfinden des Anwenders an.

Die Benutzeroberfläche des Lernsystems *Holzbearbeitung mit Maschinen* ist durchgehend in einen Navigationsbereich und eine Lern- und Arbeitsfläche unterteilt. Alle Inhalte, die aktiv vermittelt werden, sind zentral positioniert. Um sie herum angeordnet sind ausfahrbare Menüs oder Info-Fenster, in denen kontextabhängig Einzelinformationen erscheinen. Das Raumaufteilungskonzept ist in jedem Modul eng mit dem Lernkonzept verknüpft. Befindet man sich beispielsweise im Datenbank-Modul, zeigt die Benutzeroberfläche drei verschiedene Funktionsbereiche (Visualisierung, Textinformation, Auswahlmenü mit separater Navigationsleiste), während im Aufgaben-Modul die Arbeitsfläche vollständig von der Ansicht einer virtuellen Holzbearbeitungsmaschine

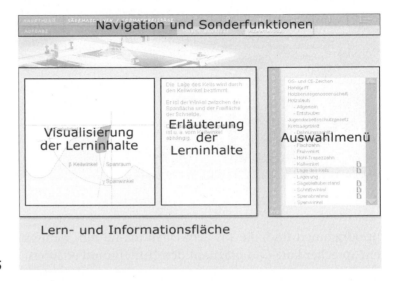

Abb. 2.16

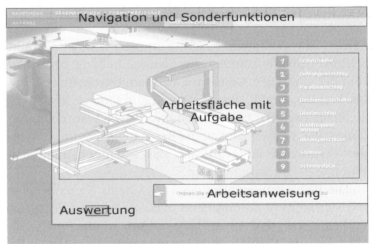

Abb. 2.17

beherrscht wird, an deren Rand sich ausfahrbare Menüs mit zentralen Steuerungs- und Bedienelementen für die Anlage und zur Demonstration befinden.

Die Programmautoren setzen Farben überwiegend zur visuellen Kennzeichnung der einzelnen Module ein, wobei sich die Farbcodierung bereits im Farbschema der Menüleiste widerspiegelt (z. B. Blau für das Modul „Maschinenteile").

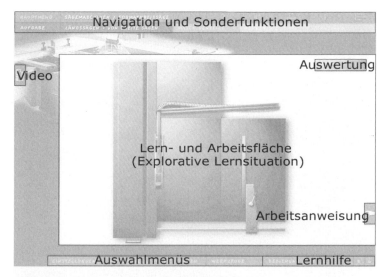

Abb. 2.18

Abb. 2.16–2.18: Raumaufteilungskonzept in den verschiedenen Modulen.

Bilder von Holzbearbeitungsmaschinen fungieren sowohl als Hintergrund- wie auch als Logo-Grafik und stellen auf diese Weise einen direkten visuellen Bezug zum angewählten Lernthema her. Insgesamt erleichtern die Farbcodierung und die Auswahl der Grafiken die Orientierung innerhalb der Anwendung erheblich.

Die bevorzugte Form ist das Viereck: Durch die konsequente Verwendung und Anordnung der Formen wird der Platz optimal genutzt; Funktionsflächen werden durch unterschiedliche Größen in ihrer Bedeutung hervorgehoben beziehungsweise reduziert.

Die einzelnen Gestaltungselemente harmonieren gut; frische Farben und edel gestylte Grafiken vermitteln das Bild von einem modernen, themenbezogenen Design.

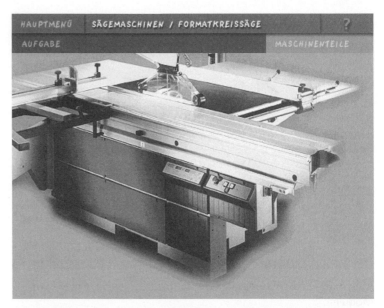

Abb. 2.19

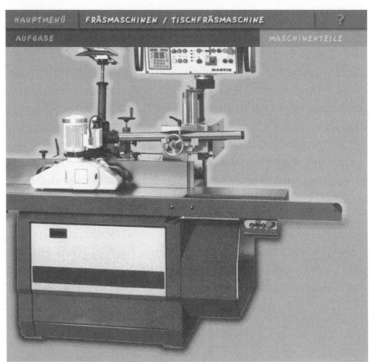

Abb. 2.20

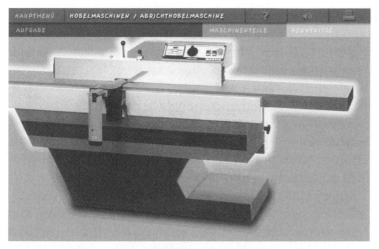

Abb. 2.21

Abb. 2.19–2.21: Jede Lerneinheit verfügt über ihre eigene Logo- und Hintergrundgrafik, was die inhaltliche und visuelle Orientierung sehr erleichtert.

Technische Umsetzung

Das Lernsystem *Holzbearbeitung mit Maschinen* wurde für das Selbststudium zuhause und für den Einsatz in Ausbildungsseminaren konzipiert. Über 600 Fotografien, Grafiken, Videosequenzen und Computeranimationen ermöglichen die anwendungsorientierte multimediale Präsentation der Inhalte und somit eine praxisbezogene Wissensvermittlung, die einen schnellen Wissenstransfer begünstigt. Damit ist jedoch eine sehr große Datenmenge verbunden. Um keine Abstriche am didaktischen Konzept – besonders im Hinblick auf den Einsatz von Multimedia – machen zu müssen, andererseits aber den Vorteil der zeitlichen und räumlichen Flexibilität zu wahren und das CBT bedarfsorientiert einsetzen zu können, haben sich die Programmautoren für die CD-ROM als Verteilungsmedium entschieden. Wie bei CD-ROM-basierten Anwendungen üblich, ist das Programm in Bezug auf die technischen Parameter optimal auf diejenige Rechnergeneration zugeschnitten, deren Systemleistung als Mindestanforderung ermittelt wurde (Zielplattform).

Das Lernprogramm wurde mit dem Autorensystem *Macro-media Director* realisiert, einem Entwicklungswerkzeug, das üblicherweise zur Entwicklung großer und hochwertiger Multimedia-Produktionen eingesetzt wird. Es verfügt – im Vergleich zu anderen Autorensystemen – über hervorragende Laufeigenschaften und ermöglicht die punktgenaue Synchronisation aller Multimedia-Elemente. Dank des leistungsfähigen Kompressionsalgorithmus von Director konnte der ursprünglich sehr hohe Datenumfang des CBTs auf beachtliche 20 Megabyte reduziert werden.

Aufgrund der vielen Videosequenzen und intensiven Verwendung von PDF-Dokumenten ist die Lauffähigkeit des Lernsystems von speziellen Versionen des Acrobat Readers und des QuickTime-Plugins abhängig. Die auf der CD-ROM mitgelieferten Versionen sorgen für optimale Laufeigenschaften und minimieren das Risiko von Softwarekonflikten.

1 Lernkonzept und Programmstruktur

Das Musterbeispiel von *Holzbearbeitung mit Maschinen* zeigt, wie engmaschig lernpsychologischer Ansatz, visuelles Konzept und multimediale Umsetzung in einem CBT/WBT miteinander verwoben sind. Zentrale Schnittstelle ist definitiv das Lernkonzept. Aus ihm leiten sich alle anderen Bausteine für das Lernsystem ab: Programmstruktur, Richtlinien für den Medieneinsatz, Gestaltung der Benutzeroberfläche, Auswahl des Autorensystems etc.

Die Planung und Gestaltung eines Lernsystems beginnt deshalb mit der Entwicklung des Lernkonzepts und dem (daraus resultierenden) schrittweisen Aufbau der Programmstruktur. Beide Elemente bilden das Grundgerüst für die gesamte Anwendung.

Der erste Schritt besteht in der Sammlung und Analyse von Daten über die künftige Nutzergruppe. Das Ergebnis der Auswertung wird in einem vorläufigen Bedarfsprofil festgehalten. Anschließend findet die lernthemenorientierte Sichtung, Auswahl und Strukturierung der Lerninhalte statt. Letztere werden nach Priorität und Zusammenhang geordnet. Die daraus entstehende Struktur bildet die Grundlage für die Formulierung von Lernzielen. Mit ihrer Hilfe lässt sich relativ komfortabel eine passende Lehrstrategie entwickeln. Lernziele und Lehrstrategie im Zusammenspiel erlauben es, Aufgaben zu konstruieren und die Elemente zur Lernerfolgskontrolle zu bestimmen. Auf diese Weise entstehen nacheinander Lektionen und Lerneinheiten bis hinunter auf die Ebene des einzelnen Lernschritts. Unter Einbezug der Daten aus der Zielgruppenanalyse ist es nun möglich, den Lernweg anzulegen und die einzelnen Programm-Module zu bestimmen.

Für jeden Arbeitsschritt gibt es bestimmte Raster, Vorlagen oder Strukturmodelle, die die Erstellung des Lernkonzepts und die Entwicklung der Programmstruktur um einiges erleichtern. Wie sie aussehen, welchen Nutzen sie haben und wie man sie in den einzelnen Phasen des Konstruktionsprozesses einsetzt, zeigen die nächsten Abschnitte.

1.1 Planungsraster und Strukturmodelle

1.1.1 Zielgruppe

Die Planung eines Lernsystems beginnt mit der Zielgruppenanalyse. Sie gibt Auskunft über die zukünftige Nutzergruppe und ihre individuellen Voraussetzungen für computergestütztes Lernen. Darüber hinaus informiert sie über die Rahmenbedignugen, unter denen die Anwender voraussichtlich mit dem Lernprogramm arbeiten werden sowie über psychologische Faktoren, die die Arbeit mit dem Programm im Vorfeld positiv oder negativ beeinflussen können.

Jeder einzelnen Kategorie lassen sich bestimmte Analysekriterien zuordnen. Dabei handelt es sich um Angaben …

- zum soziografischen Profil,
- zur Medienkompetenz,
- zum Vorwissen in Bezug auf den Lernstoff,
- zum Lernort,
- zur Lernzeit,
- zur Lernsituation,
- zur Motivation.

Daten zum *soziografischen Profil* enthalten Angaben über die Altersverteilung und das Bildungsniveau der Zielgruppe. Untersuchungen belegen, dass jüngere Nutzer (bis etwa 27 Jahre) Lernumgebungen bevorzugen, die kreative Aufgaben enthalten und entdeckendes Lernen fördern, während ältere Zielgruppen die schnelle, klare und übersichtliche Aufberei-

tung lernrelevanter Informationen präferieren. Auch bevorzugen jüngere Zielgruppen hinsichtlich der grafischen
Gestaltung eher ein modernes, dynamisches Design und
„trendige" Grafiken, während ältere Nutzer sich eher von
zeitlosen-funktionalen Darstellungsformen angesprochen
fühlen.

Angaben zum *Bildungsniveau* erlauben eine Einschätzung
der Nutzer hinsichtlich ihrer intellektuellen Fähigkeiten, besonders im Hinblick auf analytisches und abstraktes Denken.
Diese wirken sich auf die Komplexität aus, in der die Lerninhalte aufbereitet und auf dem Bildschirm präsentiert werden können. (Es ist beispielsweise ein erheblicher Unterschied, ob man ein Lernprogramm für Maurer-Lehrlinge
entwickelt oder für Führungskräfte eines international ope-
rierenden Konzerns.)

Angaben zur *Medienkompetenz* geben darüber Auskunft, inwieweit die potenziellen Anwender mit der Bedienung und
Handhabung von Computerprogrammen vertraut sind. Informationen dieser Art haben Auswirkung auf die Entwicklung sämtlicher Programmelemente, angefangen von der
Benutzeroberfläche über die Hilfefunktionen bis hin zu gesonderten Unterstützungsfunktionen (wie z.B. einer interaktiven Einführung in die Handhabung und Bedienung des
Programms).

Aus dem Umfang des *Vorwissens*, über das die Anwender in
Bezug auf die Lerninhalte verfügen, kann man als CBT-Autor
Rückschlüsse auf die Anlage der Lernwegstruktur innerhalb
des Programms ziehen. Verfügt die Zielgruppe beispielsweise
über unterschiedliche Vorkenntnisse, könnte dem Programm ein Eingangstest vorgeschaltet werden, der etwaige
vorherige Kenntnisse abprüft und anschließend eine Lernwegempfehlung ausspricht (oder sogar die noch fehlenden
Lerninhalte in einem individuellen Lernweg zusammenstellt). Eine andere, technisch weniger aufwändigere Variante bestünde in einem doppelten Lernweg: Für Nutzer mit geringen Vorkenntnissen gibt es eine *guided tour* durch die
einzelnen Lernmodule, auf der alle lernrelevanten Inhalte
Schritt für Schritt vermittelt werden. Parallel dazu kann ein

Anwender mit guten Vorkenntnissen von einem zentralen Menü aus direkt auf alle Lerninhalte zugreifen und sie sich nach individuellem Bedarf zusammenstellen.

Der *Lernort* beschreibt, wo der Anwender konkret mit dem Lernprogramm lernen kann oder soll. Dabei kann es sich um den Arbeitsplatz handeln, um einen gemeinschaftlich genutzten Computerraum oder den Schreibtisch zuhause bei der Familie. Genausogut ist aber auch eine „mobile" Lernsituation denkbar, wie zum Beispiel im Zug oder im Auto. Entscheidend ist, ob und inwieweit die räumliche Situation Einflüsse enthält, die den Nutzer stören oder vom Lernen ablenken. Liegen solche Störungen vor, kann man die damit verbundenen Einschränkungen umgehen

a) durch ein Vermittlerkonzept, das ohne Sprechertext auskommt,
b) durch kurze und modularisierte Tonsequenzen, die es dem Anwender erlauben, Sprechertext-Passagen beliebig schnell und oft abzurufen.

Die *Lernzeit* gibt Auskunft darüber, wie viel Zeit dem Anwender insgesamt zur Verfügung steht, um das Programm durchzuarbeiten. Es ist grundsätzlich sehr schwierig, die Inhalte exakt auf einen bestimmten Zeitraum abzustimmen, da jedem Nutzer ein anderes Tempo eigen ist. Deshalb empfiehlt sich eine zeitliche Modularisierung der Inhalte, sodass die Nutzer auch kurze Lücken im Alltag nutzen können, um eine Lerneinheit zu absolvieren. Sehr bewährt haben sich in dieser Hinsicht Zeitintervalle zwischen 20 oder 30 Minuten; erstens treten Zeitlücken im Alltag meist in dieser Größenordnung auf, zweitens sinkt die Aufmerksamkeitsbelastungsspanne nach ungefähr zwanzig Minuten.

Die *Lernsituation* beschreibt, in welcher Form das Programm zum Einsatz kommt: Findet das Lernen einzeln oder in der Gruppe statt? Gibt es einen Ansprechpartner? Sollen die Lerninhalte vollständig am Computer vermittelt werden oder ist eine Einbindung in eine Lehrveranstaltung vorgesehen? Die Lernsituation beeinflusst ganz erheblich die Ausrichtung des Gesamtkonzepts. Ist das Lernprogramm z.B. fest in eine Lehrveranstaltung integriert, kann man als Autor auf das Programm-Modul „Einweisung in die Bedienung und Handhabung" sehr wahrscheinlich verzichten oder es zumindest sehr kurz halten, da davon auszugehen ist, dass das Lehrpersonal vor Ort die Anwender in die Bedienung einführt. Umgekehrt ist dieses Modul unverzichtbar, wenn feststeht, dass die Nutzer mit dem Programm alleine arbeiten. In diesem Fall ist eine ausführliche interaktive Einweisung in Verbindung mit einer kontextsensitiven technischen Hilfe unbedingt erforderlich.

Probleme ganz anderer Art entstehen, wenn der Anwender über keine Eigenmotivation verfügt, um mit dem CBT zu lernen – sei es, weil er Zweifel an der Effizienz interaktiver Lernmedien hat, weil er nicht gerne am Computer arbeitet oder weil ihn sein Chef zur Arbeit mit dem Programm verpflichtet hat.

Auf der Ebene der Programmgestaltung gibt es mehrere Möglichkeiten, diese „negative" Motivation in eine „positive" umzuwandeln: eine ästhetisch ansprechend gestaltete Lernumgebung, die kreative Aufgaben enthält, schnelle Erfolgserlebnisse vermittelt, stets den Bezug zur Praxis wahrt und den Anwender auch auf einer emotionalen Ebene anspricht, ist ein probates Mittel, um den Anwender für computergestütztes Lernen zu gewinnen.

Alle Kriterien für die Zielgruppenanalyse mitsamt ihrer möglichen Auswirkungen auf die CBT-/WBT-Konzeption (und der entsprechenden Maßnahmen) sind in der folgenden Tabelle in Form eines Planungsrasters noch einmal aufgelistet. Im Fallbeispiel am Ende dieses Kapitels und im Workshop im dritten Teil des Buches werde ich auf diese Liste zurückkommen und ihren praktischen Nutzen demonstrieren.

Analysekriterien	Schlussfolgerungem
Altersverteilung	Zielgruppe unter 25 Jahre: ■ Kreative Lernumgebung ■ Dynamische Inhalte ■ Trendige Grafiken ■ Entdeckendes Lernen Zielgruppe über 25 Jahre: ■ Klare und übersichtliche Präsentation der Inhalte ■ Schneller Informationszugriff ■ Zeitloses, funktionales Design
Bildungsniveau (bezieht sich auf allg. Bildung *und* themenspezif. Bildung	Hohes Bildungsniveau: ■ Komplexe Aufgabenstellungen ■ Explorative Lernkonzepte Niedriges Bildungsniveau: ■ Nicht-komplexe Aufgaben ■ Tutorielles Lernkonzept
Medienkompetenz	Hohe Medienkompetenz: ■ Kurze Einführung in Programmbedienung ■ Freie Navigation und Lernwegwahl Niedrige Medienkompetenz: ■ Ausführliche Einführung in die Programmbedienung (den Inhalten vorgeschaltet) ■ Kontextbezogene technische Hilfefunktion ■ Text als Navigationselement ■ Führung durch Programminhalte (Guided Tour) ■ Strukturierte Benutzerführung
Vorwissen in Bezug auf Lerninhalte	Große Vorkenntnisse: ■ Exploratives Lernkonzept, Selbstlernkonzept Unterschiedliche Vorkenntnisse: ■ Exploratives Modul ■ Tutorielles Modul ■ Eingangstest mit ergebnisbasierter Lernwegempfehlung ■ Unterschiedliche Lernwege

Analysekriterien	Schlussfolgerungem
	Geringe Vorkenntnisse: ■ Tutorielles Modul ■ Guided Tour ■ Vorstrukturierter Lernweg
Lernort	Viele Störfaktoren: ■ Vermittlungskonzept ohne Sprechertext ■ Abstelloption für Ton ■ Wiederholungsmöglichkeit von Tonsequenzen ■ Höchstmögliche Modularisierung von Sprechertext Wenige Störfaktoren: ■ Prinzipiell keine Einschränkungen
Lernzeit	Begrenzte Lernzeit: ■ Zeitliche Modularisierung der Lerninhalte ■ Reduktion der Lerninhalte auf das unabdingbar Wichtige ■ Zügige Wissensvermittlung Unbegrenzte Lernzeit: ■ Keine Einschränkungen
Lernsituation	Selbststudium: ■ Allgemeine und kontextbezogene Hilfefunktionen ■ Ausführliche Einführung in Programmbedienung ■ Angebot einer Guided Tour bei freier Lernwegwahl Einbindung in Präsenzseminar: ■ Kurze Einführung in die Programmbedienung
Motivation	Unfreiwillige Teilnahme und/oder Vorurteile gegenüber CBT/WBT: ■ Schnelle Erfolgserlebnisse ■ Einfache Handhabung ■ Verschiedene Zugangswege zum Lernstoff ■ Unterschiedliche Lernkonzepte ■ Kreative Aufgabenstellung ■ Ansprechende Aufmachung

1.1.2 Lernziele und Lerninhalte

Verfügt man über alle relevanten Zielgruppendaten und hat man sie im Hinblick auf ihre Auswirkung auf die Programmgestaltung analysiert, steht der zweite Planungsschritt an: die themenbezogene Auswahl und Gliederung der Lerninhalte und ihre Aufbereitung nach didaktischen Kriterien.

Dieser Prozess vollzieht sich in drei aufeinander aufbauenden Phasen:

- Phase 1: Sichtung und Strukturierung der Inhalte
- Phase 2: Formulierung von Lernzielen
- Phase 3: Aufbau und Entwicklung von Lernmodulen mit Lektionen, Lerneinheiten und Lernschritten.

Das Ergebnis jeder dieser Phasen ist eine hierarchische Struktur aus thematischen Schwerpunkten (Phase 1), Lernzielen (Phase 2) und Lernbausteinen (Phase 3).

Phase 1: Sichtung und Strukturierung der Lerninhalte

In der Regel gibt es zu jedem Lernthema eine mehr oder weniger umfangreiche und überschaubare Materialsammlung. Die Aufgabe besteht darin, unter den vielen möglicherweise relevanten Inhalten diejenigen auszuwählen, die exakt zum Lernthema passen, und sie so zu strukturieren und aufzubereiten, dass sie den Lernerfolg gewährleisten. Doch nach welchen Kriterien wählt man die Inhalte aus und stellt sie zusammen? Wie kann man sie sinnvoll nach Priorität und Zusammenhang ordnen?

Ausgangspunkt für die Gliederung von Lerninhalten ist das Lernthema. In der Regel ist es sehr abstrakt formuliert. Möchte man zum Beispiel ein Lernsystem zum Thema Psychologie konzipieren, dann wird das Lernthema entsprechend nur „Psychologie" heißen. Vielleicht lässt sich „Psychologie" aber etwas präziser fassen. Es gibt zum Beispiel verschiedene psychologische Fachgebiete (Verhaltenspsychologie, Neuropsychologie etc.) oder verschiedene Anwendungsfelder (Beratung/Therapie, Forschung etc.). Auch existieren verschiedene Anforderungsprofile: Psychologie für Anfänger, Fortgeschrittene und Profis. Deshalb ist es sehr wichtig, das Lernthema so präzise wie möglich einzugrenzen und zu beschreiben. Denn schon kleine Differenzierungen wie „Grundlagen", „Einführung" oder „Methoden" führen zu einem deutlich klareren Profil.

Ein sehr nützliches Instrument zur Identifikation aller Faktoren, Themen etc., die mit einem Lernthema im Zusammenhang stehen, ist die so genannte *mind map*: Alle Begriffe und Unterthemen, die man mit dem Thema assoziiert, werden auf einem Blatt Papier notiert und entsprechend ihrer Bedeutung untereinander verknüpft. Auf diese Weise entsteht sehr schnell eine übersichtliche und geordnete Themenstruktur, deren einzelne Elemente untereinander in Beziehung stehen. Der Vorteil: Die ganze Dimension des Themas mit seinen Tiefen und Verzweigungen erschließt sich auf einen Blick. Aus dieser Struktur kann man nun eine hierarchische Übersicht erstellen.

Die hohe Kunst besteht darin, aus der Masse an Informationen diejenigen auszuwählen, die wirklich wichtig sind, Eine wertvolle Hilfe bietet in dieser Hinsicht die Entwicklung von Lernzielen. Sie eignen sich hervorragend als didaktisches Gliederungsraster.

Phase 2: Lernzielformulierung

Lernziele beschreiben das Ziel*verhalten*, das mit dem Erwerb neuen Wissens angestrebt wird. Die Grundidee, die sich hinter der Formulierung solcher Zielverhalten verbirgt, besteht darin, passend zum Lernthema eine *hierarchische Struktur* aus Zielformulierungen zu entwickeln, die sich direkt auseinander ableiten, sodass am Ende eine Art „Lernzielpyramide" entsteht, eine ineinander verschachtelte Architektur aus Lernzielen. Diese Struktur bildet den Lehrplan für das gesamte Lernsystem. Aus ihr lassen sich sämtliche Lernbausteine ableiten.

Wie geht man bei der Entwicklung einer Lernzielarchitektur am besten vor?

 Lernziel Nr. 1 leitet sich immer aus dem allgemeinen Lernthema ab. Es wird entsprechend abstrakt formuliert. Im Stile einer Top-Down-Analyse entwickelt man anschließend aus diesem „großen" Lernziel schrittweise viele „kleinere", so lange und so viele, bis die Ebene der Präsentation auf dem Bildschirm erreicht ist. Auf diese Weise entsteht ein Lernweg, der in viele kleine Etappen – so genannte Lernschritte – zerlegt ist, denen wiederum ein eigenes kleines Teil-Lernziel zugeordnet wird. Da alle Lernziele in direkter Abhängigkeit zueinander stehen, ist das Risiko, den Lernweg zu verlassen, sehr gering.

Um in dem zwangsläufig entstehenden Geflecht aus Lernweg-Strängen und Lernschritt-Folgen den Überblick zu behalten, ist es sinnvoll, Lernziele nach Abstraktionsgraden zu differenzieren. In der Praxis unterscheidet man zwischen:

- *Richtzielen* (sie beschreiben das Zielverhalten auf der obersten Ebene und werden auf einem sehr abstrakten Niveau formuliert);
- *Grobzielen* (sie beschreiben das Zielverhalten auf der mittleren Ebene und werden auf einem konkreten Niveau formuliert; sie leiten sich aus den Richtzielen ab);
- *Feinzielen* (sie beschreiben das Zielverhalten auf der untersten Ebene, auf der Ebene der konkreten *Umsetzung*, und leiten sich aus den Grobzielen ab).

Was sollte man bei der Formulierung von Lernzielen beachten?

Präzise Beschreibung des Zielverhaltens: Ein Lernziel beschreibt genau, in welcher *Form* und *Qualität* der Anwender das Zielverhalten beherrschen soll. Möchte man beispielsweise ein Lernprogramm zur Bedienung einer Fotokamera entwickeln, könnte eine präzise Formulierung folgendermaßen aussehen:

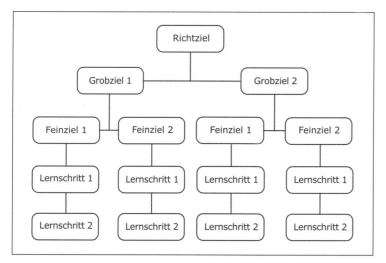

Abb. 2.22: Lernzielarchitektur für ein interaktives Lernsystem.

„Der Anwender ist in der Lage, an einer Fotokamera sämtliche Einstellungen vorzunehmen, die erforderlich sind, um eigenständig Fotografien erstellen zu können."

Selbstverständlich kann man diese Formulierung auch allgemeiner fassen, etwa so:

„Der Anwender beherrscht die Bedienung einer Fotokamera."

Diese Beschreibung lässt jedoch offen, ob es zum „Beherrschen der Kamerabedienung" ausreicht, zu wissen, wie man den Film wechselt und wann man den Auslöseknopf drückt, oder ob es auch darum geht, Einstellungen in Bezug auf Belichtung, Tiefenschärfe etc. vornehmen zu können – das wären nämlich die Voraussetzungen für „eigenständiges Fotografieren", wie sie in der ersten Variante verlangt werden.

Nur ein Zielverhalten pro Satz: Damit die Lernzielpyramide als Gliederungsraster für Inhalte verwendet werden kann, ist es sehr wichtig, für jedes einzelne Ziel eine eigene Formulierung zu wählen. Es sollte also nicht heißen: „Der Anwender soll alle Kamerateile benennen und anschließend ihre wesentlichen Merkmale aufzählen." Dies wären bereits zwei Zielverhalten in einem Satz, und somit besteht das Risiko, dass die entsprechenden Inhalte nicht sauber getrennt zugewiesen werden können. Besser wäre: „Der Anwender soll alle Kamerateile benennen" und „Der Anwender soll die wesentlichen Merkmale aller Kamerateile aufzählen". Der Vorteil dieser akribischen Aufsplittung: Je differenzierter Lernziele formuliert werden, desto einfacher ist es,

■ passende Aufgaben und Abfragen zu entwickeln,
■ die Lerninhalte gut gegliedert auf dem Bildschirm zu präsentieren.

Verben verwenden, die ein aktives Verhalten beschreiben. Lernziele unterscheiden sich nach Abstraktionsgraden, das heißt, je weiter man in der Pyramide von oben nach unten kommt, desto konkreter wird die Beschreibung des Zielverhaltens, das gelernt werden soll. Feinziele bilden die unterste Ziel-Ebene und damit den Ausgangspunkt für die Präsentation auf dem Bildschirm. Es ist deshalb sehr wichtig, dass man bei der Formulierung von Feinzielen Verben verwendet, die eine *Aktivität* beschreiben, deren Ausführung *überprüfbar* ist. Es heißt also nicht: „Der Anwender soll lernen, verstehen, nachvollziehen, begreifen …" etc. – Formulierungen wie diese sind zu oberflächlich, passiv, enthalten keine Beschreibung von *aktivem* Verhalten. Eine konkrete Verhaltensbeschreibung wäre stattdessen: „Der Anwender soll aufzählen, erklären, benennen, auflisten, beschreiben, identifizieren …" Dahinter steht die Absicht,

■ dem Ziel problemlos die richtigen Inhalte zuordnen zu können und
■ in der Lage zu sein, problemlos eine Aufgabe zur Abfrage des Zielverhaltens zu konstruieren und sie dem Lernziel als Instrument zur Lernerfolgskontrolle zuzuweisen.

Weiß man beispielsweise, dass der Nutzer etwas „identifizieren" soll, dann bestünde eine Möglichkeit, das Wissen zu prüfen, darin, ihm eine Aufgabe zu stellen, die darauf ausgerichtet ist, unter mehreren Elementen das richtige auszuwählen (so genannte „Auswahl-Aufgabe"). Dieser Zusammenhang ist wichtig, weil es nur eine sehr begrenzte Anzahl von Aufgabentypen gibt, die man in Computer-Lernprogrammen konstruieren kann. (Ausführliche Informationen zu diesem Thema erwarten Sie in Kapitel 2 „Aufgaben und Übungen".)

Phase 3: Aufbau und Entwicklung von Lernmodulen mit Lektionen, Lerneinheiten und Lernschritten

Mit einer sauber konstruierten Lernzielarchitektur lassen sich Lerninhalte nicht nur thematisch ordnen und zu einheitlichen Lernbausteinen zusammenfassen, sondern auch nach Priorität und Zusammenhang gliedern. Gut bewährt hat sich dabei die Einteilung des Lernstoffs in:

■ Lektionen,
■ Lerneinheiten
■ und Lernschritte.

Grobziele bieten in der Regel die Grundlage für die Bildung der übergeordneten Lernbausteine, der *Lernmodule* oder *Lektionen*. Diese setzen sich wiederum aus mehreren *Lerneinheiten* zusammen, die auf der Basis der Feinzielformulierung zusammengestellt werden. *Lernschritte* beinhalten die konkrete Umsetzung der Feinziele – für sie gibt es kein hierarchisches Lernziel (man könnte hier bestenfalls von „Unter-Lernzielen" sprechen). Auf diese Weise erhält man eine klare Anleitung, welche Lerninhalte in welcher Reihenfolge mit welcher Priorität vermittelt werden müssen, um den Lernerfolg sicherzustellen.

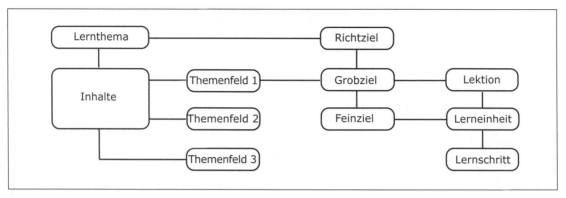

Abb. 2.23: Die Lerninhalte können in Analogie zur Lernziel-architektur systematisch einzelnen Lernzielen zugeordnet werden. Es entsteht der vollständige Lehrplan für das CBT/WBT.

1.1.3 Lehrstrategie

Weiß man, in welcher Reihenfolge und in welchem Zusammenhang die Inhalte miteinander verknüpft sind, ist es an der Zeit, sich über die Lehrstrategie Gedanken zu machen.

Für jedes der vier übergeordneten Lernziele, die man mit einem CBT/WBT umsetzen kann (vgl. Kapitel II/1.2), gibt es ein passendes Konzept zur Wissensvermittlung, eine spezifische Lehrstrategie. Der besondere Vorteil: Alle Strategien sind universell einsetzbar und können je nach Bedarf den aktuellen Gegebenheiten (Zielgruppe, Lernziele etc.) angepasst werden.

Strategie 1: Faktenwissen

Basiskonzept 1 bezieht sich auf die Vermittlung von Faktenwissen.

Zentrales Vermittlungselement sind linear aufgebaute Lernsequenzen nach dem tutoriellen Ansatz. Der erste Block der Sequenz enthält Informationen zum Thema, die dem Anwender bisher nicht bekannt waren; sie werden nacheinander einzeln oder in Gruppen vorgelegt. Der zweite Block enthält ein Aufgabenset, das direkt die präsentierten Informationen abfragt. Der Anwender erhält für jede Aufgabe ein Feedback. In der Regel existiert für jedes Thema, Unterthema

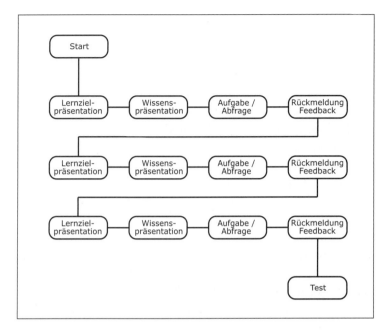

Abb. 2.24 a: Didaktisches Grundschema für Lehrstrategie 1 (Faktenwissen).

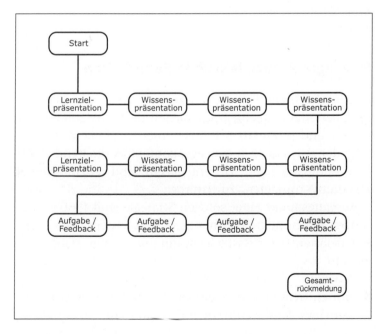

Abb. 2.24 b: Variation des Grundschemas.

etc. eine eigene Lernsequenz oder ein ganzes Set von diesen. Im Anschluss an die Bearbeitung aller Sequenzen prüft ein separater Abschlusstest, ob und inwieweit der Anwender das schrittweise erworbene Wissen in einen übergeordneten Zusammenhang bringen und auf komplexe Problemstellungen übertragen kann. Letztere können der Aufgabenstellung ähnlich sein oder eine ganz neue Qualität aufweisen.

Wichtig für die Entwicklung kognitiver Meta-Strukturen (und damit für den schnellen und nachhaltigen Wissenstransfer) ist die Tatsache, dass die Lerninhalte auf unterschiedliche Art und Weise repräsentiert werden und der Lernweg so angelegt ist, dass der Anwender auf alle Informationen und Aufgaben frei zugreifen beziehungsweise zwischen ihnen wechseln kann. Die Grenze des freien Lernwegs bildet der einzelne Lernschritt: logisch zusammenhängende Inhalte sollten als kompakte Einheit bestehen bleiben.

Zur Umsetzung der Strategie eignen sich verschiedene Programmtypen:

■ Trainingsprogramme,
■ Tutorielle Systeme,
■ Lernabenteuer.

Strategie 2: Intellektuelle Fähigkeiten

Um intellektuelle Fähigkeiten zu trainieren oder zu erweitern, benötigt man eine Lehrstrategie, die vernetztes Denken fördert und produktives Problemlösen ermöglicht. Sie versetzt den Anwender in die Lage, kontextübergreifende Problemlösungsstrategien zu entwickeln und entsprechende Handlungskompetenz zu erwerben.

Ausgangspunkt einer solchen Strategie sind Problemstellungen mit hohem Praxisbezug, die das System nach einem lernzielorientierten Raster auswählt und vorlegt. Dabei kann es sich

■ um ein realitätsnah konstruiertes, fiktives Ereignis handeln, auf das der Anwender reagieren soll;

- um ein konkretes Fallbeispiel handeln, das authentische Zusammenhänge veranschaulicht
- oder um die Demonstration eines bestimmten Prinzips, das der Nutzer auf einen ähnlichen oder fremden Kontext übertragen soll.

Auf der Grundlage dieser Information beurteilt und reflektiert der Anwender themenbezogen sein weiteres Vorgehen und wählt seine Problemlösungsstrategie. Anschließend trifft er eine Entscheidung und handelt. Das System reagiert mit einer direkten und differenzierten Rückmeldung, und zwar auf mehreren Ebenen gleichzeitig: auf der Ebene der Teilaufgabe (der aktuellen Entscheidung) und auf der Ebene der Gesamtaufgabe. Durch die Anlage differenzierter, aber nach demselben didaktischen Schema organisierter Lernwege, die die Problematik aus unterschiedlicher Perspektive beleuchten, erhält der Anwender Zug um Zug Einblick in die Komplexität der Problemstellung und trainiert gleichzeitig praxisbezogen die Fähigkeit zur konkreten Problemlösung.

Es ist essentiell, dass das gesamte Lernszenario so realitätsnah wie möglich konstruiert wird. Nur auf diese Weise ist ein

Abb. 2.25: Didaktisches Schema für Lehrstrategie 2 (Intellektuelle Fähigkeiten)

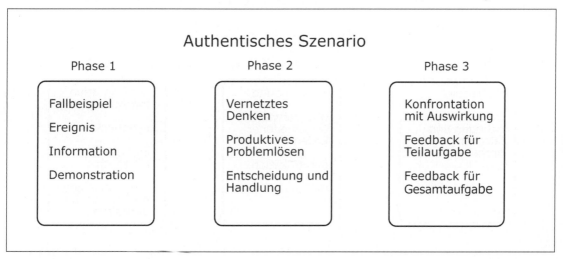

schneller und nachhaltiger Wissenstransfer auf wirkliche Problemkonstellationen möglich.

Die Lehrstrategie kann mit folgenden Programmtypen umgesetzt werden:

- Mikrowelt,
- Simulation,
- Plan- und Lernspiel,
- Lernabenteuer.

Strategie 3: Verhaltensweisen

Ein CBT/WBT kann beim Training von Verhaltensweisen nur eine einführende, vorbereitende und sensibilisierende Funktion übernehmen. Das didaktische Grundschema entspricht dem der im vorigen Abschnitt vorgestellten Strategie 2. Die vorgegebene Information besteht jedoch ausschließlich in der Demonstration richtigen oder falschen Rollenverhaltens. Sehr verbreitet sind in dieser Hinsicht Videosequenzen mit Rollenspiel. Das Ziel: im nachfolgenden Entscheidungsmodul übernimmt der Anwender verschiedene Perspektiven, setzt sich mit unterschiedlichen

Abb 2.26: Didaktisches Schema für Lehrstrategie 3 (Verhaltensweisen).

Authentisches Szenario

Phase 1	Phase 2	Phase 3
Fallbeispiel Demonstration richtigen und falschen Verhaltens	Einschätzung Übernahme verschiedener Rollen Identifikation Handlung	Konfrontation mit Auswirkung Feedback Einsicht / Erkenntnis Integration oder Ablehnung des Verhaltens

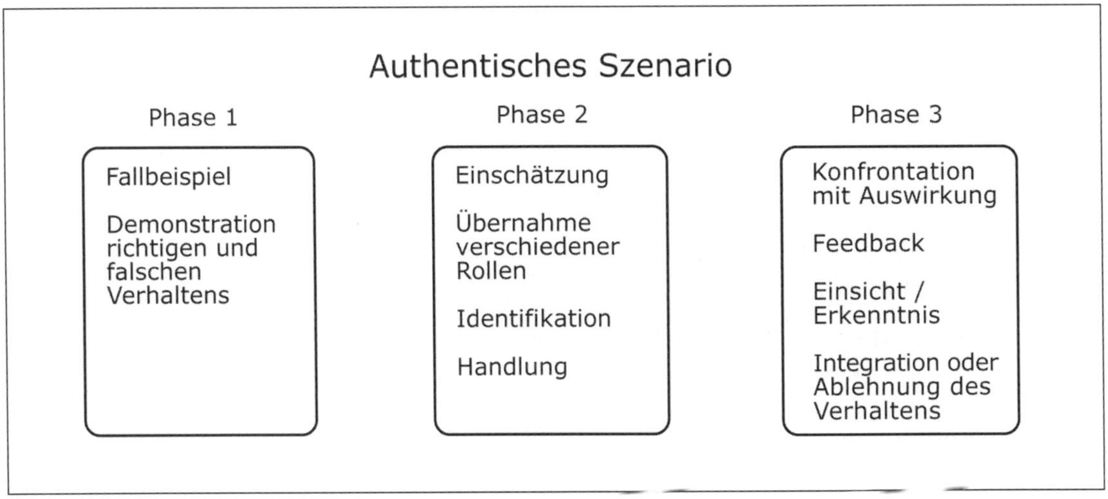

Rollen und Verhaltensweisen auseinander und legt sich auf eine eigene Position oder Haltung fest.

Strategie 3 ist umsetzbar mit einem Plan- und Lernspiel oder einer Simulation.

Strategie 4: Praktische Fähigkeiten

Praktische Fähigkeiten im Sinne interaktiven Lernens sind solche Tätigkeiten, die kognitive und motorische Funktionen miteinander verbinden: also zum Beispiel Programmieren, Zehn-Finger-Schreiben, der Umgang mit der Maus und Tastatur etc. Das didaktische Schema zum Erlernen dieser Fähigkeiten ist relativ simpel: Der Anwender betätigt eine Taste oder einen Hebel, das System reagiert. Der Unterschied besteht in der Komplexität der Reaktion, das heißt: inwieweit die Aktion, die der Anwender mit seiner Eingabe auslöst, mit anderen Aktionen verknüpft ist (Beispiel: Sinkflug in Kurve – Höhenruder und Seitenruder greifen parallel). Entsprechend wichtig ist es, den Anwender stufenweise an

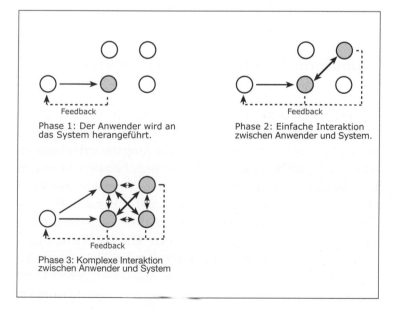

Abb. 2.27: Didaktisches Schema für Strategie 4 (Praktische Fähigkeiten)

die Komplexität der realen Situation heranzuführen. Die entscheidende Grundvoraussetzung besteht darin, dass er innerhalb von 10 Sekunds ein Feedback erhält, das ihn direkt mit den Auswirkungen seiner Handlungen konfrontiert. Abbildung 2.26 (Seite 110) veranschaulicht diesen Zusammenhang optisch.

Geeignete Programmtypen zur Umsetzung der Strategie sind die Mikrowelt und die Simulation.

1.1.4 Lernwegstrukturen

Neben der lernzielorientierten Aufbereitung der Lerninhalte und der Wahl der Lehrstrategie ist die Anlage des Lernwegs von entscheidender Bedeutung für den Lernerfolg des Anwenders: sie ermöglicht es, Lerninhalte auf verschiedene Weise darzustellen und unterschiedliche Zugangswege zum Lernstoff bereitzuhalten. Mithilfe einer solchen, auf Lernziele und Zielgruppe zugeschnittenen Struktur, kann der Anwender den Lernprozess nach seinen Fähigkeiten, Gewohnheiten und Bedürfnissen organisieren.

Es haben sich insgesamt zwei Grundformen von Lernwegen etabliert.

Grundform 1: Offene Lernwegstruktur

Die Grundform schlechthin ist die offene Lernwegstruktur. Sie ermöglicht dem Nutzer den freien Zugriff auf alle Inhalte, unabhängig davon, an welcher Stelle im Programm er sich gerade befindet und ob er die aktuelle Aufgabe fertig bearbeitet hat oder nicht. Er kann jederzeit zwischen den einzelnen Lernbausteinen hin- und hernavigieren. Vor allem aber kann er seinen Lernprozess individuell steuern: Je nachdem, wie viel Zeit er gerade hat, welches Thema ihn besonders interessiert oder welche Aufgabe er noch einmal wiederholen möchte: alles ist optimal anpassbar. Der Nachteil einer offenen Struktur besteht darin, dass ein Anwender, der viel und oft sein Lernziel ändert, irgendwann die Orientierung im

Lernprozess verliert und diesen gegebenenfalls nicht mehr sinnvoll organisieren kann. Als Programmautor kann man dem vorbeugen, indem man die Lerninhalte, die eine logisch zusammenhängende Einheit bilden, nicht bis zum Extrem modularisiert, sondern auf Lernschrittebene zusammenfasst. Besteht ein Lernschritt aus mehreren aufeinander folgenden Aufgabenstellungen, dann muss der Anwender auch alle absolvieren, damit das Programm die gesamte Einheit als bearbeitet wertet.

Grundform 2: Vorgegebener Lernweg

Das genaue Gegenteil einer offenen Lernwegstruktur ist der vorgegebene Lernweg. Die Grundidee besteht nicht etwa darin, den Anwender in seiner Freiheit zu beschränken oder ihn gar zu bevormunden, sondern ihn sicher und erfolgreich durch neues Wissensterrain zu lotsen, sodass er sich schrittweise mit den Inhalten vertraut machen und am Schluss alle Aufgabenstellungen bewältigen kann. In der Regel ist ein vorgegebener Lernweg didaktisch sehr gut vorbereitet und optimal auf die Lerninhalte und den Lernbedarf zugeschnitten. Gerade die Autoren tutorieller Lernprogramme greifen naturgemäß auf diese Form der Anwenderführung zurück, ebenso wie die von Lernspielen, die dem Anwender eine feste Spielstruktur anbieten müssen.

Viele Lernsysteme, die über eine offene Lernwegstruktur verfügen, bieten dem Anwender zusätzlich eine *guided tour* durch den Lernstoff an. Auf diese Weise hofft man, den Bedürfnissen aller Anwender gerecht zu werden.

Variation 1: Wissensabhängiger Lernweg

Eine Kombination aus den beiden ersten Grundformen ist der wissensabhängige Lernweg. Diese Struktur wird häufig in Lernsystemen eingesetzt, die für Anwender mit unterschiedlichen inhaltlichen Vorkenntnissen entwickelt wurden. Sie ist meist mit einem Eingangstest verknüpft, der dem Programm vorgeschaltet ist. In ihm wird das aktuelle Wissen abgefragt und anschließend analysiert. Das Programm schlägt dem Anwender daraufhin entweder einen Lernweg vor, indem es die Module auflistet, die noch bearbeitet werden sollten, oder es stellt sie gleich automatisch zusammen, sodass er direkt mit der Bearbeitung beginnen kann. In beiden Fällen hat der Nutzer natürlich jederzeit auch die Möglichkeit, auf die Module zuzugreifen, die ihm das Programm nicht vorschlägt oder zusammenstellt.

Variation 2: Duale Lernwegstruktur

Um Anwendern mit und ohne Vorwissen zum Thema einen geeigneten Einstieg in das Lernthema zu bieten, kombinieren viele Programmautoren offene und vorgegebene Lernwegstrukturen miteinander. Beide Lernwege sind in der Regel als solche erkennbar.

Sind die Lerninhalte didaktisch so aufbereitet, dass es zwischen den einzelnen Lerneinheiten inhaltlich starke Berührungspunkte gibt, besteht die Möglichkeit, offene und vorgegebene Lernwege nicht nur parallel anzubieten, sondern miteinander zu *verschmelzen*. Voraussetzung hierfür ist jedoch,

- dass die Lerninhalte thematisch aufeinander aufbauen, sich aber auch unabhängig voneinander inhaltlich überschneiden;
- dass die Aufgaben innerhalb von Lernsequenzen didaktisch so konstruiert werden, dass sie jeweils auf der Struktur der vorhergehenden Aufgabe aufbauen.

Ist diese Voraussetzung erfüllt, kann jeder Anwender direkt in jedem Modul mit der Bearbeitung der Inhalte beginnen, ganz gleich, ob in den entsprechenden Lernmodulen Grundwissen oder praktische Fertigkeiten vermittelt werden sollen. Abbildung 2.30 (Seite 119) veranschaulicht diesen Zusammenhang noch einmal schematisch.

Sehr schön realisiert wurde dieses Konzept im CBT *Holzbearbeitung mit Maschinen* (dort als „Duales System" bezeichnet). Das Fallbeispiel am Ende dieses Kapitels geht auf dieses Thema noch genauer ein.

1.1.5 Lernerfolgskontrolle

Elemente zur Lernerfolgskontrolle befinden sich auf allen Lernzielebenen und sind in der Regel auch direkt mit dem jeweiligen Lernziel verknüpft. Durch sie können vordefinierte Zielverhalten exakt abgeprüft werden.

Auf der Ebene der Programmstruktur wird die Umsetzung des Richtziels meistens in Form eines großen Abschlusstests kontrolliert. Grundsätzlich gibt es jedoch auch andere Möglichkeiten, eine Lernerfolgskontrolle durchzuführen. Der Phantasie und Kreativität sind hierbei keine Grenzen gesetzt. In der Praxis haben sich vor allem drei methodische Ansätze etabliert:

- Belohnungssysteme,
- spielerische Formen,
- anwendungsbezogene Lernerfolgskontrolle.

Nachfolgend einen Überblick über die wichtigsten Merkmale:

Belohnungssysteme

Das *Belohnungssystem* (z.B.: Vergabe einer bestimmten Anzahl von Punkten für eine richtig gelöste Aufgabe) gehörte noch bis vor wenigen Jahren zu einer der am weitesten verbreiteten Formen der Lernerfolgskontrolle. Zweifellos kann durch Belohnungen – ganz gleich, in welcher Form – richtiges Verhalten gefestigt und der Anwender zusätzlich motiviert werden. Das Manko: Ein Belohnungssystem eignet sich hervorragend zur Bewertung von Ergebnissen, jedoch nicht, um zu überprüfen, wie dieses Ergebnis zustande gekommen ist. Insofern muss man bei der Entscheidung für oder gegen ein solches System sehr genau prüfen, ob und inwieweit es sich zur Kontrolle des Lernziels eignet. Geht es beispielsweise

um die Prüfung eines Fachbegriffs, der erlernt werden soll, so
erweist sich ein Punktesystem als überaus nützlich. Der aktuelle Punktestand informiert sowohl das System als auch den
Anwender über seine gegenwärtige Lernleistung. Geht es
aber darum, das Zustandekommen einer Entscheidung zu
überprüfen – zum Beispiel im Rahmen einer Finanzwirt-
schaftssimulation oder eines interaktiven Konflikttrainings –,
so erweist sich die Vergabe von Belohnungen als wenig effizient.

Spielerische Elemente

Spielerische Formen der Lernerfolgskontrolle haben meistens den Charakter eines Wissensquiz. Die Lerninhalte und
die damit verbundenen Prüfungsfragen werden in Memo-
ries, Puzzles, Kreuzworträtsel und ähnliche Lernspiele integriert. Ein solches Arrangement bietet vor allem psychologische Vorteile. Wurden die Aufgaben ansprechend umgesetzt,
empfindet der Nutzer sie als anregend und motivierend,

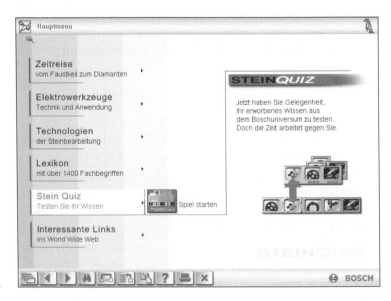

Abb. 2.28a

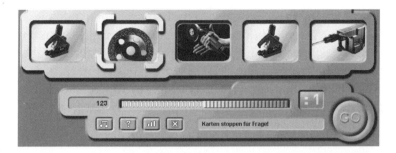

Abb. 2.28b

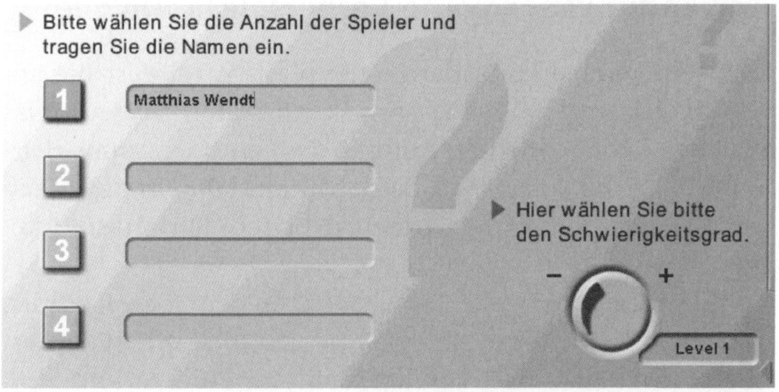

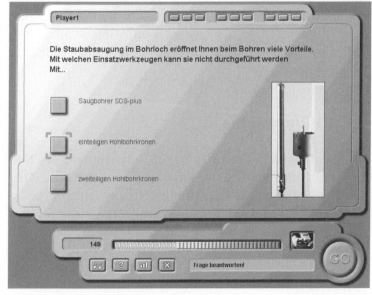

Abb. 2.28c

Abb. 2.28d

Abb. 2.28: Das Lernsystem *Steinbearbeitung mit Elektrowerkzeugen* greift auf spielerische Elemente zur Lernerfolgskontrolle zurück.

nicht als Test im herkömmlichen Sinne. Auch mit dieser Methode lassen sich jedoch nur die Ergebnisse prüfen, nicht deren Zustandekommen. Spielerische Elemente fördern aber das produktive Problemlösen und animieren zum Nachdenken. Durch eine lernzielorientierte Auswahl der Spielelemente können bestimmte Problemlösungsstrategien direkt angesprochen werden.

Anwendungsbezogene Lernerfolgskontrolle

Eine sehr direkte Form der Lernerfolgskontrolle ist die anwendungsbezogene Abfrage von Lerninhalten. Wie so etwas aussehen kann, haben die Autoren des Lernprogramms *Holzbearbeitung mit Maschinen* demonstriert. Alle strategischen Lernziele werden in der virtuellen Maschinenwerkstatt abgeprüft.

Anwendungsbezogene Abfragen haben den Vorteil, schnell und direkt einen Wissenstransfer herzustellen. Nicht der Test (im Sinne einer Wissensabfrage) steht im Vordergrund, sondern die unmittelbare Prüfung, ob das Problemlösungsschema auch nachvollzogen wurde und direkt im praktischen Kontext eingesetzt werden kann. Gerade Simulationen, Lernspiele und Mikrowelten bieten hier vielfältige Möglichkeiten.

1.1.6 Hilfesysteme

Ein unentbehrliches Instrument zur Unterstützung des Nutzers sind Hilfen seitens des Programms bei der Bedienung und Handhabung der Anwendung (technische Hilfe) sowie bei Fragen in Bezug auf die Lerninhalte (inhaltliche Hilfe).

Technische und inhaltliche Hilfen in Lernsystemen lassen sich in allgemeine und kontextbezogene Hilfen unterteilen.

Allgemeine Hilfen

Bei der allgemeinen *technischen* Hilfsfunktion handelt es sich in der Regel um eine Einführung in die Programm-bedienung. Ein sehr schönes Beispiel für eine gelungene Umsetzung ist das *Lernprogramm Holz*, ein CBT zur Ausbil-

Abb. 2.29

Abb. 2.30

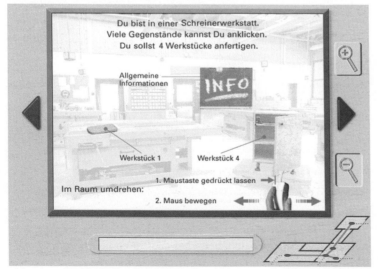

Abb. 2.29, 2.30: Die allgemeine Hilfe im *Lernprogramm Holz*.

dung gehörloser Schreinerlehrlinge. Hier lernt der Anwender die Lernumgebung (und spätere Arbeitsstätte) auf einem virtuellen Rundgang kennen. Beim Rundgang durch die Räume werden alle wichtigen Details eingeblendet, die für die Arbeit in der Werkstatt erforderlich sind: Wo sich das Werkzeug befindet, wie die einzelnen Maschinen heißen, wie man sich im Programm durch die Räume bewegt und so weiter.

Die allgemeine *inhaltliche* Hilfe besteht in Lernsystemen meistens aus einer Datenbank mit alphabetisch gegliederten Informationen rund um das Lernthema. Diese Datenbank wird entweder „Lexikon" oder „Glossar" genannt, andere Bezeichnungen sind „Wissensdatenbank", „Expertensystem" oder „Infothek". Ein Beispiel für eine sehr weit verbreitete (weil einfach zu realisierende) Lösung ist das Hilfemenü des Lern- und Informationssystems *Check Chances*: Alle elementaren Begriffe mit den dazugehörigen Erläuterungen werden in alphabetischer Reihenfolge präsentiert und sind

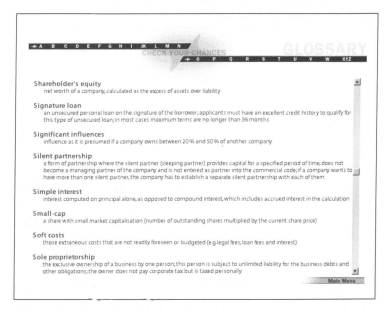

Abb 2.31: Klassisches alphabetisches Glossar im Lernsystem *Check Chances.*

über eine entsprechend gegliederte Navigationsleiste abrufbar. Die einzelnen Begriffe sind untereinander verlinkt, sodass der Anwender auch themenbezogen durch das Glossar navigieren kann.

Eine didaktisch bessere, aber auch deutlich aufwändigere Variante für eine inhaltliche Hilfe ist die Wissensdatenbank im – Ihnen bereits bekannten – Lernsystem *Holzbearbeitung mit Maschinen*. Hier wird das gesamte Spektrum multimedialer Darstellungsformen genutzt, um dem Anwender alle wichtigen Details schnell und zielorientiert zu vermitteln. Durch den didaktisch sehr gut abgestimmten Einsatz von Grafik, Animation und Digitalvideo erhält der Anwender alle erforderlichen Informationen zum angewählten Thema, ohne sich erst durch umfangreiche Textpassagen durcharbeiten zu müssen (die sind zum Ausdruck vorgesehen).

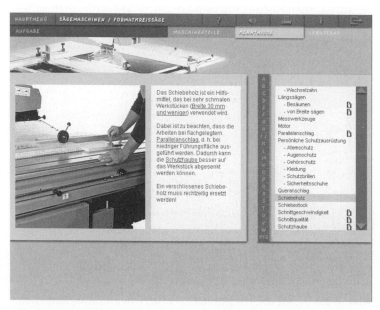

Abb. 2.32: Ein Glossar mit Multimedia: die Wissensdatenbank im Lernsystem *Holzbearbeitung mit Maschinen*.

Kontextbezogene Hilfen

Kontextbezogene *technische* Hilfen geben keine allgemeine, sondern eine problemorientierte Hilfestellung. Im Lernprogramm *Steinbearbeitung mit Elektrowerkzeugen* zum Beispiel erscheint bei Aufruf der Hilfefunktion eine Legende für alle aktuell auf der Screen positionierten Steuer- und Bedienelemente. Sobald man eines der Elemente anklickt, verschwinden die Hilfefenster wieder.

Die kontextbezogene *inhaltliche* Hilfe funktioniert nach demselben Prinzip. Weiß der Anwender nicht mehr weiter – zum Beispiel bei einer Aufgabe, bei der ihm die richtige Lösung nicht einfällt –, kann die Hilfe darin bestehen, dass ein Textfenster mit einem Hinweis zur richtigen Lösung oder der Option einer Musterlösung eingeblendet wird.

Sehr geschickt ist diese Problematik in den Aufgabenmodulen von *Umgehen mit Elektrizität* gelöst: So startet das

Abb. 2.33: Kontextabhängige technische Hilfe im Lernsystem Steinbearbeitung mit Elektrowerkzeugen.

Programm bei Aufruf der Hilfe einen Sprechertext, der die wichtigsten Hilfsschritte erläutert. Eine kleine Animation öffnet alle relevanten Menüs, blendet Textfenster ein oder demonstriert mit einem vergrößerten Mauszeiger die richtige Ausführung.

Optimal ist es natürlich, wenn ein Lernsystem alle Formen der inhaltlichen und technischen Hilfe enthält. Aus der Entwicklerperspektive ist das jedoch problematisch, denn allgemeine Hilfen sind viel einfacher und schneller zu realisieren als kontextbezogene, da nicht erst ein komplexes System situationsbezogener Hilfedialoge konstruiert werden muss, die alle Notsituationen abdecken. In jedem Fall sind kontextbezogene Hilfen aber die bessere Alternative, denn der Anwender erhält direkt „vor Ort" im Programm Unterstützung bei einem aktuellen Problem; er muss weder die Aufmerksamkeit von den Inhalten nehmen noch erst umständlich in einer Datenbank nach Informationen suchen.

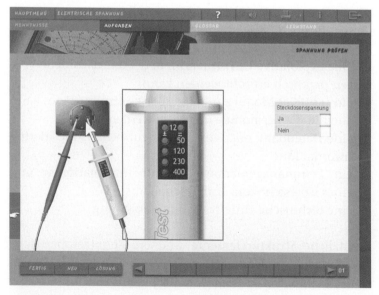

Abb. 2.34: Die kontextbezogene inhaltliche Hilfefunktion im Lernsystem *Umgehen mit Elektrizität*: Der große Mauszeiger veranschaulicht die Ausführungen des Sprechers im Hintergrund.

1.1.7 Programmkonzept

Sind alle Planungsschritte durchlaufen und ist das didaktische Konzept entwickelt, erhält man die Elemente, aus denen sich die Programmstruktur zusammensetzt.

Es gibt so etwas wie eine Standard-Palette an Programm-Elementen, die in Lernsystemen sehr häufig – separat oder in Kombination – eingesetzt werden. Fügt man all diese Elemente zusammen, erhält man eine vollständige Basisstruktur für ein Lernprogramm.

Bei den Elementen handelt es sich um:

- eine Intro-Sequenz zur Einstimmung und Sensibilisierung des Anwenders;
- ein Hauptmenü als zentrales Navigationsinstrument;
- einen Eingangstest mit ergebnisbasierter Lernwegempfehlung bzw. automatischer Zusammenstellung der Inhalte (besonders geeignet für Anwender mit unterschiedlichen Vorkenntnissen zum Thema);
- ein Trainingsmodul zum Üben von Begriffen;
- ein tutoriell ausgerichtetes Lernmodul, in dem neues Wissen schrittweise vermittelt wird;
- eine explorative Lernsituation, in der das erworbene Wissen praktisch erprobt werden kann;
- ein zentrales Modul zur Lernerfolgskontrolle (dieses kann auch in die Lermodule integriert werden);
- eine Datenbank oder ein Glossar zur bedarfsorientierten Information;
- ein Lernmanagement-Modul mit Informationen und einer Übersicht zum Lerngeschehen;
- eine technische Hilfe/Bedienungsanleitung.

Zusätzliche Strukturelemente sind die Benutzeroberfläche und das Konzept der Benutzerführung (Lernweg und Navigation). (Kapitel 5 „Das visuelle Konzept" informiert über diese Aspekte eingehend.)

Welche Programm-Elemente ein Autor letztendlich für ein Lernprogramm verwendet, hängt von den jeweiligen Planungsparametern (Zielgruppe, Lernthema, Einsatzzweck) ab. Je nachdem, zu welchen Ergebnissen er in der Planungsphase kommt, kann er sich aus diesem Baukasten bedienen und nach Bedarf alle Komponenten zusammenstellen, die er benötigt.

1.2 Fallbeispiel: CBT-/WBT-Konzeption

Um Ihnen eine Vorstellung davon zu vermitteln, wie die Planung eines Lernsystems in der Praxis aussieht, möchte ich die vorgestellten Planungsschritte anhand eines Fallbeispiels demonstrieren. Ausgangspunkt ist ein fiktives Szenario: Für die Studenten einer Kunstakademie soll ein Lernprogramm zum Thema Fotografie entwickelt werden.

1.2.1 Ausgangsposition

Die örtliche Kunstakademie bildet seit vielen Jahren Studierende in verschiedenen künstlerischen Disziplinen aus. Während das Hauptstudium darauf ausgerichtet ist, die Studierenden auf eine bestimmte Fachrichtung (zum Beispiel: Malerei) zu spezialisieren, dient das Grundstudium der Vermittlung grundlegender Fertigkeiten und Techniken in allen Bereichen: Bildende Kunst, Fotografie, Grafik-Design etc.

Besonders beliebt sind bei den Kunststudenten Vorlesungen, Seminare und Workshops zum Thema Fotografie. Die Veranstaltungen sind bereits lange im Vorfeld belegt. Um bei allen Teilnehmern gleiche Ausgangsbedingungen zu schaffen, beginnen die Kurse mit einer Einführung in die Bedienung der Fotokamera. Dieser Part ist sowohl für die Dozenten als auch für die Teilnehmer eine kräftezehrende und unbefriedigende Angelegenheit. Die Dozenten sind es inzwischen leid, jedes Mal in einem Crash-Kurs dieselbe Routine abspulen und auf völlig unterschiedliche individuelle Voraussetzungen der Teilnehmer eingehen zu müssen, ohne gleichzeitig alles vermitteln zu können, was ihrer Meinung nach wichtig wäre. Vor allem das Training praktischer Fertigkeiten – wie zum Beispiel das richtige Einstellen der Bedienelemente an der Kamera und deren Einschätzung auf die Qualität der Fotografie – kommt definitiv zu kurz. Umgekehrt fühlt sich die Masse der Teilnehmer unter- oder überfordert: viele haben bereits Vorkenntnisse oder Teilkenntnisse und langweilen sich während der Ausführungen des Dozenten, die sie nicht persönlich betreffen, andere hingegen, die keine oder nur geringe Vorkenntnisse haben, können den Ausführungen kaum folgen.

Um diese für alle Beteiligten unbefriedigende Situation aufzulösen, beschließt die Akademieleitung, das Lernziel „Bedienung einer Fotokamera" zukünftig mithilfe eines interaktiven Lernsystems zu realisieren. Das „Lernprogramm Fotografie", so die vorläufige Projektbezeichnung, soll den Studierenden im Vorfeld des Seminars zur Verfügung gestellt werden. Die Anwender sollen sich außerhalb der Kurszeit mit den Inhalten vertraut machen, praktisch als „Vorübung" oder als „Hausaufgabe", sodass bei Seminarbeginn alle über gleiche oder ähnliche Voraussetzungen verfügen. Man erwägt deshalb eine Verteilung über CD-ROM sowie eine Download-Option über die akademieeigene Website.

1.2.2 Zielgruppendaten

Bei der Zielgruppe handelt es sich um Studierende im Alter von 20 bis 40 Jahren, wobei der Schwerpunkt auf der Altersgruppe der 25- bis 35-Jährigen liegt. Das Bildungsniveau reicht von der Fachhochschulreife (Zulassungsvoraussetzung) bis hin zur abgeschlossenen akademischen Ausbildung.

Hinsichtlich der Medienkompetenz verfügen die Kunststudenten über sehr unterschiedliche Voraussetzungen: Mehrere angehende Berufskreative haben den Studiengang „Medienkunst" belegt, sind also höchstwahrscheinlich in der Bedienung und Handhabung von Computern und Computerprogrammen sehr versiert. Andere kommen mit dem Notebook in die Vorlesung, beherrschen also mindestens das kleine Einmaleins der Bits & Bytes. Es gibt aber auch Studenten, die Woche um Woche den hauseigenen Computerkurs besuchen, und deshalb vermutlich nur über geringe Kenntnisse verfügen, und es gibt auch Studierende, die überhaupt keinen Computer besitzen.

Ähnlich unterschiedlich verhält es sich mit Vorkenntnissen in Bezug auf die Lerninhalte: Einige der angehenden Berufskünstler haben den Studienschwerpunkt „Kunstfotografie" gewählt, andere verfügen über Erfahrung als Hobby-Fotograf, wieder andere sind absolute Anfänger.

Was den Lernort betrifft, so sollen die Kunststudenten zuhause oder in den Computerräumen der Akademie mit dem Programm arbeiten. Die Lernzeit bestimmen sie selbst. Des Weiteren ist vorgesehen, dass jeder das Lernprogramm allein bearbeitet. Ansprechpartner oder Möglichkeiten der Rückfrage zur aktuellen Arbeit mit dem Programm gibt es nicht.

Die Studenten sollen das Programm außerhalb der regulären Lehrveranstaltung bearbeiten, und zwar noch bevor Letztere beginnt. Von Seiten der Akademie gibt es jedoch keine Prüfungsabsichten.

1.2.3 Auswertung

Wie geht man bei der Auswertung der Zieldaten am besten vor? Grundlage ist die Auswertungsmatrix (S. 98) Dank der direkten Koppelung von Analysekriterien und Maßnahmen in Bezug auf die Programmgestaltung kann man vergleichsweise einfach für jeden einzelnen Punkt in der Checkliste Lösungs- und Gestaltungsansätze entwickeln.

Altersverteilung: Die meisten Studenten sind zwischen 25 und 35 Jahre alt, das Gesamtspektrum schwankt zwischen 20 und 40 Jahren. Somit ist die überwiegende Mehrheit über 26 Jahre alt. Folgt man aktuellen Studien, bevorzugen Anwender dieser Altersgruppe eine klare und übersichtliche Präsentation der Lerninhalte, einen schnellen Informationszugriff sowie ein zeitlos-funktionales Design.

Bildungsniveau: Mit Hochschulreife und akademischen Abschlüssen als Voraussetzung ist das Bildungsniveau der Kunststudenten sehr hoch. Insofern kann man davon ausgehen, dass sie über eine weit überdurchschnittliche Fähigkeit zu abstraktem und analytischem Denken verfügen. Das bedeutet, dass die Lerninhalte am Bildschirm in sehr komplexer Form aufbereitet und präsentiert werden können (und vielleicht sogar müssen, um die Zielgruppe nicht zu unterfordern).

Medienkompetenz: Das Ausmaß der Fähigkeiten im Umgang mit dem Computer und entsprechenden Anwendungen ist sehr unterschiedlich. Die Bandbreite der Fähigkeiten schwankt zwischen Medienprofi und Computerabstinenzler. Um alle – und besonders die unerfahrenen – Anwender angemessen zu berücksichtigen, benötigt das zukünftige Lernsystem eine ausführliche, den Inhalten vorgeschaltete Einführung in die Programmbedienung. Gleichzeitig sollte es eine kontextbezogene Hilfefeunktion geben, die bei aktuellen Problemen „vor Ort" und situationsbezogen Hilfestellung gibt. Darüber hinaus sollten Navigations- und Bedienungskonzept besonders einfach strukturiert und intuitiv erfassbar sein.

Vorwissen der Anwender in Bezug auf die Lerninhalte: Die Kunststudenten geben in dieser Hinsicht ein uneinheitliches Bild ab: Für die Konzeption heißt das, auf Nummer sicher zu gehen und für alle Beteiligten etwas anzubieten. Das bedeutet,

- einen Eingangstest vorzusehen, der das vorhandene Wissen abprüft, anschließend eine Lernwegempfehlung gibt oder sogar auf Wunsch automatisch alle relevanten Lerninhalte zusammenstellt;
- einen tutoriellen Lernteil zu konzipieren, der den Anwendern ohne Vorwissen schrittweise alle erforderlichen Grundlagen vermittelt;
- unterschiedliche Lernwege anzulegen;
- eine kontextsensitive inhaltliche Hilfefunktion im Sinne einer „intelligenten" Lernhilfe vorzusehen, die bei Bedarf Unterstützung anbietet;

■ eine umfangreiche Wissensdatenbank mit Fachbegriffen, Abbildungen und Erklärungen zum Thema bereitzustellen.

Lernort: Die Studenten können ihren Lernort selbst auswählen. Unter diesen Umständen ist es sehr wahrscheinlich, dass sie in einer relativ ruhigen Umgebung ohne störende Einflussfaktoren mit dem Programm arbeiten werden. Ganz sicher kann man jedoch nicht sein. Man denke beispielsweise an fröhlich lärmende Kinder, die um den heimischen Rechner herumtoben, oder an Pendler mit einer weiten Anreise und langer Fahrtzeit, die die Zeit im nicht immer leisen Zug mit der Arbeit am Notebook überbrücken möchten. In diesem Fall liegt es nahe, die Anwendung so aufzubauen, das sowohl mit als auch ohne Sounds beziehungsweise Sprechertext gearbeitet werden kann. Das bedeutet: Die Präsentation der Inhalte erfolgt zunächst nur über Schrifttext. Der Anwender hat aber die Möglichkeit, Sprechertext zur vertieften Darstellung hinzuzuschalten. Dazu muss es ein Bedienelement geben, um den Sound ein- und auszuschalten oder die Lautstärke zu regulieren (am besten beides). Des Weiteren wäre ein Bedienelement vorzusehen, das jeweils die letzte Sprechersequenz wiederholt, für den Fall, dass der Anwender beim erstmaligen Abspielen nicht alles verstehen konnte.

Lernzeit: Wann und wie viel die Studenten mit dem Programm arbeiten, bleibt ihnen überlassen. Von offizieller Seite gibt es diesbezüglich keine Einschränkungen. In diesem Fall ist das ein Vorteil, da jeder Nutzer in seinem eigenen Tempo lernt und es sehr schwierig ist, Programminhalte exakt auf einen bestimmten Zeitraum abzustimmen. Es empfiehlt sich jedoch generell eine zeitliche Modularisierung der Inhalte, sodass die Studierenden auch kurze Lücken im Alltag nutzen können, um eine Lerneinheit zu absolvieren. Sehr bewährt haben sich in dieser Hinsicht Zeitintervalle zwischen 20 oder 30 Minuten.

Lernsituation: Die Arbeit mit dem Lernprogramm soll außerhalb der Akademieveranstaltungen stattfinden. Das bedeutet, dass es keine Betreuung oder Begleitung durch Lehrpersonal gibt. Die Studenten benötigen deshalb eine ausführliche kontextabhängige inhaltliche und technische Hilfe. Darüber hinaus sollte die Lernwegstruktur offen gestaltet werden, sodass der Anwender jederzeit von jedem Ort innerhalb des Programms zum Ausgangspunkt zurückkehren kann.

Lernmotivation: Das Lernprogramm ist offizieller Bestandteil der Ausbildung, kommt jedoch in der Lehrveranstaltung selbst nicht zum Einsatz. Es dient der Vorbereitung. Ein entsprechender „Freizeitausgleich" ist nicht vorgesehen. Ob und inwieweit die Studenten bereit sind, sich in ihrer Freizeit mit dem Programm zu beschäftigen, ist deshalb unklar: Einerseits kann man von einer gewissen Grundmotivation ausgehen – jeder Student möchte sein Studium erfolgreich abschließen –, andererseits mag sich auch innerer Widerstand regen, weil die Freizeit ohne vorherige Absprache von der Akademie in Beschlag genommen wird. Da die Programminhalte eine wichtige Voraussetzung für den Besuch der Lehrveranstaltung sind, hat man jedoch kaum eine Wahl. Vorbehalte mögen sich auch in Bezug auf das Lernthema und seine Umsetzung ergeben: „Wie soll ich am Computer die Bedienung einer Fotokamera lernen? Das kann mir doch kein Lernprogramm beibringen?" Bei computerunerfahrenen Studenten mag es auch Ängste geben: „Kann ich das? Was passiert, wenn ich damit nicht zurechtkomme?"

Um hier von Anfang an eine positive Ausgangsmotivation herzustellen, ist es wichtig, dass der Student von der Anwendung und ihrem Leistungspotenzial von der ersten Sekunde an ein positives Bild erhält, *dass ihn das Programm inhaltlich und optisch überzeugt* und *dass er davon ausgeht, mit der Anwendung genau das lernen zu können, was er zu erlernen beabsichtigt.* Schlüsselfaktoren für den Erfolg sind deshalb:

■ eine einfache und übersichtliche Navigation, die ein schnelles und intuitives Zurechtfinden im Programm ermöglicht;

■ schnelle Erfolgserlebnisse;

■ kreative, anspruchsvolle und abwechslungsreiche Aufgabenstellungen, die einen schnellen Wissenstransfer ermöglichen;

■ ein ansprechendes, attraktives und themenbezogenes Design;

■ eine anschauliche Präsentation der Lerninhalte, die schnell
und einfach Wissen vermittelt;

■ kontextbezogene Hilfen.

1.2.4 Bedarfsprofil

Fasst man die Ergebnisse der Zielgruppenanalyse zusammen
und strukturiert sie nach übergeordneten Gesichtspunkten,
erhält man ein vorläufiges Anforderungsprofil für die künftige Struktur des Lernsystems „Fotografie". Die einzelnen
Auswertungsresultate lassen sich verschiedenen Kategorien
zuordnen:

Erforderliche Programm-Module:

■ Einführung in die Bedienung und Handhabung des Programms

■ Eingangstest mit anschließender Lernwegempfehlung

■ tutorieller Lernteil

■ kontextsensitive inhaltliche Hilfefunktion

■ kontextsensitive technische Hilfefunktion

■ Wissensdatenbank.

Bedienung und Handhabung:

■ allgemeine Einführung in die Bedienung

■ klare und übersichtliche Benutzerführung

■ klare und übersichtliche, intuitiv erfassbare Navigation
und Orientierung

■ Bedienelement zum Ein-/Ausschalten von Sound

■ Bedienelement bzw. zur Regelung der Lautstärke.

Didaktisches Konzept
- ■ abwechslungsreiche und kreative Aufgaben, die zum produktiven Problemlösen animieren
- ■ Aufgaben, die schnell Erfolgserlebnisse vermitteln
- ■ Aufgaben, die unkonventionelle Lernerfahrungen ermöglichen (explorativer Ansatz)
- ■ Lerneinheiten mit einer Dauer von maximal 30 Minuten
- ■ Lerneinheiten, die schnell Inhalte vermitteln
- ■ unterschiedliche Lernwege
- ■ kurze Sprechertexte und Texteinblendungen als Alternative bei ausgeschaltetem Ton.

Visuelles Konzept:
- ■ funktionale Raumaufteilung (klare und übersichtliche Präsentation der Lerninhalte)
- ■ zeitlos-funktionales Design.

1.2.5 Lernkonzept

Mit der Zielgruppenanalyse und der Erstellung des Bedarfprofils sind die ersten Schritte zur Entwicklung des Lernprogramms Fotografie abgeschlossen. Viele Einzelelemente des zu erstellenden Lernsystems sind identifiziert, und auch die grundlegende Struktur beginnt sich abzuzeichnen. Damit wurde der äußere Rahmen des Lernprogramms Fotografie fragmentarisch festgelegt.

Nun gilt es, diesen Rahmen mit Inhalten zu versehen und die Struktur zu festigen: Lernziele, Lerninhalte und Lernwege müssen entworfen und Modelle zur Lernerfolgskontrolle entwickelt werden. Gleichzeitig sind diese Elemente in das Konzept zur Wissensvermittlung einzubinden. Auf diese Weise entsteht das Lernkonzept, auf dessen Basis die Programmstruktur aufgebaut und entwickelt werden kann.

Lernziele und Lerninhalte

Ausgangspunkt für die Sichtung und Strukturierung der Lerninhalte ist die zentrale Überschrift, unter der das Lernsystem konzipiert wird: „Bedienung einer Fotokamera". Doch worauf kommt es hier genau an? Welche Aspekte spielen in diesem Zusammenhang eine Rolle, welche nicht?

In der Regel beschäftigt man sich mit der Bedienung und Handhabung einer Fotokamera, weil man unter diversen Ausgangsbedingungen (Lichtverhältnisse etc.) bestimmte Personen, Objekte oder andere Motive in guter Qualität fotografieren möchte. Möglicherweise gehen die Ambitionen sogar über diese Zielsetzung hinaus, zum Beispiel dann, wenn man mit der Kamera bestimmte Effekte erzielen möchte (räumliche Wirkung, Verzerrungen etc.). Laut Fachliteratur ist es das genaue Zusammenspiel der verschiedenen Einstellungsparameter an der Kamera, das in dieser Hinsicht über Erfolg und Misserfolg des eigenen Fotoprojekts entscheidet.

Insgesamt gibt es – an einer Standard-Kamera – vier solcher Einstellungsparameter:

- Filmtyp (Schwarzweiß, Farbe) einschließlich Lichtempfindlichkeitsstufe
- Belichtungszeit (wie viel Licht gelangt in welcher Menge innerhalb welcher Zeit auf den Film?)
- Tiefenschärfe
- Blendenweite.

Einstellungen in diesen Bereichen beeinflussen unmittelbar das Zusammenspiel aller fotomechanischen Elemente im Inneren der Kamera. Dabei handelt es sich im Einzelnen um:

- das Objektiv (es regelt die Entfernung zum Objekt, das fotografiert werden soll);
- die Linse (ihre Wölbung entscheidet über den Verzerrungsgrad in Bezug auf Weite, Höhe etc.);
- den Auslöser (er bestimmt die zeitliche Verzögerung der Schließmechanik);

■ die Blende (sie bestimmt die Lichtmenge, die auf den Film gelangt);

■ die Lichtempfindlichkeit des Films (sie bestimmt beispielsweise die Kontraststärke).

Um an einer Kamera alle relevanten Einstellungen richtig vornehmen und Bilder von entsprechend guter Qualität zu produzieren, muss man folglich wissen …

■ wie das Grundprinzip der Fotomechanik funktioniert;

■ wo genau man an der Kamera Einstellungen vornimmt;

■ welche Einstellungen welche Veränderungen im Zusammenspiel der fotomechanischen Elemente auslösen;

■ (besonders wichtig:) wie sich diese Veränderungen auf die Bildqualität auswirken.

Mit dieser Eingrenzung sind die zentralen inhaltlichen Schwerpunkte für das Lernprogramm Fotografie definiert. Auf ihrer Grundlage kann man nun die entsprechenden Lernziele formulieren und das didaktische Gliederungsraster für die Anwendung entwerfen:

Ausgangspunkt für die Formulierung des obersten Lernziels – des Richtziels – ist das Lernthema selbst, die „Bedienung der Kamera". Berücksichtigt man die drei Grundregeln zur Lernzieldefinition – genaue Formulierung, Verwendung aktiver Verben, jedes Ziel in einem eigenen Satz –, so könnte das Richtziel folgendermaßen lauten:

„Der Anwender ist in der Lage, an einer Fotokamera sämtliche Einstellungen vorzunehmen, die erforderlich sind, um eigenständig Fotografien erstellen zu können."

Damit ist das grundlegende *Verhalten* definiert, das der Anwender mit dem Programm erlernen soll. Die oben ermittelten inhaltlichen Schwerpunkte zeigen auf, welches *Wissen* und welche *Fertigkeiten* erforderlich sind, um dieses Zielverhalten zu lernen. Sie eignen sich deshalb sehr gut als Ausgangsposition zur Definition der Grobziele. Diese werden ebenfalls wieder analog zu den drei Grundregeln formuliert:

- *Grobziel 1*: Der Anwender ist in der Lage, das allgemeine Funktionsprinzip einer Fotokamera zu erklären.
- *Grobziel 2*: Der Anwender ist in der Lage, an einer Fotokamera die Funktion sämtlicher Bedienelemente nachzuvollziehen.
- *Grobziel 3*: Der Anwender ist in der Lage, Einstellungen an einer Kamera hinsichtlich ihrer Auswirkung auf die Bildqualität zu beurteilen.

Damit bekommt das Lernkonzept eine inhaltliche Grobstruktur. Es wird deutlich, über welches Teilwissen der Anwender verfügen muss, um an einer Fotokamera alle Einstellungen eigenständig und richtig vornehmen zu können.

Welche Teilziele er auf dem Weg zum Ziel anstreben muss, um sich diese Fertigkeiten anzueignen, beschreiben die Feinziele. Sie leiten sich unmittelbar aus den Grobzielen ab:

Feinziele zu Grobziel 1:
- Der Anwender kann aufzählen, welche fotomechanischen Elemente es gibt.
- Der Anwender kann deren unterschiedliche Funktionen benennen.
- Der Anwender kann erklären, wie die Elemente zusammenwirken, sodass eine Fotografie entsteht.
- Der Anwender kann beschreiben, welche Auswirkung eine Veränderung in den Einstellungen der einzelnen Elemente auf die Bildqualität hat.

Feinziele zu Grobziel 2:
- Der Anwender kann die einzelnen Bedienelemente einer Fotokamera vollständig aufzählen.
- Der Anwender kann an einer Fotokamera die einzelnen Bedienelemente identifizieren.
- Der Anwender kann die Funktion der einzelnen Bedienelemente beschreiben.

Feinziele zu Grobziel 3:

■ Der Anwender ist in der Lage, Einstellungen an einer Fotokamera vorzunehmen.

■ Der Anwender kann erklären, welche Einstellung an den Bedienelementen welche Auswirkung auf die Bildqualität hat.

Mit der Formulierung von Richt-, Grob- und Feinzielen entsteht die Lernzielarchitektur, die man benötigt, um die Lerninhalte nach Priorität und Zusammenhang zu ordnen und für die Vermittlung am Bildschirm didaktisch aufzubereiten. Wichtigstes Element sind hierbei die Grobziele. Sie geben die Richtung vor, die angestrebt werden soll, um das „große" Ziel zu erreichen. Das bedeutet: Für jedes Grobziel bildet man ein Lernmodul oder eine Lektion. Im Falle unseres Lernsystems gäbe es demnach insgesamt drei Lernmodule mit folgenden inhaltlichen Schwerpunkten:

■ Lernmodul 1: Funktionsprinzip der Fotomechanik
■ Lernmodul 2: Bedienelemente zur Einstellung der Kamera
■ Lernmodul 3: Einstellungen und deren Auswirkungen

Die Feinziele erlauben es nun, für jedes Modul Lernbausteine zusammenzustellen und Lernschritte zu entwickeln, in denen das anvisierte Ziel erreicht werden soll. Auf welche Weise das geschieht, hängt jedoch ausschließlich von der Lehrstrategie ab, die man zur Wissensvermittlung wählt, und diese ihrerseits ist unmittelbar an das Meta-Lernziel geknüpft, das über das Modul angestrebt wird. Insofern gilt es zunächst, für jedes Grobziel oder Modul eine geeignete Lehrstrategie zu wählen und anschließend auf deren Grundlage Lerneinheiten und Lernschritte zu konzipieren.

Lehrstrategien

Das einzige Auswahlkriterium für eine Lehrstrategie ist das umzusetzende Meta-Lernziel, das angestrebt wird. Wie bereits an anderer Stelle erwähnt, gibt es für jedes dieser Ziele ein passendes und zugleich universell einsetzbares Konzept zur Wissensvermittlung.

- Lehrstrategie 1: Faktenwissen
- Lehrstrategie 2: Intellektuelle Fähigkeiten
- Lehrstrategie 3: Verhaltensweisen
- Lehrstrategie 4: Praktische Fähigkeiten.

Die Formulierung der Grob- und Feinziele gibt Aufschluss darüber, welches Meta-Lernziel in den einzelnen Lernmodulen angestrebt wird. Ist die Lehrstrategie definiert, kann man sich bereits Gedanken über die Präsentation der Inhalte und die Gestaltung der dazugehörigen Aufgaben machen, wie die folgenden Beispiele zeigen.

Lehrstrategie zu Lernmodul 1: Das Grobziel für das erste Lernmodul lautete im vorigen Abschnitt: „Der Anwender ist in der Lage, das allgemeine Funktionsprinzip einer Fotokamera zu erklären." Dieses Zielverhalten wird auf der Feinziel-Ebene in mehreren Schritten konkretisiert: Der Anwender soll im Einzelnen …

- aufzählen können, welche fotomechanischen Elemente es gibt,
- ihre unterschiedlichen Funktionen benennen
- und erklären, wie die Elemente zusammenwirken, sodass eine Fotografie entstehen kann.

Im Mittelpunkt dieses Lernziels steht die Vermittlung essentieller Grundlagen über die Fotomechanik und ihr Funktionsprinzip. Es handelt sich um reines Fakten- und Anwendungswissen. Demzufolge fällt die Wahl auf Lehrstrategie 1.

Wie könnte die Umsetzung der Strategie im Lernsystem Fotografie aussehen?

Denkbar wäre eine Aneinanderreihung von Screens, die jeweils über ein fotomechanisches Element informieren. Die Reihenfolge richtet sich nach der tatsächlichen Anordnung der Elemente in der Realität (zum Beispiel wird als Erstes etwas über das Element „Film" erzählt, als Letztes über das

Element „Objektiv"). Ein Sprechertext erläutert Bezeichnung, Funktion und Einfluss auf die Bildqualität. Auf dem Bildschirm erscheint ein kurzer Schrifttext, der die Inhalte des Sprechertextes schlagwortartig und übersichtlich erläutert. Im Blickpunkt steht dabei ein dreidimensionales Modell des Elements, das mit der Maus in alle Richtungen gedreht und gewendet werden kann. Nach diesem Schema werden auch die übrigen Kamera-Elemente vorgestellt (jeweils eine Screen pro Element). Auf diese Weise ist es möglich, die Feinziele 1 und 2 zu realisieren.

Lernen am Computer soll jedoch handlungsorientiert sein. Zur Realisierung von Feinziel 3 bietet sich deshalb am Ende der Sequenz ein interaktiv veränderbares fotomechanisches Modell an, an dem man per Mausklick alle Elemente entsprechend ihres Wirkungsprinzips manipulieren und somit ihr Zusammenspiel und ihre Wirkung auf die Bildqualität erforschen kann.

Lehrstrategie für Lernmodul 2: Beim zweiten Lernmodul („Bedienelemente") gelten für die Wahl der Lehrstrategie ähnliche Voraussetzungen wie in Modul 1. Das im Grobziel festgeschriebene Zielverhalten besteht darin, „an einer Fotokamera die Lage und Funktion sämtlicher Bedienelemente nachzuvollziehen". Das bedeutet im Einzelnen, dass der Nutzer …

- die einzelnen Bedienelemente einer Fotokamera vollständig aufzählen,
- an einer Fotokamera die einzelnen Bedienelemente identifizieren
- und die Funktion der einzelnen Bedienelemente beschreiben kann.

Hier steht also erneut die Vermittlung von Fakten- und Anwendungswissen im Vordergrund. Insofern empfiehlt sich auch hier die schrittweise Vermittlung der Lerninhalte in Form von themenbezogenen Lernsequenzen (Lehrstrategie 1). Ergebnisse aus der Zielgruppenanalyse unterstützen diese Überlegung, denn die praktischen Erfahrungen der

Kunststudenten im Umgang mit der Kamera fallen höchst unterschiedlich aus, besonders dann, wenn es sich um ein Modell handelt, das sämtliche Einstellungen automatisch vornimmt.

Wie könnte man eine Lernsequenz gestalten, die alle Feinziele von Grobziel 2 berücksichtigt?

Eine Möglichkeit besteht darin, zu jedem Feinziel eine Screen mit einer Aufgabe zu konstruieren. Die Abfolge der Screens richtet sich dabei nach der Feinzielnummerierung.

Screen 1 (zu Feinziel 1) könnte beispielsweise ein interaktives Kameramodell beinhalten. Per Mausklick auf die einzelnen Bedienelemente am Apparat erscheint in einem separaten Textfeld die dazugehörige Bezeichnung. Das Modell ist dreh- und wendbar, sodass der Anwender etwas Geduld und eine gute Konzentration mitbringen muss, denn die Bezeichnungen erscheinen stets separat, niemals in einer Liste. Screen 2 (zu Feinziel 2) zeigt dasselbe Modell, daneben befindet sich nun ganz bewusst die zuvor noch nicht vorhandene Liste mit den Bezeichnungen aller Bedienelemente. Die Aufgabe besteht nun darin, die einzelnen Bezeichnungen per Drag & Drop auf die entsprechenden Bedienelemente an der Kamera zu ziehen, also an genau jene Orte, die der Anwender eine Screen vorher fleißig mit der Maus überfahren hat, um herauszufinden, welches Bedienelement sich an dieser Stelle verbirgt. Auf Screen 3 (zu Feinziel 3) steht ebenfalls das Kameramodell im Mittelpunkt. Hier soll der Anwender erneut mit der Maus auf Entdeckungsreise gehen. Beim Überfahren der Bedienelemente blendet sich ein ausfahrbares Textfeld ein, das die Funktion des Bedienelements beschreibt. Eine wahlweise zuschaltbare Sequenz aus Sprechertext und Animation veranschaulicht und vertieft die Textinformation. Mit diesen drei Screens wären alle Feinziele abgedeckt. Der Anwender lernt schnell, zügig und handlungsorientiert (ausführliche Informationen zur Konstruktion der Lernsequenz enthält ebenfalls das Fallbeispiel „Aufgabenkonstruktion" in Kapitel 2).

Lehrstrategie zu Lernmodul 3: Das dritte und letzte Lernmodul soll den Anwender in die Lage versetzen, Einstellungen an einer Kamera hinsichtlich ihrer Auswirkung auf die Bildqualität beurteilen zu können. Im Einzelnen soll er ...

- Einstellungen an einer Fotokamera vornehmen
- und erklären können, welche Einstellung an den Bedienelementen sich in welcher Form auf die Bildqualität auswirkt.

Damit steht in diesem Modul vernetztes Denken und produktives Problemlösen im Vordergrund. Folgt man dem didaktischen Basisschema (Lehrstrategie 2), so kann das Lernziel nur mithilfe eines interaktiven Lern- und Erfahrungsraums nach dem explorativen Ansatz erreicht werden – in diesem Fall mit einer Kamerasimulation. Denn die Umsetzung der Feinziele setzt voraus, dass der Anwender das Funktionsprinzip der Kamera erfährt und erlebt, dass er es eigenständig erforscht und ausprobiert. Was nur möglich ist, wenn er selber alle relevanten Einstellungen vornehmen und ihre Auswirkungen beobachten kann.

Wie könnte eine solche Simulation in der Praxis aussehen? Denkbar wäre eine Screen, die verschiedene Auswahlmenüs mit den Einstellungsmöglichkeiten für die unterschiedlichen Bedienelemente (Filmtyp, Tiefenschärfe, Blendenweite, Belichtungszeit) enthält. Ein zentral positioniertes Feld, das den Sucher simuliert, enthält ein Bildmotiv. Je nachdem, welche Einstellungskombination der Anwender nun wählt, verändert sich das Motiv in Farbe, Helligkeit, Tiefenschärfe, Kontrast, Auflösung etc. Man könnte das ganze Szenario didaktisch verfeinern, indem man in die Simulation einen Test-Modus integriert: Ein Bildmotiv wird in bestimmter Qualität vorgegeben, und der Nutzer muss nun über verschiedene Einstellungen versuchen, das Bild in seinem Sucher in exakt derselben Qualität „nachzuproduzieren".

Lernwegstruktur und Lernerfolgskontrolle

Sind die Lernziele definiert und hat man die passenden Lehrstrategien ausgewählt, ist es an der Zeit, die Lernwegstruktur zu entwickeln und zu prüfen, welches Modell zur Lernerfolgskontrolle sich am besten zur Umsetzung der Lernziele eignet.

Entwurf der Lernwegstruktur: Nimmt man die Lernzielarchitektur als Grundlage zur Gliederung und Strukturierung der Lerninhalte, dann besteht das Lernsystem Fotografie aus einem Informationsteil (Lernmodul 1), in dem das Basiswissen über das Wirkungsprinzip der fotomechanischen Elemente vermittelt wird. Des Weiteren gibt es einen anwendungsbezogenen Grundlagenteil (Lernmodul 2), der logisch auf Lernmodul 1 aufbaut und in die Bedienungselemente der Fotokamera einführt. Es gibt einen anwendungsbezogenen Praxisteil, in dem der Anwender Einstellungen an einer Kamera vornehmen und diese im Hinblick auf die Bildqualität bewerten kann; er baut logisch auf Lernmodul 1 und 2 auf.

Somit ergibt sich das klare Bild eines Lernwegs mit inhaltlich aufeinander aufbauenden Lerninhalten: Der Anwender eignet sich zunächst Basisinformationen zum Thema in Lernmodul 1 an, anschließend verknüpft er in Lernmodul 2 bestehendes mit neuem Wissen und wendet dieses in Lernmodul 3 praxisorientiert an. Auf diese Weise erfolgen Wissenserwerb und Wissenstransfer in lernpsychologisch organisierten Teilschritten.

Wie steht es aber nun mit der Lernwegfreiheit? Muss der Stoff nun auch auf jeden Fall in der logischen Reihenfolge präsentiert werden? Oder hat der Anwender freien Zugriff auf alle Inhalte?

Im Sinne des selbstgesteuerten Lernens bietet letztere Option natürlich einen beträchtlichen Vorteil. Dank der unterschiedlichen Gewichtung von Theorie und Praxis in den einzelnen Modulen könnte man überdies auf unterschiedliche Lerngewohnheiten der Nutzergruppe eingehen. Wer sich gerne schrittweise mit Inhalten vertraut macht, wird ebenso auf seine Kosten kommen wie ein Anwender, der sich vorzugsweise auf experimentelle Weise mit Lerninhalten auseinandersetzt.

Entscheidend für eine Antwort auf die Frage: „Offene Struktur – ja oder nein?", ist, ob – und wenn ja, in wieweit – die Lernthemen der Module untereinander inhaltliche Bezüge oder sogar Überschreitungen aufweisen. Im Falle unseres Lernprogramms gibt es solche Berührungspunkte: die Themen Fotomechanik, Kamerabedienung und Kameraeinstellung hängen sehr stark miteinander zusammen. Insofern kann man davon ausgehen, dass ein Anwender, der bereits ein Modul bearbeitet hat, aller Wahrscheinlichkeit nach schon einen Teil von dem beherrscht, was ihn in den beiden anderen Modulen erwartet – oder er wird zumindest in absehbarer Zeit Bezüge zu dem herstellen können, was er im vorigen Modul gelernt hat.

Kennt ein Anwender beispielsweise schon das Prinzip der Fotomechanik, wird es ihm wahrscheinlich sehr bald gelingen, Einstellungen an der Kamera zu verstehen und vorzunehmen und ihre Auswirkungen auf die Bildqualität zu beurteilen. Umgekehrt gilt dasselbe: Kann er Einstellungen an einer Kamera vornehmen und weiß er, wie sie sich auf die Qualität der Fotografie auswirken, wird er sich wahrscheinlich nicht allzu schwer tun, die grundlegenden Zusammenhänge, die der Fotomechanik und ihrem Wirkungsprinzip zugrunde liegen, nachzuvollziehen. Berücksichtigt man das Bildungsniveau der Zielgruppe, die über hohe Fähigkeiten zum abstrakten und analytischen Denken verfügt, ist es mehr als wahrscheinlich, dass der Nutzer in relativ kurzer Zeit eine „kognitive Brücke" zwischen den einzelnen Inhalten herstellt.

Für die Konzeption des Lernprogramms Fotografie bedeutet dies: Es wird keinen Eingangstest zur Prüfung von Vorwissen geben. Der Anwender kann unabhängig von seinen Vorkenntnissen und Lerngewohnheiten mit der Bearbeitung aller Module beginnen. Um jedoch die logische Reihenfolge aufzuzeigen, nach der die Lerninhalte gruppiert und aufbereitet sind, erscheint es sinnvoll, beim Programmstart jeweils eine *Lernwegempfehlung* auszusprechen.

Lernerfolgskontrolle: Das Richtziel besteht darin, Einstellungen an einer Fotokamera so vornehmen zu können, dass der Anwender in der Lage ist, die Auswirkungen auf die Bildqualität zu beurteilen. Gleichzeitig sieht das Grobziel für das Lernmodul 3 die praxisorientierte Umsetzung der Inhalte aus Lernmodul 1 und 2 vor – das heißt, das didaktische Konzept (Lehrstrategie 2) sieht den Einsatz eines Lernspiels oder einer Simulation vor, in der die Einstellungen an der Kamera praktisch erprobt werden können. Gestaltet man diese Simulation nun so, dass sie die Einstellung der Kamera und eine Einschätzung ihrer Auswirkung auf die Qualität des Bildes ermöglicht, hätte man gleichzeitig die Lernerfolgskontrolle auf Richtzielebene realisiert. Demzufolge wäre ein separates Test- oder Prüfungsmodul nicht mehr erforderlich.

Aus diesem Grunde wird die Lernerfolgskontrolle in unserem Fallbeispiel direkt in die Struktur von Lernmodul 3 integriert. Es gibt kein separates Testmodul.

2 Aufgaben und Übungen

Die Formulierung von Lernzielen und ihre Ordnung nach Priorität und Zusammenhang ist eine wesentliche Voraussetzung für ein erfolgreiches Lernen mit dem Computer. Der konkrete Lernerfolg ist jedoch stark an die Auswahl und Konstruktion der Aufgaben geknüpft, mit denen das Lernziel umgesetzt werden soll.

Vor diesem Hintergrund rücken die Aufgaben und Übungen, die man in einem Lernsystem verwenden oder konstruieren kann, in den Mittelpunkt des Interesses. Von besonderer Bedeutung sind in diesem Zusammenhang auch die konkreten Vermittlungsstrategien, also zum Beispiel Aufbau und Organisation der Feedback-Struktur oder die Konstruktion des Lerndialogs, der den Anwender durch den Lernprozess führt.

Dieses Kapitel beschäftigt sich mit genau diesen Themen. Es gibt zunächst einen Überblick über die verschiedenen Aufgabentypen, die standardmäßig in einem Lernsystem zum Einsatz kommen können, und stellt Hauptmerkmale und Variationsmöglichkeiten vor. Der zweite Abschnitt beschäftigt sich mit Feedback-Strukturen – ihren Erscheinungsformen und Möglichkeiten. Zwei Fallbeispiele am Ende des Kapitels veranschaulichen die Konstruktion eines Lerndialogs anhand der Umsetzung von Lernzielen nach unterschiedlichen didaktischen Modellen (tutorieller und explorativer Ansatz).

2.1 Aufgabentypen

Es gibt eine ganze Reihe von Möglichkeiten, Aufgaben in Lernsystemen zu konstruieren und effizient einzusetzen. Ausgangsbasis hierfür sind mehrere Standard-Typen, die mit etwas Kreativität und Phantasie sehr abwechslungsreich und lernzielorientiert gestaltet werden können.

Im Einzelnen handelt es sich dabei um folgende Basistypen:

- Ja/Nein-Aufgaben,
- Auswahlaufgaben,
- Markierungsaufgaben,
- Reihenfolgeaufgaben,
- Zuordnungsaufgaben,
- und Textaufgaben.

Nachfolgend ein Überblick über Merkmale und Variationsmöglichkeiten.

2.1.1 Ja/Nein-Aufgaben

Dieser Aufgabentyp ist der einfachste, der in einem Lernsystem vorkommen kann. Das Grundprinzip ist simpel: Dem Anwender wird eine Frage gestellt, die er nur eindeutig mit „Ja" oder „Nein" beziehungsweise „Richtig" oder „Falsch" beantworten kann. Ein Beispiel hierfür wäre die Frage: „Beeinflusst Grafik-Design die Motivation des Nutzers in Lernprogrammen?"

Der Vorteil der Verwendung eines solchen Aufgabentyps liegt in der extrem einfachen Programmierung und Auswertungsmöglichkeit durch das System. Aus didaktischer Sicht ist der Einsatz dieser Übung jedoch nicht unproblematisch. Die richtige Lösung kann mit fünfzigprozentiger Wahrscheinlichkeit erraten werden (was unter bestimmten Voraussetzungen jedoch auch ein Vorteil sein kann) und die Antwort erlaubt nur wenig Rückschlüsse auf den aktuellen

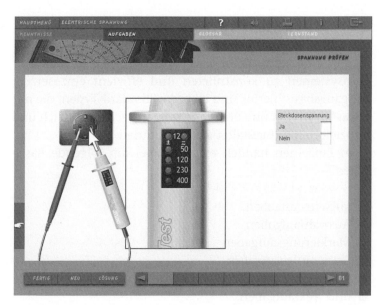

Abb. 2.35: Ein einfaches Beispiel für eine Ja/Nein-Aufgabe aus dem webbasierten Lernsystem *Prüfung ortverändernder Geräte*.

beziehungsweise tatsächlichen Kenntnisstand des Anwenders.

Abhilfe schafft in dieser Hinsicht eine Variation der Fragestellung. Man könnte zum Beispiel eine Liste mit sämtlichen Faktoren aufstellen, die die Motivation des Nutzers in einem Lernprogramm beeinflussen: „Schnelle Lernergebnisse, intuitiv erfassbare Bedienung und Handhabung" etc. Am Ende der Aufzählung steht die Frage, ob die Liste vollständig sei. Der Anwender kann nun entweder mit „Ja" antworten oder aber hinzufügen: „Nein, es fehlt der Einflussfaktor Grafik-Design."

Diese Variante des Aufgaben-Basistyps erlaubt es, den Schwierigkeitsgrad zu erhöhen, denn der Nutzer muss nun alle aufgeführten Elemente – nicht nur das fehlende – auf ihre Richtigkeit hin prüfen. Durch diese Form der Auseinandersetzung mit den Inhalten erhöht sich gleichzeitig die Behaltensleistung in Bezug auf abgefragte Faktoren, die die Motivation des Nutzers beeinflussen können.

2.1.2 Auswahlaufgaben

Eine anspruchsvollere Übungsform stellt der Auswahl-Aufgabentyp dar. Das Grundprinzip besteht darin, dem Anwender zu einer Fragestellung eine beliebig große Zahl möglicher Lösungselemente zur Verfügung zu stellen. Doch nur eines *(single choice)* oder mehrere *(multiple choice)* davon sind richtig.

Bei Single- und Multiple-Choice-Aufgaben besteht das Risiko, dass die richtige Lösung einfach erraten werden kann. Positiv ist, dass in Abhängigkeit von der Anzahl der zur Verfügung gestellten Auswahlalternativen eine sehr differenzierte Auswertung möglich ist.

Als Variante zu dem vorgestellten Muster gibt es die Möglichkeit, mehrere Alternativen auf einmal zutreffen zu lassen – oder auch mal überhaupt keine. Der Schwierigkeitsgrad kann mit einer steigenden Anzahl von Auswahlalternativen gesteigert werden. Den gleichen Effekt erzielt man durch Hinzufügen so genannter *Distraktoren*. Dabei

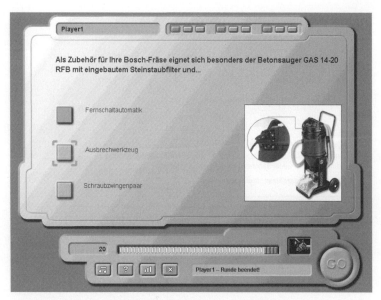

Abb. 2.36: Eine einfache Single-Choice-Aufgabe mit visuellem Feedback im Lernsystem *Steinbearbeitung mit Elektrowerkzeugen*.

handelt es sich um Begriffe, die vom Inhalt und vom Wort-
laut her einen Bezug zur richtigen Lösung aufweisen. Ein
Distraktor im Auswahlmenü des Holzbearbeitung-CBTs wäre
zum Beispiel ein Lineal oder ein Zirkel – theoretisch könnten
beide Elemente verwendet werden, um zum Beispiel Säge-
flächen zu kennzeichnen. Mit der Maschinenbedienung haben sie jedoch nichts zu tun.

2.1.3 Markierungsaufgaben

Ein weiterer Aufgabentyp ist die Markierungsaufgabe. Wie
der Name bereits sagt, müssen in einer Lernumgebung alle
richtigen oder erfragten Elemente identifiziert und per
Mausklick markiert werden. Beispielsweise kann es sich dabei um ein CBT zur Ausbildung von Automechanikern handeln: in einer detailgenauen photorealistischen Abbildung
eines Motorraums eines bestimmten Fahrzeugtyps müssen

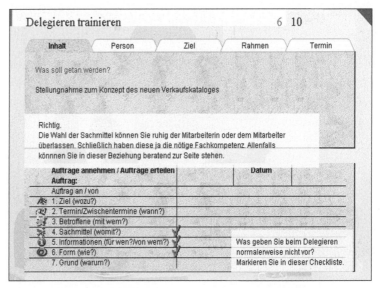

Abb. 2.37: Markierungsaufgabe im Lernsystem *Management Skills*.

die Auszubildenden eine Reihe von Motorteilen identifizieren und markieren. Ist die Aufgabe richtig gelöst, wird die nächste Aufgabe vorgelegt. Die zu markierenden Elemente, sind mit denen aus der vorhergehenden Übung identisch; der Fahrzeugtyp ist jedoch ein anderer.

Markierungsaufgaben eignen sich sehr gut für Identifikations- und Diagnoseaufgaben in authentischen Umgebungen. Eine Variationsmöglichkeit besteht darin, die gesuchten Bereiche explizit als solche zu markieren, wenn man mit der Maus darüberfährt (Erleichterung), oder sie überhaupt nicht zu kennzeichnen (Erschwernis).

2.1.4 Reihenfolgeaufgaben

Reihenfolgeaufgaben dienen dazu, eine lose Zusammenstellung von aufgabenrelevanten Elementen in eine richtige Reihenfolge zu bringen.

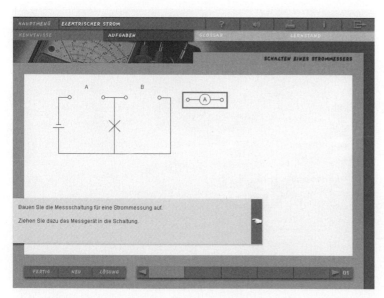

Abb. 2.38: Eine Reihenfolgeaufgabe im CBT *Umgehen mit Elektrizität.*

Ein sehr schönes Beispiel ist eine Übung aus dem Programm *Umgehen mit Elektrizität*. Hier hat der Anwender einen unvollständigen Schaltkreis vor sich, der mit bestimmten Elementen geschlossen werden muss. Nur wenn es ihm gelingt, die Elemente in der richtigen Reihenfolge in den Stromkreislauf zu integrieren, wird das System funktionieren.

Als Variationsmöglichkeit bietet sich bei einer Reihenfolgeaufgabe ebenfalls das Hinzufügen irrelevanter Elemente an. Neben der richtigen Anordnung kann dadurch auch die Kenntnis der inhaltlichen Bedeutung im Zusammenhang mit dem Thema geprüft und erfasst werden.

2.1.5 Zuordnungsaufgaben

Bei diesem Aufgabentyp geht es darum, Elemente aus zwei verschiedenen Bereichen einander zuzuordnen. Die Anzahl der Elemente kann beliebig groß sein. Ein sehr schönes Bei-

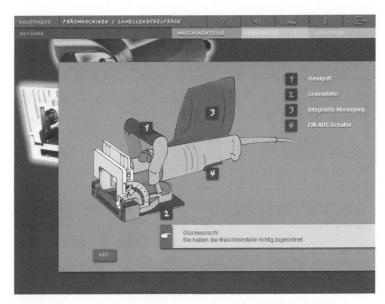

Abb. 2.39: Zuordnungsaufgabe im CBT *Holzbearbeitung mit Maschinen.*

spiel für eine solche Aufgabe enthält erneut das CBT *Holzbearbeitung mit Maschinen*. Um zu lernen, aus welchen Teilen
eine solche Maschine besteht, muss der Anwender aus einer
vorgegebenen Liste von Maschinenteilbezeichnungen per
Drag & Drop Textbausteine herauslösen und auf das Modell
einer Maschine ziehen, und zwar genau auf den Bereich, von
dem er annimmt, dass die Bezeichnung auf ihn zutrifft.
Stimmt seine Vermutung, rastet das Element ein.

Aus didaktischer Sicht bietet der Einsatz dieser Aufgabe
den Vorteil, das der Anwender kaum die Möglichkeit hat, die
richtige Lösung zu erraten. Die Variation besteht auch hier
wieder in der Ergänzung der Bezeichnungen durch Distraktoren, um das inhaltliche Wissen zu prüfen.

2.1.6 Texteingabe-Aufgaben

Bei Texteingabe-Aufgaben geht es darum, Antworten auf Fragen in ein Textfeld einzugeben oder Lücken in bestehenden
Texten mit gefragten Begriffen zu ergänzen. Beide Varianten
eignen sich hervorragend zur Prüfung von Fachbegriffen
und Fremdsprachenvokabular.

Aus didaktischer Sicht besteht der Vorteil in der produktiven Problemlösung. Der Anwender muss sich mit den Inhalten auseinander gesetzt haben und teilweise kompakte Zusammenhänge in einem Wort wiedergeben können. Die
Möglichkeit, dass ein Begriff erraten wird, ist relativ gering.

Als Variation bietet sich ein Auswahlmenü an, das sowohl
richtige als auch falsche Begriffe enthalten kann.

Eine zweite Form von Textaufgabe besteht in der so genannten freien Texteingabe. „Frei" bedeutet hier, dass der
Anwender nicht einen vorbestimmten Begriff eingeben
muss, sondern schreiben kann, was er will. Aufgaben mit
freier Texteingabe eignen sich sehr gut, um ihn eigene Ideen
und Konzepte entwickeln und aufschreiben zu lassen. Denkbar wäre zum Beispiel ein CBT zum Thema „Wertorientierte
Unternehmensführung", an dessen Ende er ein Konzept entwickeln soll, um das neue Wissen praxisorientiert auf seinen

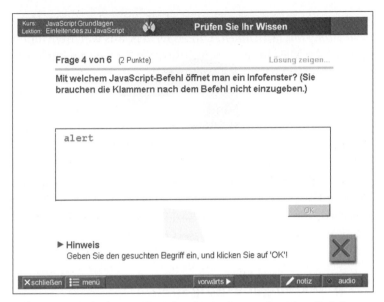

Abb. 2.40: Aufgabe mit Texteingabe im Lernsystem *JavaScript*.

Arbeitsplatz zu übertragen. Der Nachteil dieser Aufgaben-
form besteht darin, dass das Ergebnis durch das Programm
nicht überprüfbar ist (mehr dazu im nächsten Abschnitt).

2.1.7 Besonderheiten

Alle hier vorgestellten Aufgabentypen zählen zum klassischen didaktischen Repertoire von Lernsystemen und kommen in unterschiedlichster Form und Variation zum Einsatz.
Nicht selten werden die Aufgabentypen auch miteinander
kombiniert. Ihre eigentliche Stärke entfalten sie jedoch erst
in der Verbindung mit Multimedia-Elementen. Der virtuelle
Maschinenpark des CBTs *Holzbearbeitung mit Maschinen*
wurde bereits mehrfach als Beispiel erwähnt. Ein anderes
Beispiel ist ein CBT zum Training von Verkaufsgesprächen
im Einzelhandel. Hier wird dem Anwender zunächst in einer
(von Schauspielern nachgestellten) Video-Sequenz ein Gesprächsverlauf zwischen einem Kundenberater und einem

Kaufinteressenten demonstriert. An bestimmten Abschnitten stoppt das Video. Das Programm stellt eine Frage zum Inhalt und bietet dem Nutzer eine Auswahl weiterer Gesprächspassagen auf Video an, sodass er nun nach eigenem Gutdünken den Gesprächsverlauf fortsetzen kann – jeweils im Sinne seiner Antwort auf die Frage. Auf diese Weise kann der Anwender ein vollständiges Beratungsgespräch mit digitalen Video-Sequenzen simulieren – jeweils mit all seinen Hürden und Stolpersteinen, aber auch mit zahlreichen richtigen Vorgehensweisen, je nachdem, für welche Auswahl er sich entscheidet. Das Muster, das hinter diesem didaktischen Konzept steht, ist nichts anderes als eine Kombination aus einer einfachen Auswahl- beziehungsweise Zuordnungsaufgabe.

Der immense Vorteil der vorgestellten Aufgabenmuster besteht darin, dass die vom Anwender vorgenommenen Lösungsschritte vom Computer mitverfolgt, analysiert und ausgewertet werden können. Mit anderen Worten: sie machen den Lernerfolg für den Rechner mess- und somit überprüfbar. Die ermittelten Lerndaten eignen sich jedoch nicht allein zur Lernerfolgskontrolle, sondern auch zur automatischen „Erzeugung" neuer Aufgaben (das heißt, das System wählt aus einem Pool vorhandener Aufgaben in Abhängigkeit von Lernleistung und Lernweg neue aus).

Angenommen, das System stellt dem Anwender die Frage, wie der Name der Hauptstadt von Italien lautet. Die richtige Antwort wäre „Rom". Unabhängig davon, ob der Nutzer die richtige Lösung kennt oder nicht, kann das System anhand der Eingabe konkrete Rückschlüsse auf den Lernleistungsstand des Anwenders ziehen und daraufhin eine neue, dem Lernstand angemessene Aufgabe auswählen und vorlegen. Denn wenn die richtige Lösung in der Programmierung mit dem Wert „1" festgelegt, die falsche mit dem Wert „0", kann man als CBT-Autor das System so programmieren, dass es eine schwierigere Aufgabe vorlegt, wenn nach fünf Versuchen der Wert „5" für fünf richtige Lösungen hintereinander erreicht wird. Umgekehrt kann man das System anweisen, eine leichtere Aufgabe auszuwählen, wenn dieser Wert nach fünf Anläufen nicht erreicht wird. Die Werte „0" und „1" können auch einfach dazu benutzt werden, die Lernleistung des Anwenders exakt zu protokollieren und bei Bedarf in einer grafischen Übersicht auf dem Bildschirm zu präsentieren. Oder sie werden zur Zertifizierung der Lernleistung benutzt („Sie haben 80 Prozent aller Aufgaben richtig gelöst: Note 2").

Der einzige Aufgabentyp, auf den diese Systematik keine Anwendung findet, ist die freie Texteingabe. Da ein potenzieller Nutzer hier beliebig viele Ziffern, Zeichen und Buchstaben in beliebiger Menge und Kombination eingeben kann, ist das System nicht in der Lage, exakte Auswertungskriterien zu erkennen und entsprechend zu verarbeiten.

2.2 Rückmeldung und Feedback

Die kreative Nutzung der Basis-Aufgabentypen ist ein wichtiges Element für den Lernerfolg des Anwenders, gerade unter dem Aspekt des handlungsorientierten Lernens. Vielfältige Lernaktivitäten, die zum Ausprobieren anregen und zum Nachdenken animieren, bilden die Grundlage für effektive Wissensvermittlung am Computer.

Doch der eigentliche Lerneffekt stellt sich erst in Verbindung mit Rückmeldung (feedback) ein. Letztere informiert den Anwender über das Ergebnis seiner Auseinandersetzung mit den Lerninhalten und macht damit die Lernleistung erst transparent.

Rückmeldungen *konfrontieren den Anwender mit seiner Problemlösungsstrategie.* Sie zeigen Fehlerquellen auf und weisen den Anwender darauf hin, seine Strategie neu zu überdenken und gegebenenfalls zu modifizieren. Gleichzeitig geben sie Tipps in Bezug auf die richtige Lösung, motivieren in positiver Weise zur Auseinandersetzung mit den Lerninhalten und ermuntern zu einem neuen Versuch, falls die Lösung der Aufgabe im ersten Anlauf nicht sofort gegelückt ist.

Rückmeldungen können in Lernsystemen ganz unterschiedliche Formen annehmen und in ganz unterschiedli-

cher Form miteinander verknüpft sein. Eine Gestaltungs-
möglichkeit zeigt das Beispiel in Abbildung 2.41–2.43 (Seite
156/157).

Neben der visuellen Form der Rückmeldung gibt es zwei
weitere Varianten: Interaktivität und Ton. Angenommen,
die Aufgabe besteht darin, mit der Maus ein dreidimensionales Objekt in eine virtuelle Form einzupassen: Wird das Objekt nicht passgenau angelegt, erklingt ein warnender Ton
und auf dem Bildschirm zeigt sich eine Anti-Magnet-Wir-
kung: das Objekt rastet nicht in die Form ein, sondern wird
von ihr abgestoßen.

Für Rückmeldungen gibt es eine Art Grundschema, das
beliebig an die Anforderungen der Zielgruppe und des didaktischen Konzepts angepasst werden kann:

In dem Moment, in dem der Anwender eine Aufgabe fertig
bearbeitet hat, beginnt das Programm mit der Analyse der
Eingaben und der Auswertung. Die erste Rückmeldung, die
das System ausgibt, ist eine Information darüber, ob die Aufgabe …

- vollständig richtig,
- vollständig falsch,
- teilweise richtig und teilweise falsch
- oder unvollständig

… gelöst wurde. Diese Differenzierung ist sehr wichtig, da sie
dem Anwender eine genaue Prüfung seiner Vorgehensweise
ermöglicht . Wurde die Aufgabe nicht vollständig richtig gelöst, besteht der nächste Schritt darin, dem Nutzer …

- eine Wiederholung der Aufgabe vorzuschlagen (neuer
  Versuch),
- einen oder mehrere aufeinander folgende Hinweise auf
  die Fehlerquelle zu geben,
- einen oder mehrere aufeinander folgende Hinweise auf
  die richtige Lösung zu geben,
- die Auflösung der Aufgabe anzubieten (Musterlösung).

Abb. 2.41

Abb. 2.42

Natürlich gibt es auch die Möglichkeit zur Kombination dieser Meldungen. Beispielsweise kann das Programm eine Wiederholung der Übungen vorschlagen und automatisch die richtige Lösung präsentieren, falls der Anwender keinen erneuten Versuch wagen möchte.

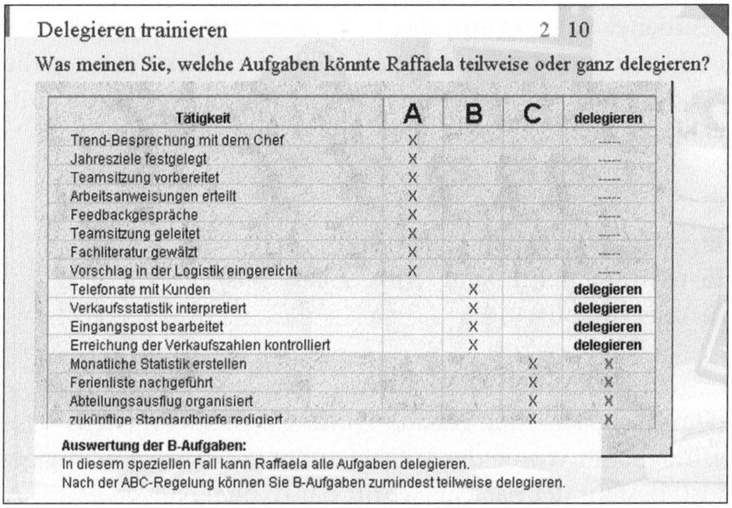

Aus didaktischer Sicht sehr sinnvoll ist die Tiefenstaffelung von Rückmeldungen. Je nachdem, mit welchem Erfolg

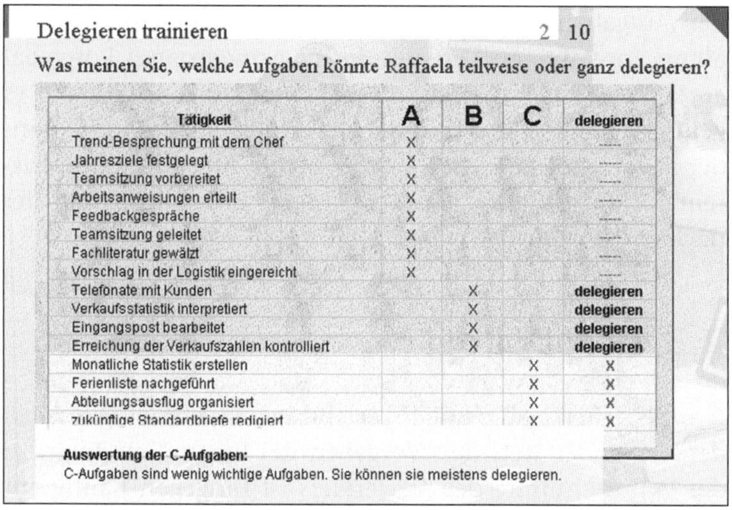

Delegieren trainieren 2 10

Was meinen Sie, welche Aufgaben könnte Raffaela teilweise oder ganz delegieren?

Tätigkeit	A	B	C	delegieren
Trend-Besprechung mit dem Chef	X			-----
Jahresziele festgelegt	X			-----
Teamsitzung vorbereitet	X			-----
Arbeitsanweisungen erteilt	X			-----
Feedbackgespräche	X			-----
Teamsitzung geleitet	X			-----
Fachliteratur gewälzt	X			-----
Vorschlag in der Logistik eingereicht	X			-----
Telefonate mit Kunden		X		delegieren
Verkaufsstatistik interpretiert		X		delegieren
Eingangspost bearbeitet		X		delegieren
Erreichung der Verkaufszahlen kontrolliert		X		delegieren
Monatliche Statistik erstellen			X	X
Ferienliste nachgeführt			X	X
Abteilungsausflug organisiert			X	X
zukünftige Standardbriefe redigiert			X	X

Auswertung der C-Aufgaben:
C-Aufgaben sind wenig wichtige Aufgaben. Sie können sie meistens delegieren.

Abb. 2.43

Abb. 2.41–43: Differenziertes Feedback im Lernsystem *Management Skills*.

(oder Misserfolg) der Anwender eine Aufgabe bearbeitet, kann man ihm ein situationsbezogenes Feedback geben. Hat der Programmautor zum Beispiel vorgesehen, dass eine Aufgabe maximal bis zu dreimal wiederholt werden darf, kann die Rückmeldung jeweils mit einem Hinweis auf die richtige Lösung gekoppelt werden, dessen inhaltliche Aussagekraft sich von Versuch zu Versuch steigert bzw. der Lösung annähert.

Die Formulierung einer Rückmeldung ist eine äußerst diffizile Angelegenheit. Man sollte nicht vergessen, dass es sich aus der Perspektive des Anwenders bei der Rückmeldung um die Antwort des Systems handelt, um eine Form des *Dialogs*. Die Formulierung und der Tonfall, der mit ihr mitschwingt, kann durchaus die Motivation des Nutzers beeinflussen, mit dem Programm zu arbeiten. Insofern haben sich zwei Grundregeln etabliert:

- die Sachinformation hat Vorrang,
- die Formulierung sollte positiv-aufmunternd sein, in jedem Fall aber *nicht negativ*.

Ob Aufgaben und darauf bezogene Rückmeldungen in einem interaktiven Lernsystem ihr gemeinsames Potenzial entfalten können, hängt entscheidend davon ab, wie gut es gelingt, einen – aus didaktischer Perspektive – gut aufeinander abgestimmten Lerndialog zwischen Anwender und System zu konstruieren. Worauf es dabei ankommt, zeigt der nächste Abschnitt.

2.3 Lerndialog

Grundsätzlich ist die Rollenverteilung im Lerndialog so, dass der Anwender stets den Vorgaben des Programms folgt. In der Wahrnehmung des Anwenders ist hingegen häufig ein Unterschied zu beobachten. Nutzer, die mit einem tutoriellen System arbeiten, fühlen sich häufig „vom System geleitet und begleitet", während diejenigen, die mit einem explorativ ausgerichteten System arbeiten, das Programm als absolut passiv erleben und sich als einzigen Akteur beim Lernen am Computer empfinden. Dieses Erleben ist im Wesentlichen auf die unterschiedliche Struktur des Lerndialogs zurückzuführen.

In Analogie zu den didaktischen Modellen kann man zwei verschiedene Lerndialog-Varianten unterscheiden:

■ den systemzentrierten Dialog (Basis ist das tutorielle Konzept);
■ den anwenderzentrierten Dialog (Basis ist das explorative bzw. Selbstlernkonzept).

Wie beide Dialogtypen konstruiert werden, beschreiben die beiden nächsten Abschnitte.

2.3.1 Systemzentrierter Dialog

Die Grundstruktur des systemzentrierten Dialogs besteht in der immergleichen Abfolge des folgenden Schemas:

- Präsentation einer Information durch das Programm – Aufnahme der Information durch den Anwender.
- Präsentation einer Aufgabe zu der Information durch das Programm – Bearbeitung der Aufgabe durch den Anwender.
- Analyse und Auswertung der Eingabe des Anwenders durch das Programm.
- Ausgabe eine Rückmeldung durch das Programm.
- Der Anwender überprüft seine Strategie und entscheidet über das weitere Vorgehen.

Ausschlaggebend für die inhaltliche Ausrichtung ist das Feinziel, das jeweils für die entsprechende Lernsequenz definiert wurde. In der Praxis wird das Schema häufig etwas variiert, und zwar dahingehend, dass das Programm zu Beginn des Dialogs nicht nur einen, sondern mehrere Informationsbausteine nacheinander präsentiert. Didaktisch ist das auch überaus sinnvoll, da man es dem Anwender sonst gegebenenfalls zu leicht machen würde.

Ein mustergültiges Beispiel für die Umsetzung eines solchen Dialogschemas ist das webbasierte Lernprogramm *Java-Script*, ein tutorielles Lernsystem über die gleichnamige Programmiersprache.

Die Dialogsequenz beginnt zunächst mit der Visualisierung des Lernziels (Startscreen). Das ist sehr wichtig, denn auf diese Weise kann sich der Anwender orientieren und weiß, was ihn in der folgenden Lektion erwartet. Anschließend beginnt der Dialog. Das System präsentiert nacheinander eine ganze Reihe von Informationen zum Thema: wie man Skripte erstellt, welche Werkzeuge es gibt, wie die Syntax aussieht etc. Die Informationen werden in mehreren Sequenzen vermittelt. Zur Abfrage des Stoffs gibt es eine einzige Aufgabensequenz. Die Rückmeldung durch das System erfolgt in rein grafischer Form unter Verwendung bekannter Signalfarben. Der Anwender hat über die lineare Navigation die Möglichkeit, die Aufgaben noch einmal zu bearbeiten. Die Musterlösung kann in der Funktionsleiste abgerufen werden. Auch sie wird grafisch visualisiert. Es gibt weder Text

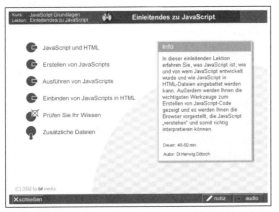

Abb. 2.44

Abb. 2.45

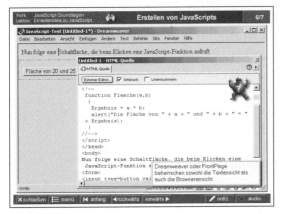

Abb. 2.46

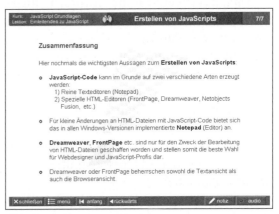

Abb. 2.47

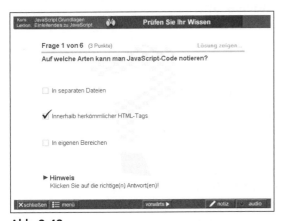

Abb. 2.48

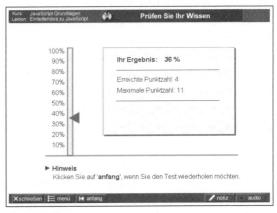

Abb. 2.49

noch Ton. Am Ende des Dialogs erhält der Anwender eine Auswertung, wie viele Aufgaben er insgesamt bearbeitet hat und welche davon mit Erfolg. (Die Sequenz ist auf der gegenüber liegenden Seite vollständig abgebildet).

Der Vorteil dieser Dialogform ist die enge Führung und Begleitung des Anwenders durch neues Wissensterrain. Da die Lerninhalte in kleinstmögliche Einheiten verpackt und aufbereitet sind, wird der Anwender weder über- noch unterfordert.

2.3.2 Anwenderzentrierter Dialog

Das Grundprinzip des anwenderzentrierten Dialogs unterscheidet sich wesentlich vom systemzentrierten Schema. Auch hier ist das Muster dasselbe: in einer explorativen Lernsituation hat der Anwender die Möglichkeit, auf Entdeckungsreise zu gehen. Was immer er dabei tut, es wirkt sich verstärkend oder schwächend auf seine aktuelle Problemlösestrategie aus:

- Das System bietet in einer offenen Struktur mehrere Wissensbausteine an.
- Der Anwender klickt einen der Bausteine an – das System gibt die gewünschte Information.
- Der Anwender setzt sich mit dem Inhalt auseinander und formuliert eine neue Strategie.
- Der Anwender klickt einen neuen Baustein an – das System gibt eine weitere neue Information.
- Der Anwender setzt sich mit dem Inhalt auseinander, führt seine Startegie fort oder verändert sie.

Dieses Schema ließe sich beliebig fortsetzen – so lange, bis der Anwender auf diese Weise neues Wissen konstruiert hat. Ein sehr schönes Beispiel für die Gestaltung eines solchen

◀ **Abb. 2.44–49:** Eine Sequenz aus dem WBT *JavaScript*.

anwenderzentrierten Lerndialogs ist das Lern- und Informationssystem *interBrain*, das Sie bereits in Kapitel I/2.2.3 kennen gelernt haben.

Wie schon dort erwähnt, zeigt das Programm Quer-, Längsschnitte und dreidimensionale Modelle aller relevanten Gehirnregionen. Fährt man mit der Maus über entsprechende Bereiche, wird die Bezeichnung angezeigt. Über das Kontextmenü hat man die Möglichkeit, zusätzliche Informationen oder ganze Lernmodule aufzurufen. Das Dialogsystem ist sehr gut auf die aktuelle Lernsituation abgestimmt: Je nachdem, über welchem Bereich man sich mit der Maus befindet, wechseln die Inhalte des Kontextmenüs, sodass man immer alle relevanten Informationen parat hat und abrufen kann.

Die beiden vorgestellten Konzepte bilden die Grundlage für die Formulierung von Lerndialogen in interaktiven Lernsystemen. In Zusammenhang mit kreativ gestalteten, lernzielorientierten Aufgaben und tiefgestaffelten Rückmeldesystemen gewährleisten sie den Lernerfolg des Anwenders.

2.4 Fallbeispiel: Aufgabenkonstruktion

Nach welchen Kriterien man Aufgaben auswählt und konstruiert, zeigt das Fallbeispiel des Lernsystems Fotografie aus Kapitel 1. Im Mittelpunkt steht dabei die Konstruktion der in der Praxis am häufigsten verwendeten Aufgabenarrangements: die Lernsequenz nach dem tutoriellen Ansatz und der interaktive Lern- und Erfahrungsraum nach dem explorativen Konzept.

2.4.1 Lernsequenz

Eine Lernsequenz zielt darauf ab, den Anwender schrittweise an neue Lerninhalte heranzuführen und sie anschließend gezielt abzufragen. Ein entsprechendes Lerndialogschema

habe ich Ihnen bereits im Zusammenhang mit dem systemzentrierten Lerndialog vorgestellt.

Eine Lernsequenz muss jedoch nicht immer nach dem
Standard-Muster „Information – Aufgabe – Antwortanalyse –
Rückmeldung – neue Schleife" verlaufen. Eine Alternative
besteht darin, Inhalte nicht direkt abzufragen, sondern erst
mehrere Informationssequenzen nacheinander passieren zu
lassen, ehe man dem Nutzer eine Aufgabe stellt (wie bei *Java-
Script* gesehen).

Man kann jedoch auch Information und Abfrage in einer
einzigen Aufgabenstellung bündeln und eine ganze Sequenz
aus solchen „Bündeln" entwickeln. Das Lernsystem Fotografie zeigt die praktische Umsetzung.

Im Lernmodul 2 „Bedienelemente" waren drei verschiedene Lernziele formuliert worden: Der Anwender soll zunächst
erfahren, welche Bedienelemente es überhaupt an einer Kamera gibt (Feinziel 1); dann soll er bestimmen, wo sich die
einzelne Elemente an der Kamera befinden (Feinziel 2) und
zu guter Letzt soll er ihre Funktion beschreiben (Feinziel 3).
Auf der Basis dieser Lernzielformulierung ist es nun möglich,
jeweils für jedes einzelne Feinziel eine Aufgabe konstruieren,
in der die Vermittlung des neuen Wissens integriert ist. Alle
drei Aufgaben werden dem Anwender nacheinander auf
dem Bildschirm präsentiert und bilden zum Schluss eine
Lernsequenz. Entsprechend dem offenen Lernwegkonzept
kann der Nutzer aber auch auf jede Aufgabe einzeln zugreifen, unabhängig von der Einbindung in die Sequenz.

Aufgabe „Bedienelemente kennen lernen" (Feinziel 1)

Laut Feinzielformulierung soll der Anwender zunächst die
Bedienelemente der Kamera namentlich kennen lernen, das
heißt, er soll wissen, welche es überhaupt gibt und wie ihre
Bezeichnung lautet. Prinzipiell könnte man diese Aufgabe
sehr schön mit einer einfachen Multiple-Choice-Aufgabe lösen, der man einige Distraktoren hinzufügt, um den Schwierigkeitsgrad zu steigern; aus der Vielzahl der angebotenen

Begriffe müsste der Anwender dann die richtigen mit der Maus markieren.

Diese Aufgabenkonstruktion fragt aber nur die Bezeichnungen selbst ab. Die weiteren Aufgaben der Sequenz sehen jedoch eine visuelle Identifikation der Bedienelemente und ihre Funktionsbeschreibung vor. Insofern ist es sinnvoll, die Begriffe bereits in der ersten Aufgabe der Sequenz in einen direkten visuellen Bezug zu setzen, zum Beispiel in Form von fotorealistischen Abbildungen. Vor diesem Hintergrund bietet sich als Aufgaben-Basistyp eine Zuordnungsaufgabe an: Auf der Screen erscheinen zunächst nacheinander besagte Abbildungen in einer losen Anordnung. Anschließend wird schrittweise eine Liste mit den passenden Bezeichnungen eingeblendet. Die Aufgabe besteht nun darin, mit der Maus die (beweglichen) Textbausteine aus der Liste zu lösen und auf das passende Bedienelement zu ziehen. Sobald der Textbaustein in den „Bannkreis" eines Bedienelements gerät, verändert Letzteres seine Hintergrundfarbe, um dem Anwender zu signalisieren, welchem Element er aktuell die Bezeichnung zuordnen würde.

Bezüglich des Feedbacks und der Lernerfolgskontrolle gibt es nun zwei Gestaltungsmöglichkeiten:

Variante 1: Das Feedback erfolgt unmittelbar bei der Zuordnung. Beispielsweise rastet der Textbaustein neben dem Element ein, wenn die Zuordnung stimmt. Denkbar wäre ein zusätzliches Info-Fenster mit einer knappen Rückmeldung („Richtig!"/„Falsch!", „Stimmt/Stimmt nicht"), das sich kurzzeitig einblendet, verbunden mit einem akustischen Signal, zum Beispiel einem Warnton oder einem kurzen Applaus (je nachdem, ob die Zuordnung richtig ist oder nicht). Die direkte Rückmeldung hat jedoch den Nachteil, dass der Anwender die richtige Lösung schnell und einfach erraten kann. Er muss nur mit einem Textbaustein alle Elemente nacheinander durchprobieren, schon hat er die richtige Lösung gefunden. Der Lerneffekt ist deshalb sehr gering.

Variante 2: Die didaktisch bessere Variante besteht darin, den Anwender zunächst alle Textbausteine zuordnen zu lassen. Sobald ein Textelement neben einem Bedienelement platziert wird, rastet es ein; ansonsten geschieht jedoch zunächst nichts.

Sind *alle* Elemente zugewiesen, drückt der Anwender einen „Fertig"-Button auf der Screen. Nun beginnt das Programm mit der Auswertung. Die richtig zugeordneten Elemente werden mit einem grünen Häkchen in einem ebenfalls grünen Kreis markiert, nicht richtig zugeordnete mit einem knallroten Ausrufezeichen in einem ebenfalls knallroten Kreis (der Kreis dient zur Markierung und optischen Hervorhebung des Feedback-Piktogramms).

Auf diese Weise kann sich der Anwender übrigens auch ein Bild von der tatsächlichen Zuordnung verschaffen, wenn er sich bei bestimmten Begriffen unsicher war und diese vorsichtshalber in der Liste mit den Bezeichnungen stehen gelassen hat: die Lücken zeigen die verbliebenen denkbaren Lösungsmöglichkeiten.

Wie geht es weiter? Das Programm könnte nun eine differenzierte Rückmeldung vorlegen, die darüber informiert, ob die Aufgabe vollständig richtig, vollständig falsch, teilweise richtig und teilweise falsch oder unvollständig gelöst wurde. Dazu könnte man parallel einen Hinweis auf mögliche Fehlerquellen koppeln, für den Fall, dass die Aufgabe nicht sofort richtig gelöst wurde (was in diesem Beispiel sehr wahrscheinlich ist, da der Anwender keine separate Vorinformation in Bezug auf die richtige Lösung erhält; er sieht die Bedienelemente und ihre Bezeichnungen an dieser Stelle des Programms zum ersten Mal).

Damit wäre jedoch ein kaum zu realisierender Programmieraufwand verbunden. Denn für jede mögliche Zuordnung multipliziert sich die Anzahl der differenzierten Rückmeldungen um das Vierfache – etwaige pädagogisch wertvolle Lösungshinweise nicht mitgerechnet. Bei neun Bedienelementen käme man beispielsweise auf stolze sechsunddreißig verschiedene Rückmeldungsvarianten (und die muss man auch erst einmal passend formulieren!). Deswegen sollte man als Programmautor ein differenziertes Feedback nur dann einsetzen, wenn es ein oder zwei, höchstens jedoch drei verschiedene Zuordnungsmöglichkeiten gibt (die Anzahl der Zuordnungsmöglichkeiten lässt sich übrigens optisch dadurch erhöhen, dass man mehrere richtige Lösungen bereits im Vorfeld vorgibt; auf diese Weise wird dem Anwender auch die Zuordnung erleichtert).

Eine Alternative zum differenzierten Feedback besteht darin, dem Anwender in einem Popup-Fenster die Wiederholung der Aufgabe anzubieten und im Fall der Ablehnung die richtige Lösung anzuzeigen.

Auf diese Weise kann er die Übung beliebig oft wiederholen und sich gleichzeitig ein Bild von der korrekten Zuordnung machen. Er kann aber auch jederzeit die Aufgabe verlassen und eine andere auswählen.

Aufgabe „Bedienelemente identifizieren" (Feinziel 2)

Kennt man nun die Bedienelemente einer Fotokamera, erscheint es sinnvoll, herauszufinden, wo sie sich an der Kamera befinden.

Hier bietet sich eine klassische Markierungsaufgabe an. Denkbar wäre zum Beispiel ein dreh- und wendbares drei-

Abb. 2.50: Die Markierungsaufgabe im Lernsystem *Fotografie*.

dimensionales Modell einer Kamera, dessen Bedienelemente mit unsichtbaren, passgenauen Flächen überzogen sind. Geht der Anwender nun mit der Maus auf Entdeckungsreise und fährt über ein Element an der Kamera, erklingt ein freundlicher Signalton und an der Kamera leuchtet ein entsprechendes Textfeld mit der Elementbezeichnung auf.

Verlässt der Anwender mit der Maus den „Einzugsbereich" des Bedienelements, „wandert" das Element mit der Bezeichnung in eine leere Liste neben dem Kameramodell. Ihre Länge verrät, wie viele Bedienelemente insgesamt ausfindig gemacht werden müssen. Hat der Anwender ein Element entdeckt, erscheint in einem Info-Feld ein kurzer Text, der die Funktion des Elements beschreibt. Der Nutzer kann die Information vertiefen, indem er einen Sprechertext startet, der weiterführende Details vermittelt, oder indem er eine Animation abspielt, die veranschaulicht, welche Auswirkungen Einstellungen mit dem Element auf die Funktionsweise der Kamera und die Bildqualität haben.

Auf diese Weise kann der Nutzer mit der Maus auf eine virtuelle Entdeckungsreise gehen, die entsprechenden Bedienelemente identifizieren und kennen lernen sowie sich mit ihrer Position am Fotoapparat vertraut machen.

Denkbar wäre auch eine Erweiterung der Liste von Bezeichnungen um übrige Kamerateile, wie zum Beispiel dem Einlegefach für den Film. Damit würde man zwar sofort den Schwierigkeitsgrad erhöhen, andererseits aber auch eine Desorientierung des Anwenders riskieren. Denn die Bedienelemente und die übrigen Teile der Kamera liegen oft sehr dicht beieinander und können möglicherweise nicht auseinandergehalten werden. Damit würde man den Lerneffekt eventuell erheblich verringern.

An Feedback-Varianten wäre zusätzlich eine Rückmeldung in Textform denkbar. Doch auch hier stellt sich die Frage, ob man das Szenario auf diese Weise nicht didaktisch überfrachtet. Die akustische und visuelle Rückmeldung erfüllen ihren Zweck vollauf.

Aufgabe „Funktion beschreiben" (Feinziel 3)

Nach dem didaktischen Konzept sollen die Aufgaben in Modul 2 so konstruiert und miteinander verknüpft werden, dass sie sich sowohl zur Abfrage der vorhergehenden Aufgabe oder als Info-Baustein für die nachfolgende Aufgabe eignen.

Zur Umsetzung von Feinziel 3 („Funktion beschreiben") bietet es sich deshalb an, auf das Lernszenario aus Aufgabe 2 zurückzugreifen: Der Anwender muss mit der Maus die Textbausteine mit den Bezeichnungen der Bedienelemente, die er in der vorigen Aufgabe identifiziert hat, zurück auf die entsprechende Position an der Kamera ziehen (Zuordnungsaufgabe). Als Hilfestellung steht ihm erneut das Info-Fenster mit dem Sprechertext und der Animation zur Verfügung. Auf diese Weise vertieft der Lernende gleichermaßen sein bisheriges Wissen über Bezeichnung, Position und Funktion der einzelnen Bedienelemente.

Nun geht es darum, das Wissen zu festigen. Zu diesem Zweck soll der Nutzer das Gesehene, Gehörte und Erlebte in eigenen Worten formulieren. Dazu bietet sich entsprechend eine Lückentext-Aufgabe an. Idealerweise fasst der (vollstän-

Abb. 2.51: Beim Überfahren eines Bedienelements mit der Maus wird automatisch eine Funktionsbeschreibung eingeblendet.

dige) Lückentext Bezeichnung, Lage und Funktion aller Bedienelemente in einem einzigen Fließtext zusammen. Dadurch überschreitet Letzterer zwar die maximale Höhe der Bildauflösung und Bildlaufleisten werden erforderlich, doch muss in diesem Fall der Anwender den geringen Mehraufwand des „Scrollens" in Kauf nehmen: Würde man die Sätze in einer Abfolge von mehreren Sätzen präsentieren („Paging"), wäre der inhaltliche Zusammenhang nicht mehr gegeben."

In den Text werden nun Lücken in Form von leeren Texteingabefeldern eingesetzt. Wichtig ist, dass man nur solche Begriffe durch Eingabefelder ersetzt,

- die tatsächlich abfragen, was man prüfen möchte;
- die in einem einzigen Wort wiedergegeben werden können.

Gerade die letzte Bedingung ist äußerst wichtig, denn ein Computerprogramm ist nicht in der Lage, die Eingabe zu verstehen beziehungsweise so zu interpretieren, wie sie der Anwender eintippt. Deswegen benötigt das Programm eine exakte Angabe, welche Worte als richtig gewertet werden können und welche nicht. Auch eventuelle Rechtschreibfehler – die beim Tippen häufiger auftreten als beim Schreiben mit der Hand – sind zu berücksichtigen. Das heißt: Man sollte für jeden vorgesehenen Lösungsbegriff eine Liste mit Synonymen und möglichen Varianten von Rechtschreibfehlern erstellen und diese der Programmierung als richtige Lösung zuweisen. Natürlich kann sich eine solche Liste schnell ins Uferlose ausdehnen. Deswegen ist es durchaus sinnvoll, sich ein Limit zu setzen. Man kann unmöglich alle Variationen berücksichtigen.

Eine Möglichkeit, diese Problematik zu umgehen und gleichzeitig dem Anwender die Aufgabenstellung zu erleichtern, besteht darin, die Lückentext-Aufgabe mit Multiple-Choice-Elementen zu versehen. So kann man das leere Textfeld als Dropdown-Menü anlegen, das eine Auswahl an richtigen und falschen Lösungsbegriffen enthält. Per Mausklick kann der Anwender den Begriff auswählen, den er für richtig hält. Der Nachteil dieser Variante besteht darin, dass sie keine produktive, selbsttätige Problemlösung beinhaltet.

Was das Feedback betrifft, so gibt es mehrere Alternativen. Variante 1 besteht in der direkten Rückmeldung: Ist ein Begriff eingegeben beziehungsweise ausgewählt, startet der Anwender die Auswertung durch Betätigung der Eingabetaste. Das Programm gibt anschließend ein optisches Feedback, gegebenenfalls in Verbindung mit einem akustischen Signal. Die Rückmeldung kann wieder in Textform oder in visueller Form erfolgen: beispielsweise verändert das eingegebene Wort seine Schriftfarbe in Rot („falsch") oder Grün („richtig"). Variante 2 verläuft nach demselben Muster, nur mit dem Unterschied, dass die Auswertung erst startet, nachdem der Anwender alle Textfelder ausgefüllt (oder bewusst leer gelassen) hat.

Nun wäre auch hier theoretisch ein differenziertes Feedback möglich, ebenso wie ein Hinweis auf die Fehlerquelle. In Anbetracht der Vielzahl möglicher Eingabealternativen kann die Entwicklung einer entsprechenden Feedback-Struk-

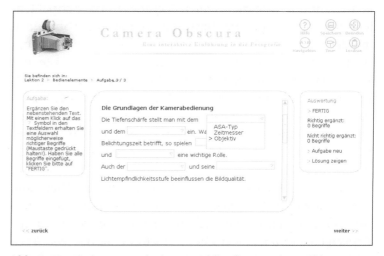

Abb. 2.52: Lückentextaufgabe mit Bildlaufleisten, Auswahlmenüs und einem „farbigen" Feedback.

tur jedoch leicht in eine Mammut-Aufgabe ausarten und unüberschaubare Ausmaße annehmen, wie sie so ähnlich schon im Zusammenhang mit dem differenzierten Feedback für Zuordnungsaufgaben beschrieben wurde. Im Übrigen ist dafür eine sehr komplexe Programmierung erforderlich. Aus diesem Grunde empfiehlt sich die einfache Feedback-Lösung.

2.4.2 Explorative Lernsituation

Explorative Lernsituationen dienen dazu, Lerninhalte erlebbar und erfahrbar zu machen. Nicht der Erwerb neuen Wissens steht im Vordergrund, sondern seine praktische Anwendung und Erprobung in einem authentischen, praxisnahen Kontext.

Wie eine solche Lernsituation aussehen kann, zeigt erneut das Fallbeispiel des Lernprogramms Fotografie: Im dortigen Lernkonzept waren für das dritte Lernmodul folgende Lernziele formuliert worden: Der Anwender soll …

- Einstellungen an einer Fotokamera vornehmen
- und erklären können, welche Einstellung an den Bedienelementen sich in welcher Form auf die Bildqualität auswirkt.

Wie bereits im Zusammenhang mit der Auswahl einer entsprechenden Lehrstrategie im vorigen Abschnitt angedeutet, bietet sich zur Umsetzung der Lernziele am ehesten eine Kamerasimulation an. Wie konzipiert man ein solches Szenario? Und wie sieht es am Schluss auf der Screen aus?

Die Grundidee besteht darin, dass der Anwender mithilfe virtueller Bedienelemente und entsprechender Einstellungsmöglichkeiten ein vorgegebenes Bildmotiv frei manipulieren kann. Mit jeder Einstellung verändert sich das Bild in seinen Eigenschaften, das heißt, in Farbe, Kontrast, Helligkeit und Schärfe. Auf diese Weise ist der Nutzer in der Lage, den Einfluss jeder einzelnen Einstellung auf die Qualität der späteren Fotografie nachzuvollziehen und herauszufinden, welche Einstellungen in welcher Kombination die besten Resultate hinsichtlich der Bildqualität liefern.

Eine – grafisch äußerst aufwändige – Umsetzungsmöglichkeit bestünde darin, ein detailgetreues dreidimensionales Modell einer Standardkamera mit all ihren Einstellungsoptionen nachzubilden: Im Sucher erscheint per Mausklick ein vorgegebenes Bildmotiv, und mithilfe der virtuellen Bedienelemente kann man nun die entsprechenden Einstellungen vornehmen. Der Vorteil dieser Vorgehensweise liegt natürlich in der Authentizität der Übungssituation. Der Nachteil besteht zum einen im relativ hohen Entwicklungsaufwand, zum anderen aber auch in einer möglichen Überforderung des Anwenders.

Eine einfachere und didaktisch vielleicht sogar bessere Lösung wäre eine Screen mit einem zentral positionierten Bildmotiv (der „Sucher") und verschiedenen Auswahlmenüs, in denen man die entsprechenden Einstellungen vornehmen kann. Der Vorteil: Die Komplexität der realen Situation ist auf die tatsächlich wichtigen Elemente reduziert. Der Anwender kann sich schnell und übersichtlich ein Bild davon machen, wie sich seine Einstellungen auswirken; alle Elemente befinden sich gut überschaubar in seinem Blickfeld. Parallel dazu gibt es die Möglichkeit, über ein Textfenster zusätzliche Informationen wie Hinweise, Einstellungstipps etc. einzublenden.

Wie sieht ein solcher Ansatz auf der Screen aus? Zunächst benötigt man die verschiedenen Einstellungsmöglichkeiten für die Kamera:

- Filmtyp,
- Belichtungszeit,
- Tiefenschärfe,
- Blendenweite,
- gegebenenfalls auch Blitzlicht.

Darüber hinaus benötigt man das Modell eines Suchers, in dessen Sichtfenster das Bildmotiv erscheinen soll. Parallel dazu ist das besagte Textfenster für Zusatzinformationen sinnvoll.

Die Raumaufteilung der Screen wird vom Bildmotiv dominiert: es ist zentral positioniert. Rechts davon, exakt auf gleicher Höhe, befindet sich ein Auswahlmenü mit einer Liste verschiedener Filmtypen. Die Bezeichnungen entsprechen genau der Kennzeichnung an einer nicht-virtuellen Kamera (also zum Beispiel „ASA 400" für die Lichtempfindlichkeitsstufe und „SW" für Schwarzweiß). Gegenüber, links vom Bildmotiv, befindet sich das Auswahlmenü mit der Belichtungszeit. Auch hier richtet sich die Bezeichnung der Einträge nach dem Original („1/250 sec." etc.). Über dem Bildmotiv befinden sich zwei Laufleisten zur Einstellung der Blendenweite und der Tiefenschärfe; grafisch sind sie den Originalmarkierungen nachempfunden. Über die Pfeil-Schaltflächen kann man jeweils die Drehbewegung an der Originalkamera simulieren. Der Ausschnitt zeigt exakt den Bereich, der auch an der realen Kamera sichtbar wäre, wenn man die Einstellungen von oben vornimmt. Da an einer Kamera beide Einstellungsringe direkt übereinander liegen, sind beide Laufleisten bewusst übereinander gruppiert.

Unterhalb des Bildmotivs befindet sich das Textfenster zur Anzeige von Informationen. Überfährt man mit der Maus ein Element auf dem Screen, wird dort eine Beschreibung und „Bedienungsanleitung" eingeblendet. Ansonsten enthält das Fenster eine Liste sämtlicher soeben vorgenommener Einstellungen.

Bereits mit dieser Anordnung kann der Anwender die Einstellung der Bedienelemente üben und sich eine Vorstellung von ihren Auswirkungen auf die Qualität des Bildes verschaffen. Damit wäre das Lernziel bereits erfüllt.

Eine didaktisch reizvolle Variante besteht in der Integration eines Test- oder Aufgabenmodus. Das heißt, das System legt dem Anwender in einem gesonderten Feld ein Bildmotiv in einer bestimmten Qualität vor. Gleichzeitig erscheint dasselbe Motiv in einer anderen Qualität im Sucher. Der Anwender muss nun über verschiedene Einstellungen das Bild im Sucher so verändern, dass es am Ende mit dem vorgelegten

Motiv übereinstimmt. Als Erleichterung ist ein Tipp-Button denkbar, der auf Wunsch im Textfenster Lösungshinweise einblendet. Zum individuellen Lernmanagement gibt es eine einfache Stufenleiste mit Feldern – jedes Feld enthält eine Aufgabe. Grüne Markierungen zeigen an, dass die Aufgabe richtig gelöst wurde, rote symbolisieren die falsche Lösung, gelbe eine unvollständige Bearbeitung. Der Anwender kann nach Belieben zwischen dem Aufgabenmodus und dem freien Experimentieren wechseln.

Der Nachteil einer solchen Simulation liegt in dem enormen Programmieraufwand. Im Gegensatz zu einer Aufgabe, die in Form einer Lernsequenz präsentiert und schrittweise bearbeitet wird, geht es nämlich nicht darum, eine bestimmte Reihenfolge oder Verschachtelung von Screens, Medienelementen und Feedbacks nach vordefinierten Regeln zu erzeugen – eine solche Abfolge wäre vergleichsweise einfach zu programmieren, da jedes Element seinen exakten Erscheinungszeitpunkt und seinen festen Platz hat. Vielmehr gilt es, eine *Wechselbeziehung zwischen Objekten* zu modellieren – und zwar nach einem authentischen Funktionsprinzip.

Dazu ein Beispiel: Angenommen, ein Programmautor möchte in einem CBT über Elektrotechnik einen einfachen

Abb. 2.53: Die Simulationsscreen im Aufgabenmodus. Sie enthält zusätzliche Elemente wie Aufgabenauswahl, Lernstandkontrolle, Feedback und Lösungshinweise.

Schaltkreis mit einem Schalter simulieren. Die beiden dazugehörigen Objekte wären das offene und geschlossene Endstück des Schalters. Diesen Objekten muss man nun ein separates Programmierskript zuweisen, in dem jeweils der eigene Status in Abhängigkeit des jeweils anderen festgelegt wird, zum Beispiel, wenn man den Kreislauf schließen möchte: „A geschlossen, wenn B auch geschlossen", lautet dann die Anweisung für Objekt A, analog „B geschlossen, wenn A auch geschlossen" für Objekt B. Öffnet man den Kreislauf, heißt es entsprechend: „A geschlossen, B offen" und „B offen, A geschlossen". Deutlich komplexer wird die Angelegenheit, wenn ein drittes Objekt hinzukommt, etwa dann, wenn man in den Kreislauf anstatt eines einfachen Schalters eine Weiche für den Schaltkreis einbaut.

In diesem Fall muss der Zustand des dritten Objekts in die Anweisung mit integriert werden. Nun ist die Arbeit mit einer Bedingung erforderlich; soll die Weiche geschlosssen sein, lautet die Programmierung:

- „Wenn A geschlossen, dann B geschlossen und C offen";
- „Wenn B geschlossen, dann A geschlossen und C offen"
- und „Wenn C offen, dann A und B geschlossen".

Wird die Weiche geöffnet, heißt es entsprechend:

- „Wenn A geschlossen, dann B offen und C geschlossen";
- „Wenn B offen, dann A geschlossen und C geschlossen";
- „Wenn C geschlossen, dann A geschlossen und B offen".

Dieses kleine Beispiel veranschaulicht sehr schön, wie komplex eine Programmierung bereits werden kann, wenn man nur drei Objekte, die voneinander abhängig sind, mit Skripten steuern möchte. Vor diesem Hintergrund wird deutlich, welcher Aufwand entsteht, wenn man nun alle Einstellungsmöglichkeiten der Fotokamera zueinander in Beziehung setzen möchte. Natürlich bieten Autorensysteme wie *Macromedia Director* und ihre Skriptsprachen heutzutage eine Fülle an Möglichkeiten, solche Szenarien deutlich komplikationsloser zu erstellen, doch auch diese Möglichkeiten muss man zunächst einmal kennen – und das erfordert einen hohen Einarbeitungsaufwand (vgl auch Kapitel 6.3 „Entwicklungswerkzeuge").

Mit dieser Darstellung ist die Konstruktion des interaktiven Lernszenarios im Lernsystem Fotografie abgeschlossen. Es folgt nun eine Einführung in die Möglichkeiten der individuellen Organisation des Lernprozesses.

3 Lernbegleitung und -organisation

3.1 Individuelle Lernbegleitung

3.1.1 Virtuelle Lernbegleitung

Eine interessante Möglichkeit, den Anwender beim Lernen am Computer zu unterstützen, besteht darin, ihm einen virtuellen Lernbegleiter an die Seite zu stellen. In Lernsystemen tritt dieser meist in Form einer animierten Comic- oder Cartoon-Figur auf. Moderne Systeme arbeiten auch mit sehr realistisch anmutenden 3D-Charakteren, so genannten *Avataren*.

Ein Lernbegleiter kann im Programm sämtliche für den Anwender wichtigen Hilfs- und Unterstützungsfunktionen wahrnehmen: er kann in die Handhabung und Bedienung des Programms einführen, über Art und Umfang von Lernzielen und Aufgaben informieren, Rückmeldungen übernehmen, Feedback geben, Sachverhalte erläutern oder kontextbezogen Hilfestellung geben (um nur einige Möglichkeiten zu nennen). Eine animierte Charakterfigur eignet sich auch sehr gut dazu, die Aufmerksamkeit des Anwenders auf wesentliche Inhalte zu lenken. Positiv formulierte Kommentare oder humorvolle Anmerkungen, die in einem Textfenster undenkbar wären (beziehungsweise aufgrund fehlender Intonationsmöglichkeit fehlinterpretiert oder missverstanden würden), können durchaus die Gefühlsebene ansprechen und motivieren – aus lernpsychologischer Sicht eine wichtige Option.

Freilich ist es eine Frage des subjektiven Geschmacks, ob eine Anmerkung „pfiffig" wirkt oder nicht. Und nicht nur in

Abb. 2.54–56: Der virtuelle Lernbegleiter Erik …

Abb. 2.57: … und sein 3D-Kollege Lukas Sonnenschein.

dieser Hinsicht ist der Einsatz eines virtuellen Lernbegleiters gegebenenfalls problematisch. Denn der Übergang zwischen beabsichtigter Hilfestellung und unbeabsichtigter Bevormundung ist fließend. So empfindet es ein Anwender möglicherweise als Zumutung, wenn die Figur aufgrund bestimmter Eingaben zu erkennen glaubt, was der Nutzer vorhat, und entsprechende Vorschläge unterbreitet (so fragt Sie beispielsweise der virtuelle Assistent in älteren Versionen des Textverarbeitungsprogramms Word, ob Sie einen Brief schreiben wollen, wenn Sie das Wort „Hallo" eingeben).

Um solche kontraproduktiven Funktionen von vorneherein auszuschließen, sollte man die Rolle des Begleiters auf die Übermittlung von Informationen beschränken und ihn nicht in die prekäre Situation kommen lassen, Eingaben des Anwenders interpretieren zu müssen. Denn die formal-syntaktische Arbeitsweise des Rechners setzt in dieser Hinsicht klare Grenzen. Virtuelle Lernbegleiter können ihre Stärke am ehesten dann ausspielen, wenn sie in klar definierten Situationen eingesetzt oder nur auf ausdrücklichen Wunsch des Anwenders (das heißt: auf Mausklick) aktiv werden. Das kontextbezogene Auftreten der Figur wirkt zwar immer sehr elegant; der Eindruck eines „intelligenten" virtuellen Partners verblasst jedoch sehr schnell, wenn der Sprechertext inhaltlich nicht alle Eventualitäten abdeckt.

Bei der Entscheidung für oder gegen den Einsatz einer animierten Figur sollte man daher sehr gut abwägen, was man mit ihr erreichen möchte. Auch die Erscheinungsform spielt eine Rolle: Nicht jede Cartoon-Figur trifft den Geschmack des Anwenders. Als allgemein anerkannte neutrale und zugleich sehr realitätsnahe Lösung haben sich die 3D-Avatare bewährt, doch beanspruchen diese in der Regel einige Arbeitsspeicherkapazität – ein Aspekt, der besonders dann zu einem Problem werden dürfte, wenn es sich bei dem Lernprogramm um ein WBT handelt und der Zielgruppe ausschließlich konventionelle Standard-Modems zur Verfügung stehen.

Ein sehr schönes Beispiel für eine gut konzipierte virtuelle Lernbegleitung ist die animierte Cartoon-Figur aus dem CBT

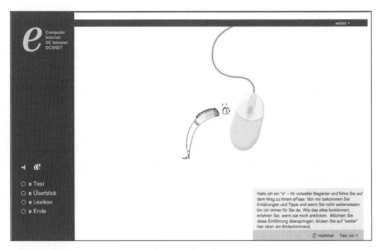

Abb. 2.58–2.60: Der virtuelle Lernbegleiter im Lernsystem *e-Pass*.

e-Pass, einem Lern- und Informationssystem für Mitarbeiter eines Großunternehmens über die Nutzung des hauseigenen Multimedia-Angebots. Bei der Figur selbst handelt es sich um einen quicklebendigen animierten Kugelschreiber im Comic-Stil, der alle im Programm enthaltenen Sonder- und Hilfsfunktionen in seiner Person integriert.

Das Konzept ist gut durchdacht: Im Programm selbst hat die Figur auf der Screen kontinuierlich einen festen Platz, direkt neben dem Hauptinformationsfeld. Die geschwungene Form und die „normal" wirkende Bewegung von Augen und Mund beim Sprechen verleihen der Figur optisch eine gewisse Dynamik, ohne jedoch die Aufmerksamkeit von den eigentlichen Inhalten abzulenken. Die Figur verändert nur dann ihre ursprüngliche Form (im Sinne einer vollständigen, neuen Bewegung), wenn die Aufmerksamkeit des Nutzers auf einen bestimmten neuen Aspekt gelenkt werden soll. Animierte Hilfspfeile übernehmen dabei eine Zeigefunktion.

Die Aufgaben des virtuellen Lernbegleiters umfassen zum einen die Wiedergabe des Sprechertextes, also die kurze und prägnante Erläuterung der Lerninhalte, darüber hinaus die direkte Ansprache und Hilfestellung bei der Handhabung

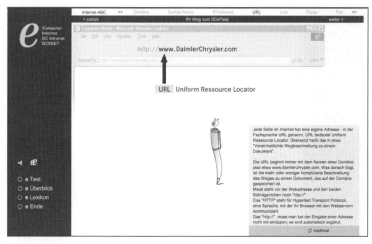

Abb. 2.59

Abb. 2.60

des Programms. In einem Wissenstest zum Abschluss des Programms meldet der Assistent dem Anwender die erbrachte Lernleistung, in Verbindung mit einer persönlichen Auswertung und einer Auswahl von Optionen zur Fortführung des Programms (Wiederholung, neuer Versuch, bestimmte Module noch einmal ansehen etc.). Was die Figur in der Wahrnehmung des Anwenders zu einer Bereicherung werden lässt, ist die Tatsache, dass sie permanent anwesend ist und nützliche Hinweise gibt (also durch den Lernprozess begleitet), aber niemals den ihr zugeordneten Bereich verlässt – zum Beispiel, indem sie dem Nutzer ungefragt Ratschläge erteilt. Das Erfolgsrezept des virtuellen Lernbegleiters besteht in seiner *passiven* Rolle und vor diesem Hintergrund in der klaren Zuteilung von Aufgaben und Funktionen auf Bereiche, die das Verhältnis zum Anwender nicht belasten.

3.1.2 Tele-Tutoring

Die beste Alternative zu einem virtuellen Lernbegleiter ist natürlich eine echte Lehrkraft. Dank der Möglichkeit zur Datenkommunikation zwischen Rechnersystemen hat der Nutzer eines webbasierten Lernsystems theoretisch die Möglichkeit, einen so genannten Tele-Tutor zur individuellen Betreuung hinzuzuziehen. Voraussetzung ist natürlich, dass der Bildungsanbieter in seinem Konzept eine Online- Betreuung durch Fachkräfte vorsieht.

In diesem Fall kann der Anwender jederzeit mit dem Tutor Kontakt aufnehmen, falls er Fragen zum Inhalt hat oder mit der Bedienung des Programms nicht zurechtkommt. Darüber hinaus ist es möglich, individuelle Lerndaten (z.B. Testergebnisse) an den Tutor zu übermitteln, sei es mit der Bitte um Korrektur oder um eine individuelle Rückmeldung. Natürlich kann auch generell über die Lerninhalte und das damit verbundene Thema diskutiert werden.

Der Kontakt zum Tutor kommt entweder über E-Mail oder speziell für diese Zwecke eingerichtete Chatrooms zustande. Verfügen Anwender und Lehrkraft über eine entsprechende technische Ausstattung, kann sogar ein Gespräch auf Videokonferenz-Basis stattfinden. Falls es der Bildungsanbieter vorsieht, besteht zusätzlich die Möglichkeit, mit anderen Lernenden in Kontakt zu treten.

In der Praxis sind die Tutoren jedoch für eine große Zahl von Anwendern zuständig und nicht jederzeit verfügbar. Viele haben sogar feste „Sprechzeiten", die nicht immer den Wünschen des Anwenders entsprechen. Insofern ist die Möglichkeit zur direkten Lernbegleitung durch eine Lehrkraft mit Einschränkungen verbunden. Diese Option gibt es, wie gesagt, auch nur für Nutzer webbasierter Lernanwendungen, allerdings nur, wenn es das Bildungskonzept der Online-Akademie vorsieht.

Abb. 2.61: Tele-Tutor im Einsatz: Das Kommunikationssystem LearnLinc ermöglicht den direkten Kontakt zwischen Lehrenden und Lernenden über das Netzwerk.

3.2 Lernmanagement und -organisation

Gerade unter dem Aspekt des selbstgesteuerten Lernens ist es wichtig, dem Anwender verschiedene Werkzeuge zur Verfügung zu stellen, mit denen er das Lernen am Computer nach seinen individuellen Bedürfnissen, Fähigkeiten und Interessen organisieren kann. Von besonderer Bedeutung sind in dieser Hinsicht Instrumente zur Organisation und Verwaltung der eigenen Lerndaten und zur Überwachung des eigenen Lernfortschritts. Darüber hinaus haben sich in der Praxis einige Sonderfunktionen als nützlich erwiesen, wie z.B. das Ausdrucken vorgefertigter Lernskripte. Die beiden folgenden Abschnitte stellen die wichtigsten Werkzeuge und Funktionen vor, die das Lernen am Computer erleichtern.

3.2.1 Lerndaten-Manager

Ein unentbehrliches Instrument zur individuellen Organisation des eigenen Lernprozesses ist die Funktion zur Verwaltung der persönlichen Lerndaten. Zu Letzteren zählen im Einzelnen:

- Übersicht über erreichte Lernziele
- Übersicht über noch zu erreichende Lernziele
- Übersicht über bereits bearbeitete Aufgaben oder Lernmodule
- Übersicht über noch zu bearbeitende Aufgaben oder Lernmodule
- (damit verbunden:) Übersicht über die Anzahl bereits durchgeführter und noch offenstehender Wiederholungen beziehungsweise Versuche
- Falls das Programm einen Test enthält: Übersicht über etwaige Testergebnisse
- Falls der Test mit einem Punktesystem bewertet wird: Übersicht über erhaltene und noch zu vergebende Punkte.

Es gibt unterschiedliche Möglichkeiten, diese Orientierung herzustellen und gleichzeitig den direkten Zugriff auf Aufgaben und Übungen zu gewährleisten, zum Beispiel, um sie zu wiederholen. Eine sehr schöne Variante bieten die Autoren des CBT *Holzbearbeitung mit Maschinen* an. Hier sind alle Aufgaben und Übungen auf der Screen aufgelistet. Der Lernfortschritt wird für jede Aufgabe grafisch visualisiert: zum einen durch die Verwendung unterschiedlicher Signalfarben mit hohem Wiedererkennungswert (Rot für falsch oder nicht vollständig gelöst, Grün für richtig und vollständig bearbeitet) und durch die Verwendung aussagekräftiger Piktogramme (Ausrufezeichen für: „Hier stimmt etwas noch nicht", „Fehler!", Häkchen für: „Alles in Ordnung!"). Durch Mausklick auf einen Aufgabentitel gelangt man direkt zur entsprechenden Übung.

Lerndaten können jedoch auch sitzungsweise verwaltet werden. Diese Möglichkeit bietet zum Beispiel das Programm *interBrain* an. Ein in das Programm integrierter Manager erlaubt die Verwaltung und Organisation aller absolvierten Sitzungen. Diese Variante ist insofern vorteilhaft, weil der Anwender sich auf diese Weise noch einmal alle Übungen, die er zuletzt absolviert hat, ansehen kann, unabhängig davon, auf wie viele Lektionen sie sich im Einzelnen verteilen und wie verstreut sie liegen.

Essentielle Voraussetzung dafür, dass man überhaupt Lerndaten zum Verwalten erhält, ist natürlich die Möglichkeit, die eigene Arbeit abzuspeichern. In praktisch allen Lernprogrammen ist diese Funktion Standard. Es gibt jedoch durchaus Unterschiede dahingehend, *was* man abspeichern kann. Eine Variante besteht zum Beispiel darin, alle alten Lerndaten durch neue zu überschreiben, unabhängig davon, welche Lektion oder Aufgabe man gerade bearbeitet hat. Eine andere Variante berücksichtigt genau diesen Sachverhalt, das heißt, einzelne Lektionen und Aufgaben können individuell abgespeichert werden, ohne dass jedesmal gleich der gesamte Lernstand neu aktualisiert wird. Beide Möglichkeiten bietet beispielsweise das WBT *Java Script* an. Beim Beenden der Sitzung fragt das Programm automatisch nach, ob es nur die aktuelle Aufgabe oder alle bearbeiteten Übungen neu speichern soll.

Eine äußerst komfortable Zusatzfunktion zur reinen Lerndatenverwaltung ist die automatische Zusammenstellung noch zu bearbeitender Lerninhalte durch das Programm auf Mausklick. Ideal ist es natürlich, wenn die Anwendung diese Zusammenstellung auch nach unterschiedlichen Schwierigkeitsgraden vornehmen kann.

3.2.2 Sonderfunktionen

Neben Instrumenten zum individuellen Lernmanagement haben sich in Lernsystemen auch diverse Sonderfunktionen etabliert, die den Anwender beim Lernen aktiv unterstützen. Hierzu zählen vor allem integrierte Text-Editoren zur Anfertigung von Notizen, Merkzeichen zur Markierung wichtiger Inhalte sowie Druckfunktionen, die neben dem Ausdruck aktuell auf dem Bildschirm angezeigter Dokumente auch den Ausdruck extra angefertigter Lernskripte ermöglichen.

Der Text-Editor erfüllt gleich mehrere Funktionen: Zum einen ist er ein Instrument, um die im Programm festgelegte Lernstruktur individuell zu ergänzen und Schwerpunkte zu setzen. Zum anderen gestattet er dem Anwender, für ihn wesentliche Inhalte aufzuzeichnen und unabhängig vom Programm zu bearbeiten. Ein sehr schönes Beispiel für einen integrierten Text-Editor in einem Lernprogramm ist erneut das WBT *JavaScript*. Der in der Menüleiste angesiedelte Editor kann jederzeit von jedem Standort im Programm aufgerufen werden.

In einem separaten Fenster hat der Anwender die Möglichkeit, Ideen und wichtige Anmerkungen direkt niederzuschreiben und zu speichern. Die Notizen werden automatisch vom Programm verwaltet und sind jederzeit einsehbar. Dank der Möglichkeit, linear durch alle Notizen zu navigieren, erhält der Anwender nach wenigen Mausklicks einen sehr guten Überblick über alle notierten Inhalte. Didaktisch ist das sehr geschickt, denn besteht der Inhalt der Notiz bei-

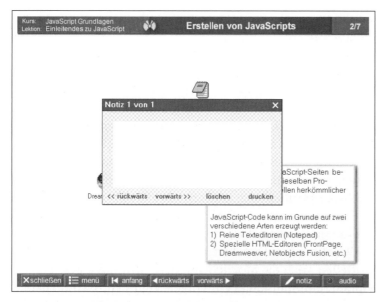

Abb. 2.62: Der Notizblock im WBT *JavaScript*.

spielsweise ausschließlich aus Merksätzen oder kurzen Zusammenfassungen, kann der Nutzer alle *für ihn* wesentlichen
Inhalte noch einmal innerhalb weniger Momente rekapitu-
lieren, ohne dafür erneut das ganze Modul durchgehen zu
müssen. Gleiches gilt für Hinweise auf Fehlerquellen bei Aufgaben, die sich der Anwender notierte, um einen Wieder-
holungsfehler zu vermeiden. Der Nutzer hat generell die
Möglichkeit, alle Notizen in einem separaten Modul zu verwalten. Selbstverständlich können die Einträge auch jederzeit modifiziert werden. Vor allem sind sie aber druckbar.

Die Druckfunktion im Programm – nicht nur im Text-Editor – ermöglicht es dem Anwender, jederzeit auf Lerninhalte,
die für ihn von zentraler Bedeutung sind, zuzugreifen. Aus-
gedruckte Lerninhalte haben den Vorteil, dass man sie jederzeit ansehen, durchsehen oder in irgend einer anderen Form
verwenden kann (z. B. zum Anlegen einer eigenen Lern-
dokumentation), ohne dafür extra das Programm oder gar
den Rechner starten zu müssen. CD-ROM-basierte Lernprogramme benötigen zum Drucken allerdings eine gesonderte

Funktion sowie ein entsprechendes Bedienelement in der Menüleiste.

Nutzer von webbasierten Anwendungen können theoretisch auf den Druckdialog im Browser-Menü zurückgreifen, doch auch hier empfiehlt sich generell die Installation einer gesonderten Funktion im Programm selbst: so ist beispielsweise bei HTML-Framesets der Ausdruck einzelner Frame-Seiten über den Internet-Browser nicht möglich.

Sowohl für CBTs als auch WBTs gilt darüber hinaus: alle druckbaren Inhalte sollten für einen Ausdruck im Format DIN A4 optimiert sein. Ansonsten gibt die Anwendung die Dokumente gerne im Format der Bildschirmauflösung aus, für die sie konzipiert wurde.

Die Druckfunktion bietet neben den bereits genannten Vorteilen auch die Möglichkeit, dem Anwender auf Wunsch (sprich: auf Mausklick) ein vorgefertigtes Lernskript zukommen zu lassen. Sehr schön realisiert ist diese Variante erneut im WBT *JavaScript*. Hier hat der Anwender zu Beginn einer jeden Lerneinheit die Option, sich eine Zusammenfasssung der Inhalte auszudrucken.

Der Vorteil der Platzierung der Druckfunktion am Anfang der Lektion liegt auf der Hand: Bereits vor dem Durcharbeiten der Übungen kann sich der Anwender mit allen Inhalten vertraut machen und später bei der Arbeit mit dem Programm die Unterlagen als flexibles Begleitmaterial einsetzen – parallel zur Darstellung auf dem Bildschirm. Wenn er zum Beispiel einen bestimmten Sachverhalt, der etwas weiter zurückliegt, noch einmal nachvollziehen möchte, kann er sofort in seinen Unterlagen nachsehen und muss nicht erst im Programm fünf Stationen zurück- und wieder vornavigieren. Und es müssen nicht immer nur Lerninhalte sein, die gedruckt werden: Kurzfassungen der Einführung in die Bedienung und Handhabung des Programms sind ebenfalls als Druckmaterial gut geeignet.

4 Einsatz und Wirkung von Multimedia

Multimediale Präsentationsformen sind eines der wichtigsten didaktischen Mittel zur Erreichung von Lernzielen. Die spezifischen Leistungsmerkmale und Eigenschaften der einzelnen Medienelemente (Sound, Digitalvideo etc.) tragen auf vielerlei Art und Weise dazu bei, komplexe Lerninhalte anschaulich zu vermitteln. Gleichzeitig steigert ihr parallel durchgeführter Einsatz die Merkleistung gegenüber herkömmlichen Lernmethoden. Insofern sind Multimedia-Elemente heute unverzichtbarer Bestandteil von Aufgaben und Übungen in Lernsystemen.

Entgegen einer weit verbreiteten Auffassung ist es nicht die Informationsaufnahme über alle Sinneskanäle (optisch, akustisch, haptisch … etc.), die dazu beiträgt, dass multimediale Präsentationsformen die Behaltensleistung gegenüber monomedialen Varianten deutlich erhöhen. Es ist vielmehr die gleichzeitige Ansprache des Sprach- und Bildgedächtnisses, die in diesem Zusammenhang den Ausschlag gibt:

Nimmt der Mensch Informationen nur über den akustischen Kanal auf (Sprachgedächtnis), dann behält er davon maximal 20 Prozent, wenn er den Stoff nicht wiederholt. Nimmt er Informationen nur über den optischen Kanal auf (Bildgedächtnis), behält er davon maximal 30 Prozent. Erfolgt die Informationsaufnahme jedoch über Auge und Ohr gleichzeitig, erhöht sich die Behaltensleistung auf 50 Prozent. Besteht die Möglichkeit, das Gehörte und Gesehene direkt in einem darauf bezogenen Kontext anzuwenden – was am Computer zum Beispiel durch Interaktivität geschehen kann –, steigt die Lernleistung sogar auf beachtliche 90 Prozent – und zwar ohne Wiederholung, wohlgemerkt.

Abb. 2.63: Die multimediale Präsentation von Lerninhalten steigert die Behaltensleistung gegenüber monomedialen Vermittlungskonzepten um bis zu 70 Prozent.

Bedenkt man nun, dass der Mensch 93 Prozent aller Informationen über Auge und Ohr aufnimmt (den Löwenanteil davon – 81 Prozent – sogar nur über das Auge), und dass die zentralen Informationsausgabegeräte des Computers visuelle und akustische Medien sind (Bildschirm und Lautsprecher), dann wird deutlich, warum interaktives und multimediales Lernen so außerordentlich effizient sein können.

Anders als bei konventionellen Multimedia-Anwendungen, in denen gerne auch kreativ-verspielte Effekte zum Zuge kommen, beschränkt sich der Einsatz von Multimedia in einem CBT oder WBT ausschließlich auf Situationen, in denen er aus didaktischer Sicht Sinn macht. Das heißt, es gibt in einem CBT keine *special effects* aus reinem Selbstzweck, allein schon aus dem Grund, um den Anwender vor einer Reizüberflutung zu schützen. Die einzelnen Medienelemente übernehmen beim multimedialen Lernen vielmehr unterschiedliche *didaktische Funktionen*. Welche das sind, veranschaulicht die nachfolgende Übersicht.

4.1 Text

Text (zur Abgrenzung gegenüber dem Sprechertext im Folgenden als „Schrifttext" bezeichnet) ist in einer multimedialen Lernanwendung nur einer von vielen Informationsträgern, doch sicherlich der wichtigste. Sprache und Schrift gehören seit Urzeiten zum menschlichen Kommunikations- und Informationsrepertoire, und entsprechend schnell versteht es der Nutzer, aus Gelesenem Zusammenhänge zu bilden. Vor allem aber bleibt Text auf dem Bildschirm bestehen: ein Video endet irgendwann genau wie eine Sprecherstimme oder eine Animation – Schrifttext bleibt aber bestehen, und man muss nicht jedesmal irgendeinen Start-Button drücken, wenn man die darin enthaltene Information noch einmal nachvollziehen möchte.

Der Nachteil von Schrifttext als Medium ist die schlechte Lesbarkeit am Bildschirm: Aufgrund des – für das menschliche Auge zum Lesen ungewohnten – Bildschirm-Querformats und der unnatürlichen Wechselwirkung von Licht, Farbe und Kontrast durch den Monitor ermüdet das Auge wesentlich schneller, und die Lesegeschwindigkeit sinkt um etwa 25 Prozent – auch bei TFT-Diplays, die über ein wesentlich ruhigeres Bild verfügen als herkömmliche Bildröhrenmonitore. Nicht zuletzt deshalb wird längeres Lesen am Bildschirm von vielen Nutzern als anstrengend empfunden.

Schrifttext wird in Lernsystemen deshalb eher sparsam eingesetzt und bleibt vor allem in der Breite begrenzt. Die häufigste Erscheinungsform sind kurze Textblöcke im Kolumnenstil, die – übersichtlich strukturiert – zentral auf der Screen positioniert werden.

Ein sehr schönes Beispiel für die Verwendung von Text in Lernsystemen ist das WBT *Prüfung ortsveränderbarer Geräte*.

Arbeitsanweisungen und Aussagen zu den Inhalten werden bewusst knapp gehalten und haben Schlagwortcharakter. Die Darstellung erfolgt in einer Textkolumne in Form einer Aufzählung, das heißt, zwischen den einzelnen Textzeilen ist viel Platz. Auf diese Weise können die Inhalte auf einen Blick wahrgenommen und verstanden werden, die Lesezeit ist extrem kurz. Das Risiko, dass das Auge schnell ermüdet, bleibt gering.

Ähnlich verhält es sich beim Lernprogramm *e-Pass*. Hier dient der Text vor allem als Ersatz für den (recht umfangrei-

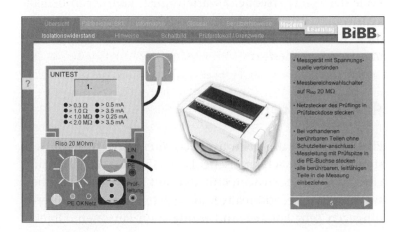

Abb. 2.64: Text auf der Screen, so, wie er sein sollte: kurz, prägnant und übersichtlich gegliedert (hier im *Onlinetrainer Prüfung ortsveränderbarer Geräte.*)

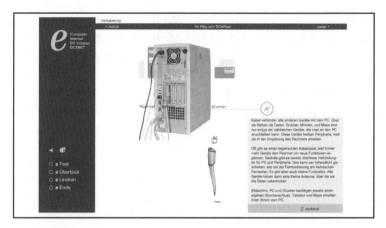

Abb. 2.65: Textbausteine in *e-Pass* ermöglichen das Lernen auch bei ausgeschaltetem Sprechertext.

chen) Sprechertext. Ist der Ton abgeschaltet, soll der Anwender trotzdem die Möglichkeit haben, alle wichtigen Inhalte aufzunehmen. Um den Nutzer nicht mit einer Unmenge von Text zu konfrontieren, haben die Programmautoren die Inhalte in kleinstmögliche Einheiten aufgeteilt und präsentieren diese in schneller Abfolge hintereinander. Die Textmenge selbst bleibt dadurch gering und beschränkt sich auf wenige Zeilen.

Da der Anwender bei ausgeschaltetem Ton nicht auf das Ende der Sprechersequenz warten muss, kann er in beliebigem Tempo linear durch die Textsequenzen navigieren. Auf diese Weise erfasst er den Inhalt ebenso schnell und gut wie über den Sprechertext.

4.2 Grafiken

Eine Ergänzung und teilweise auch Alternative zu Schrifttext sind Grafiken. Schematische Darstellungen veranschaulichen komplexe Zusammenhänge auf einfache und übersichtliche Weise. Fotorealistische Darstellungen visualisieren hingegen sehr konkret und realitätsnah Personen, Objekte und Situationen. Bilder beider Art stellen beim Betrachter einen Bezug zu eigenen Alltagserfahrungen her, die in der Regel über die Bedeutung des Bildes hinausgehen. Aussagekräftige Grafiken eignen sich deshalb auch sehr gut zur Aufmerksamkeitslenkung und emotionalen Ansprache beziehungsweise Sensibilisierung für ein bestimmtes Thema.

Wichtiges Merkmal: Je mehr eine Grafik aussagt, desto weniger Begleitkommentar ist erforderlich.

Abb. 2.66: Schematische Grafiken vereinfachen die Darstellung von Sachverhalten.

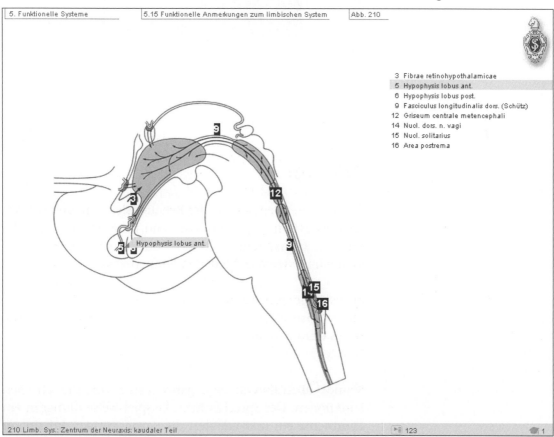

Abb. 2.67: Photorealistische Grafiken stellen einen authentischen Bezug zur Realität her.

4.3 Ton

Gerade unter dem Aspekt der Behaltensleistung und der Anregung des Sprachgedächtnisses sind Töne ein wichtiges Medium in Lernsystemen. Audio-Sequenzen kommen hauptsächlich in vier verschiedenen Formen vor:

- als Sprechertext,
- als Musikstück,
- als Geräuschkulisse
- oder als Signal.

Sounds übernehmen eine ganze Reihe von didaktischen Funktionen. Der Sprecher führt beispielsweise immer in ein Lernthema ein und erläutert die dazugehörigen Inhalte; er vermittelt lernstoffbezogene Informationen. Durch Wechsel in der Intonation kann er zusätzlich die Aufmerksamkeit des Anwenders auf zentrale Sachverhalte lenken oder sogar zum Mitmachen animieren. Musik ist hingegen ein Medium zum

Aufbau von Stimmungen: sanfte Töne können eine entspannte Atmosphäre schaffen, dramatische hingegen Spannung erzeugen. Geräuschkulissen verleihen Darstellungen einen Hauch von Authentizität: eine Lernsituation „Bürokommunikation" beispielsweise gewinnt erst durch Telefongeklingel, Kopierergeräusche und Gesprächsfetzen im Hintergrund an Realität. Signale eignen sich wiederum vorzüglich als Feedback-Medium: beispielsweise ein einfacher Sound beim Mausklick auf eine Schaltfläche oder ein donnernder Applaus, der einsetzt, wenn man eine Frage richtig beantwortet. Beim Einsatz von Tönen sind der Phantasie also keine Grenzen gesetzt.

Der Nachteil von Ton besteht darin, dass er ein so genanntes „flüchtiges" Medium ist. Informationen, die zum Beispiel ein Sprechertext vermittelt, bleiben im Regelfall nur in der aktuellen Situation präsent; der Anwender behält sie weder mittel- noch langfristig. Möchte er eine Information noch einmal nachvollziehen, muss er die entsprechende Audio-Sequenz neu starten. In der Praxis hat es sich deshalb bewährt, die wichtigsten Informationen, die durch einen Sprecher präsentiert werden, noch einmal kurz und prägnant in schriftlicher Form auf dem Bildschirm abzubilden.

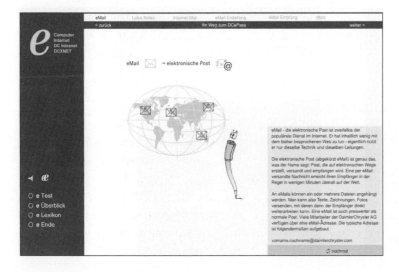

Abb. 2.68: Das Lernsystem *e-Pass* hält kurze schriftliche Zusammenfassungen für den Anwender bereit, falls er mit ausgeschaltetem Ton arbeitet.

Unter Umständen kann der Ton aber auch als störend empfunden werden. Gerade, wenn ein Nutzer in einer etwas unruhigen Umgebung lernt, oder wenn er sich besonders intensiv mit der Darstellung auf dem Bildschirm befassen möchte, spürt er evtl. den Wunsch, den Ton abzustellen. Oder die Lautstärke zu reduzieren beziehungsweise zu erhöhen und mit aufgesetztem Kopfhörer weiterzuarbeiten. Glei-

Abb. 2.69 a

Abb. 2.69 b

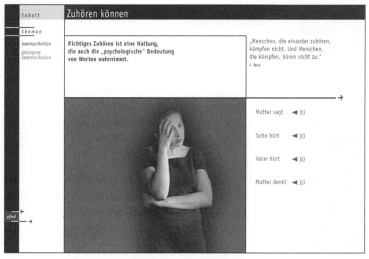

Abb. 2.69 a, b: Im Lernsystem *Konflikte XXL* sind die Sprechertexte bis auf die unterste Ebene modularisiert. Das Ergebnis sind äußerst kurze Passagen, die beliebig oft abgerufen können, ohne dass lange, uninteressante Passagen noch einmal mitgehört werden müssen.

ches gilt für Situationen, in denen er andere nicht belästigen möchte. Insofern sollte ein Lernsystem unbedingt über eine Möglichkeit verfügen, Ton ein- und auszuschalten sowie die Lautstärke zu regulieren – auch und gerade unter dem Aspekt selbstgesteuerten Lernens.

Sehr wichtig ist in diesem Zusammenhang auch die Option, Audio-Sequenzen – und hier besonders Sprechertexte – beliebig oft wiederholen zu können, für den Fall, dass der Anwender bestimmte Inhalte nachträglich noch einmal reflektieren möchte. Das setzt allerdings eine entsprechend gute Modularisierung der Sprecher-Sequenzen voraus. Denn der Anwender wird die Option sicherlich nicht mehr als einmal nutzen, wenn er sich acht Sätze in Folge anhören muss, um einen Sachverhalt nachvollziehen zu können, der in einem Nebensatz geschildert wird. Natürlich sollte es auch ein Bedienelement auf der Screen geben, dass diese Wiederholung ermöglicht.

Wesentliche Voraussetzung sind also kurze Sound-Sequenzen und das Vorhandensein entsprechender Steuerelemente zum Ein-/Ausschalten bzw. zur Lautstärkeregelung.

In vielen Lernprogrammen werden beide Funktionen optisch voneinander getrennt: Der Schalter für ein/aus befindet sich in der Regel gut sichtbar in einer zentralen Menüleiste, der Regler versteckt sich jedoch irgendwo auf dem Bildschirm. Eine solche funktionale Trennung kann den Anwender sehr irritieren, und vielleicht entdeckt er nicht einmal die Möglichkeit der Regelung, oder erst sehr spät. Deswegen empfiehlt es sich, beide Elemente *immer* in Kombination anzubieten. Ein sehr schönes Beispiel ist in dieser Hinsicht das Lernsystem *Umgehen mit Elektrizität*. Der zentrale Button in der Hauptnavigation ist mit einem ausfahrbaren Menü versehen, über das problemlos die Lautstärke eingestellt werden kann.

4.4 Digitalvideo

Digitale Videosequenzen werden in Lernsystemen überwiegend eingesetzt, um beispielhaft Situationen abzubilden, die lebensnah Problemzusammenhänge und dazugehörige Lösungen demonstrieren.

Das Lernsystem *Holzbearbeitung mit Maschinen* greift zum Beispiel auf Videosequenzen zurück, um das Funktionsprinzip einer Maschinensäge zu demonstrieren. Ein weiterer Einsatzbereich für Digitalvideo ist das Aufgabenmodul, in dem der Anwender virtuelle Maschinen bedienen soll. Hier dient die Sequenz dazu, zu Beginn der Aufgabenstellung die richtige Anwendung zu zeigen – interessanterweise ohne begleitenden Sprechertext; die Bilder sollen für sich sprechen. Auf diese Weise ersparen die Programmautoren dem Nutzer eine umfangreiche Erläuterung mit viel Schrift- und Sprechertext sowie diversen schematischen Grafiken, die letztendlich die reale Darstellung doch nicht ersetzen können.

Eine andere Funktion übernimmt Digitalvideo im *Lernprogramm Holz*, einem CBT zur Ausbildung von *gehörlosen* Schreinerlehrlingen: Hier dienen Videosequenzen zur Dar-

Abb. 2.70a: Digitalvideo mit einem Gebärdensprachen-Dolmetscher ermöglicht es gehörlosen Menschen, den Sprechertext nachzuvollziehen.

Exerce-toi à prononcer ces commandes. Si tu
préfères d'abord les entendre, clique dessus.

Commandes générales

Jacqueline, répète, s'il te plaît.
Jacqueline, je ne comprends pas.

Jacqueline, traduis, s'il te plaît.
Jacqueline, je voudrais la traduction.

Jacqueline, le menu, s'il te plaît.
Jacqueline, montre-moi le menu.

Abb. 2.70 b: Der Tutor im Lernsystem *Sprachreise Englisch*.

Ladenverkauf

Praxisbeispiele *Sinnliche Wahrnehmung*

„Sinnliche Wahrnehmung" im Beratungsgespräch
heißt, den Kaufwunsch im Kunden wecken durch
„Erleben" der Geräte.

Übung

Vergleichen Sie die drei Videos.
In welchem ist das Ansprechen der sinnlichen
Wahrnehmung am besten gelungen?

Abb. 2.70 c: Videosequenz zur
Einschätzung von Menschen
und ihren Stimmungen im CBT
Kundenorientiert beraten.

stellung eines Dolmetschers, der den Sprechertext in Gebärdensprache übersetzt.

Auch Sprachlernprogramme nutzen Digitalvideo, hier vor allem, um Aussprache, Intonation und Lippenbewegung zu visualisieren.

Besteht das Lernziel darin, Einstellungen und Verhaltensweisen zu trainieren, ist Digitalvideo das einzige Medium, das in der Lage ist, authentische Situationen „lebendig" darzustellen, in denen das gewünschte (oder das unerwünschte) Verhalten „hautnah" gezeigt wird. Die Präsentation einer Konfliktsituation ermöglicht beispielsweise dem Anwender die Identifikation mit dem richtigen Verhalten und das gleichzeitige Einfühlen in die verschiedenen Konfliktparteien, ohne unmittelbar dem psychologischen Druck der wirklichen Situation ausgesetzt zu sein.

Digitalvideo eignet sich darüber hinaus zur Einschätzung und Beurteilung von Menschen und ihren Stimmungen. Das Lernsystem *Kundenorientiert beraten* nutzt beispielsweise Videosequenzen, um den Anwender das Kaufverhalten und die aktuelle Befindlichkeit potenzieller Neukunden einschätzen zu lassen.

Damit der Nutzer optimal von den Darstellungen profitiert, ist es sehr wichtig, ihm Bedienelemente zur Verfügung zu stellen, mit denen er die Videosequenz nach eigenem Gutdünken steuern kann. Insbesondere Funktionen zum Aufsuchen bestimmter Abschnitte innerhalb der Sequenzen sind in diesem Zusammenhang von Bedeutung, denn viele Anwender sehen sich beim Lernen nicht noch einmal das komplette Video an, sondern konzentrieren sich auf bestimmte Ausschnitte. Aus diesem Grund verwenden die meisten Programmautoren in Lernsystemen stufenlose Schieberegler, mit denen der Nutzer beliebig zwischen den einzelnen Szenen wechseln kann.

Der Nachteil dieser Lösung besteht darin, dass bei einer längeren Sequenz zunächst ein Anfang und ein Ende gesucht und gefunden werden muss, wenn man noch einmal einen kompletten Lernschritt nachvollziehen möchte. In diesem Fall verlagert sich die Aufmerksamkeit des Anwenders beinahe vollständig von den Lerninhalten auf die Bedienung. Eine Möglichkeit, einen solchen Bruch in der Wahrnehmung von vornherein auszuschließen, besteht darin, die Bedienleiste so zu konzipieren, dass sie sich nicht nur an der Länge der gesamten Videosequenz orientiert, sondern an den einzelnen Lernschritten, die mit dem Video visualisiert werden sollen.

Die Entscheidung, welches Konzept man für eine Bedienleiste wählt, ist aber immer an den didaktischen Kontext gebunden.

4.5 Animationen

Animationen eignen sich besonders zur Visualiserung von abstrakten und komplexen Sachverhalten, die verbal nicht oder nur äußerst umständlich vermittelbar sind. Dabei kann es sich beispielsweise um einen Bewegungsablauf, eine räumliche Struktur oder einen Schaltmechanismus handeln.

Ein anschauliches Beispiel für einen solchen Verwendungszweck ist das Lernsystem *Interactive Physics*. Hier wird eine Animation zum Beispiel eingesetzt, um die Kollision zweier Schwarzer Löcher im Weltraum zu demonstrieren. Abbildung 2.71 zeigt einen Ausschnitt aus der Sequenz.

Animationen visualisieren jedoch nicht nur Lerninhalte. Sie werden auch zur Aufmerksamkeitslenkung eingesetzt, zum Beispiel beim Aufbau der Screen.

Es gibt heute sehr viele Möglichkeiten, den Bildschirmaufbau zu animieren. Sehr beliebt sind Blendenübergänge, Bildauflösungen oder animierte Verbindungslinien. Bezüglich der Reihenfolge und Anordnung der Elemente hat sich eine Grundregel etabliert: Erst setzt der Sprecher ein, dann erscheint ein Bild, anschließend erscheint der dazugehörige Begleittext. Gerade wenn es darum geht, komplexe Schaubilder schrittweise aufzubauen, ist ein animierter Screenaufbau nach dem traditionellen Muster sinnvoll. Ein typisches Beispiel hierfür ist die Sceenanimation im Lernsystem *e-Pass*, wie die Abbildung auf der folgenden Seite zeigt.

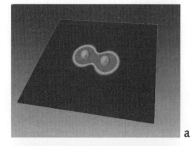
a

b

Abb. 2.71a–b: Das komplexe Phänomen der Kollision zweier Schwarzer Löcher im All wird durch eine Animation veranschaulicht.

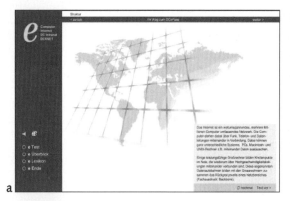

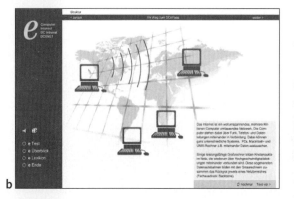

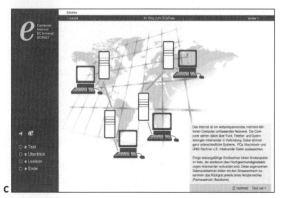

Abb. 2.72 a–c: Klassischer animierter Bildschirm-aufbau nach der Grundregel Ton-Bild-Text im Lernsystem *e-Pass*.

Abb. 2.72 d–f: Anwenderfreundlicher ist für das Lernen im Netz die umgekehrte Reihenfolge, wie hier im Lernsystem *Konflikte XXL*.

Im Zeitalter des World Wide Web verliert diese Grundregel jedoch zunehmend an Gültigkeit. In Anbetracht der Tatsache, dass Sprechertext ein Medium mit hohem Datenvolumen ist und beim Laden aus dem Netz lange Wartezeiten verursacht, gibt es Konzepte, die für das Web Based Training die genau entgegengesetzte Abfolge vorschlagen: erst der Text, dann das Bild, zum Schluss der Ton. Sehr schön verwirklicht ist dieser Ansatz im Lernsystem *Konflikte XXL*. Hier erscheint auf der Screen zuerst der sehr übersichtlich geordnete und wohlproportionierte Text; die räumliche Anordnung und angedeutete Verbindungslinien stellen sofort nachvollziehbare Bezüge her. Während der Anwender den Text liest, werden im Hintergrund Grafik und Ton geladen. Per Mausklick auf einen entsprechenden Button erscheint das Bild. Bei erneutem Mausklick wird es durch neuen Text und eine neue Grafik ersetzt. Jetzt besteht auch die Möglichkeit, zur Vertiefung des Gelesenen und Gehörten den Sprecher hinzuzuschalten. Der Sprechertext ist inhaltlich auf das späte Erscheinen abgestimmt. Er führt also nicht ins Thema ein, sondern kommentiert dieses abschließend oder nennt Praxisbeispiele, Zitate oder ähnliches.

5 Das visuelle Konzept

Sind die Entscheidungen über Lernkonzept, Lernmanagement und Medieneinsatz getroffen, besteht der nächste Schritt darin, das visuelle Konzept auszuarbeiten. Zum einen geht es darum, eine Benutzeroberfläche zu entwerfen, die die Strukturen für selbstgesteuertes Lernen integriert und die Lerninhalte nach wahrnehmungspsychologischen Kriterien präsentiert. Zum anderen geht es darum, dem Lernprogramm ein Gesicht zu geben, das heißt: ein grafisches Design zu entwerfen, das sowohl lernpsychologischen als auch ästhetischen Ansprüchen genügt.

Denn die Benutzeroberfläche ist die zentrale Schnittstelle zwischen dem aufbereiteten Lernangebot und dem Anwender. Sie ermöglicht den zentralen Zugriff auf die Lerninhalte, enthält Werkzeuge zur Bearbeitung der Lernmaterialien, bietet unterschiedliche Zugriffsmöglichkeiten auf gewünschte Informationen, macht den Anwender auf Fehler aufmerksam, vermittelt Infos zum aktuellen Lerngeschehen und koordiniert – im Falle webbasierter Lernsysteme – die Kommunikation zwischen den Nutzern. Somit übernimmt sie viele elementare Funktionen im Lernprozess. Um den Anwender beim Lernen optimal zu unterstützen und positiv zu beeinflussen, sollte sie zwei Voraussetzungen erfüllen:

- sie sollte intuitiv handhabbar sein;
- sie sollte ansprechend gestaltet sein – in lernpsychologischem wie ästhetischem Sinne.

Vor diesem Hintergrund gewinnen vier Gesichtspunkte stark an Bedeutung:

- das Navigationskonzept,
- die Transparenz und Orientierung innerhalb der Anwendung,
- die Raumaufteilung
- sowie die grafische Gestaltung.

Die folgenden Abschnitte zeigen die Möglichkeiten auf, um diese Punkte in einem Lernprogramm zu realisieren.

5.1 Navigation und Orientierung

Gerade unter dem Aspekt des selbstgesteuerten Lernens spielt die Navigationsstruktur bei der Arbeit mit einem Lernprogramm eine zentrale Rolle, denn sie ermöglicht das Aufsuchen und Finden von Lerninhalten sowie den Aufruf von Programmfunktionen. Gleichzeitig vermittelt sie eine Orientierung in Bezug auf Aufbau und Struktur der Anwendung.

Dem Aspekt der Orientierung wird bei der Konzeption von Lernprogrammen seit jeher eine große Bedeutung beigemessen. Denn neben der *allgemeinen Orientierung* (Wo befinde ich mich gerade? Wo finde ich was?) benötigt ein CBT-Nutzer auch eine *Lernorientierung*, also zum Beispiel Angaben über Lernziele, die Zahl der bearbeiteten und noch zu bearbeitenden Aufgaben, die Zeit, die er voraussichtlich für ihre Bearbeitung benötigt, und so weiter.

Sowohl für die Gestaltung der Navigation als auch für die beiden Formen der Orientierung haben sich im Verlauf der Jahre verschiedene Konzepte herausgebildet. Die nachfolgenden Abschnitte stellen die am weitesten verbreiteten Ansätze dar.

5.1.1 Das Hauptmenü

Ein geradezu unentbehrliches Instrument zur Navigation und Orientierung in Lernsystemen ist das Hauptmenü. In der Regel bietet es eine grafische Übersicht über Gliederung

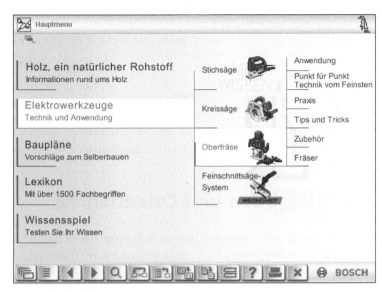

Abb. 2.73: Hauptmenü mit Untermenü im Lernsystem _Holzbearbeitung mit Elektrowerkzeugen_.

und Aufbau sämtlicher Inhalte (häufig in Form eines Struktogramms) und enthält die Möglichkeit, direkt zum angegebenen Angebot zu springen. Bei größeren Anwendungen enthalten die einzelnen Gliederungspunkte oftmals Untermenüs, die ebenfalls per Mausklick direkt angesteuert werden können.

Das Hauptmenü ist gerade für unerfahrene Anwender und für solche, die CBTs mit einem umfangreichen Lernangebot bearbeiten, das Navigationsinstrument der ersten Wahl. Nur hier erhält man eine klar strukturierte Übersicht über das _gesamte_ Angebot. Jeder kann auf alles zugreifen, und wer einmal die Orientierung verloren hat, findet hier schnell wieder den Einstieg in das Programm. Es versteht sich daher fast von selbst, dass ein zentrales Steuerungsmenü Standard in jeder Lernanwendung und hier von allen Seiten aus zugänglich sein sollte.

Die Gestaltung des Hauptmenüs hängt ganz von Zielgruppe und Einsatzzweck des Lernsystems ab. Wichtig ist, dass es

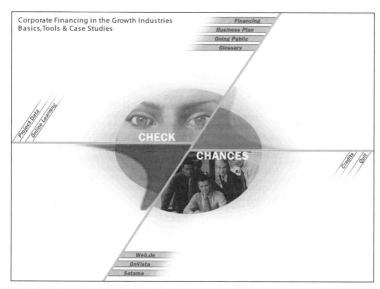

Abb. 2.73b: Das Hauptmenü im Lernsystem *Check Chances* ist nicht nur kreativ gestaltet, sondern vermittelt auf einen Blick die Struktur der Anwendung.

Aufbau und Struktur der Anwendung wiedergibt, denn psychologische Studien belegen, dass das menschliche Gehirn abstrakte oder komplexe Zusammenhänge dann am schnellsten und effektivsten erfasst, wenn sie grafisch in logisch strukturierter und zusammenhängender Form abgebildet werden. Vor diesem Hintergrund liegt es nahe, auf einer Sitemap die verschiedenen Module und Ebenen eines Programms in Form einer Stammmbaum-Struktur darzustellen, also etwa nach Art des Windows-Explorer aus den Betriebssystem-Versionen 9x/2000/Me.

5.1.2 Navigationsstrukturen

Wie bei konventionellen Multimedia-Anwendungen, unterscheidet man heutzutage bei interaktiven Lernsystemen drei verschiedene Navigationsstrukturen:

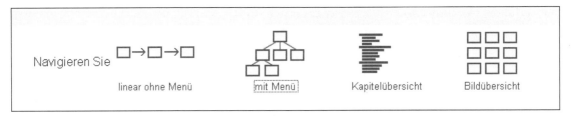

Abb. 2.74: Vorbildlich oder verwirrend? Das webbasierte Lernsystem *Wundversorgung* bietet sämtliche Navigations- konzepte an.

■ die hierarchische Navigation,
■ die lineare Navigation,
■ die vernetzte Navigation.

Hierarchische Navigation: Die Grundidee der hierarchischen Navigation in einem Lernprogramm besteht darin, nach un- terschiedlichen Abstraktionsgraden gegliederte Lerninhalte auf verschiedenen Ebenen zugänglich zu machen. Sehr be- währt hat sich eine Unterteilung in drei Ebenen:

■ die Ebene der Lektion oder des Kapitels (obere Ebene);
■ die Ebene der Lerneinheit (mittlere Ebene);
■ die Ebene des Lernschritts (untere Ebene).

Diese Differenzierung nach Abstraktionsgraden ermöglicht es dem Anwender, (a) sich schnell einen Überblick über die Struktur eines Lernmoduls und der damit verbundenen Lernziele zu schaffen und (b) gleichzeitig zielgerichtet und direkt auf die Lerninhalte zuzugreifen, die er erstmals oder zum wiederholten Male bearbeiten möchte.

Lineare Navigation: Im Gegensatz zum Modell der hierar- chischen Navigation, die das „Springen" zwischen verschie- denen Ebenen ermöglicht, dient die lineare Navigation dazu, sich *innerhalb* einer Ebene durch das Programm zu be- wegen. Diese Form der Navigation wird besonders dann ein- gesetzt, wenn sich der Anwender schrittweise durch eine lo- gisch zusammenhängende Lernsequenz bewegen soll, die aus einer oder mehreren Screens besteht. Der Sprung zum nächsten Teil der Sequenz ist besonders in tutoriellen Systemen gerne mit der Auflage verknüpft, das aktuell anliegende Problem zu lösen, sofern der Stoff zum ersten Mal bearbeitet wird.

Vernetzte Navigation: Wesentliches Merkmal einer vernetzten Navigationsstruktur ist es, zwischen verschiedenen Informationsbausteinen, die untereinander einen inhaltlichen Bezug aufweisen, sich hin- und herzubewegen – unabhängig davon, auf welcher hierarchischen Ebene sie liegen oder welchem Teilsegment einer linearen Struktur sie angehören.

Die Grundidee einer vernetzten Struktur besteht in der schnellen Verknüpfung themenzentrierter Informationen. Der Anwender soll genau jene Information aufrufen können, die er benötigt, und die ihn per Hyperlink zu allen weiterführenden Informationen bringt. Auf diese Weise erhält der Nutzer bedarfsorientiert und zügig alle für ihn relevanten Informationen.

Je nach Zielgruppe und Einsatzzweck werden vernetzte Navigationsstrukturen in Lernsystemen in sehr unterschiedlicher Form und Ausmaß realisiert: Beispielsweise verweisen in tutoriellen Systemen Fachbegriffe im Text auf entsprechende Erläuterungen im Lexikon oder Glossar, die wiederum untereinander verlinkt sind, wenn es inhaltliche Berührungspunkte gibt. Bei Hypertext- oder Hypermediasystemen hingegen ist die vernetzte Navigation sogar der ganz offizielle Lernweg.

Das Lernen in der vernetzten Struktur erfordert in der Regel Erfahrung, denn es besteht immer das Risiko, dass der Anwender in dem Netzwerk aus Informationen irgendwann die Orientierung verliert und nicht mehr auf den Lernweg zurückfindet (so genanntes *lost in hyperspace*-Phänomen).

Um diesem Risiko der Desorientierung von vornherein zu zu begegnen, andererseits aber auch, um den Vorteil selbstgesteuerten Lernens und vernetzter Wissensbausteine zu bewahren, hat sich in der Praxis eine Art Zwischenlösung etabliert. Getreu der Devise „Vernetzung von Wissensbausteinen: ja, Lernweg verlassen: nein" sind viele Konzeptionisten dazu übergegangen, inhaltlich zueinander passende Informationen untereinander zu verlinken, die Informationen selbst aber in einem *kleineren*, *separaten* Fenster zur Verfügung zu stellen. Auf diese Weise bleibt die Aufmerksamkeit des Anwenders beim aktuell bearbeiteten Stoff, und die neuen Informationen können dennoch gut aufgenommen werden.

Gestaltung von Navigationselementen

Ganz gleich, für welche Navigationsstruktur man sich entscheidet, ob man verschiedene miteinander kombiniert oder auf eine einzige Form setzt: die Navigation funktioniert nur dann, wenn der Anwender erkennt, wo und wie er navigieren kann – und vor allem: wohin.

Damit stellt sich die Frage, wie man die Steuerungselemente als solche kennzeichnet und gestaltet. In der Praxis haben sich drei Varianten durchgesetzt:

- Text,
- Piktogramme,
- Text und Piktogramme in Kombination.

Jede der beschriebenen Varianten verfügt über ganz spezielle Vorzüge, die sich kombinieren lassen. Welche (Kombi-)Variante man wählt, hängt letztendlich davon ab, was man mit ihr erreichen und vor allem welche Zielgruppe man bedienen möchte.

Text als Navigationsinstrument: Die grafisch sicherlich anspruchsloseste, doch hundertprozentig sichere (und somit: effektive) Lösung ist die Navigation mit eindeutig beschrifteten Steuerungselementen. Jeder Nutzer kann auf einen Blick die Bedeutung des Navigationselements ablesen und den Inhalt des Angebots erfassen, zu dem der Link führt (vorausgesetzt, der Text ist aussagekräftig). Das spart Zeit und beugt vor allem einer möglichen Frustration beziehungsweise Demotivation durch fehlerhafte Interpretation grafischer Darstellungen vor. Darüber hinaus spart man beim Screendesign Platz, der – beispielsweise – für die Präsentation von Lerninhalten verwendet werden kann. Text bietet sich auch dann an, wenn man gleichzeitig mehrere Navigationsmöglichkeiten auf einen Blick anbieten möchte: Nicht umsonst verwenden z.B. die Anbieter von Internetportalen textbasierte Hyperlinks als zentrales Navigationswerkzeug; auf diese Weise können sie eine Vielzahl von Angeboten, die vom Anwender schnell erfasst werden, auf kleinstem Raum platzieren.

Piktogramme als Navigationsinstrument: Piktogramme sind schematische Grafiken, die einen bestimmten Sachverhalt kommunizieren oder symbolisieren. Das vielleicht bekannteste Beispiel für ein Piktogramm aus dem Bereich der Navigation stammt aus dem Web-Design: der *Home*-Button, das kleine Haus-Symbol, das heute die Menüleiste eines jeden Internet-Browsers ziert. Für viele Web-Surfer ist dieses Symbol Inbegriff für den sicheren und jederzeit möglichen Sprung an den Ausgangspunkt der virtuellen Sitzung durch das Netz der Netze.

Grafisch gestaltete Navigationselemente übernehmen neben ihrer Kommunikationsfunktion auch durchaus eine didaktische Funktion: einerseits tragen sie durch ihre nichttextliche Form dazu bei, dass der Anwender auf der Screen primär die Lerninhalte wahrnimmt, um die es geht, andererseits weisen sie durch ihre – im Vergleich zu anderen Screen-Elementen – besondere Form (rund, eckig, abgerundetes Viereck etc.) optisch auf ihre spezielle Funktion hin. Gleichzeitig lockern sie das gesamte, in der Regel doch irgendwie immer symmetrisch wirkende Erscheinungsbild der Benutzeroberfläche etwas auf – ein Aspekt, der sich in der Regel positiv auf die Wahrnehmung des Anwenders auswirkt, gerade wenn er längere Zeit mit dem Programm arbeitet und die Benutzeroberfläche permanent vor sich hat.

Es gibt heute eine Vielzahl wunderschön gestalteter grafischer Navigationselemente mit sehr klarer Symbolik, die ihre kommunikative Aufgabe (die Information) in jeder Hinsicht erfüllen. Allerdings besteht eine ganze Reihe von Faktoren und Bedingungen, die vorliegen beziehungsweise erfüllt sein müssen, damit Piktogramme in Lernsystemen als Navigationstool verwendet werden können.

Der erste und wichtigste Faktor ist der Wiedererkennungswert: die Botschaft muss klar, eindeutig und unmissver-
ständlich sein (nicht für den Konzeptionisten oder für den
Grafiker, sondern für den Anwender!). Je größer und vor allem heterogener die Zielgruppe, desto weniger werden spezielle, nicht aus dem Alltag bekannte grafische Symbole von
allen Personen mit derselben Zuverlässigkeit interpretiert. Es
bleiben daher in der Regel nur zwei Optionen:

1. Szenario: Die Zielgruppe ist in ihrer Größe überschaubar
und verfügt hinsichtlich der Lerninhalte über eine gleiche
oder ähnliche Vorerfahrung. In diesem Falle kann man den
Einsatz spezieller Piktogramme weitgehend ohne Bedenken
in Betracht ziehen. Unbedingte Voraussetzung ist jedoch,
dass der Grafiker seine Button-Entwürfe inhaltlich mit den
Erwartungen und Vorkenntnissen der Zielgruppe abstimmt –
und zwar noch in der Konzeptionsphase, sodass eventuelle
Korrekturen ohne Zeitdruck ausgeführt und Anregungen der
potenziellen Nutzergruppe rechtzeitig mit aufgenommen
werden können.

2. Szenario: Die Zielgruppe ist in ihrer Größe relativ un-
überschaubar (mehrere hundert plus X Personen) und verfügt in Bezug auf die Lerninhalte nicht über eine gleiche
oder ähnliche Vorerfahrung. In diesem Fall liegt es nahe, auf
den Einsatz speziell auf das Thema zugeschnittener Piktogramme zu verzichten. Die Diskrepanzen in der Wahrnehmung und Interpretation der Nutzer wären aller Wahrscheinlichkeit nach zu groß – und damit auch das Risiko der
Verunsicherung und Irritation. Verwenden kann man jedoch Piktogramme, die leicht von allen Anwendern richtig
identifiziert und gedeutet werden können. Dabei handelt es
sich um Symbole, die allgemein aus dem Alltag bekannt
sind. Zum Beispiel: das Fragezeichen für die Hilfefunktion,
das berühmte „i" für Information, die offene Tür mit Pfeil für
das Verlassen der Anwendung und so weiter.

Text und Piktogramme in Kombination: Abhilfe aus dem
Zielgruppen-Dilemma schafft die Kombination von Text
und Piktogrammen. In der Praxis bewährt haben sich vor allem drei Varianten:

- Die Grafik und der beschreibende Text sind von Anfang an sichtbar.
- Die Grafik ist von Anfang an sichtbar, der beschreibende Text erscheint darüber, darunter oder daneben, sobald man mit dem Mauszeiger über die Grafik fährt (Roll-over-Effekt).
- Der Text ist von Anfang an sichtbar, die erklärende Grafik erscheint darüber, darunter oder daneben, sobald man mit dem Mauszeiger über den Text fährt (Roll-over-Effekt).

Die erste Variante ist sicherlich die unmissverständlichste überhaupt. Getreu der Devise „Doppelt gemoppelt hält besser", ist das Risiko der Fehldeutung durch den Anwender nahezu vollständig ausgeschlossen. Selbst wenn das Piktogramm eine äußerst exotische und keineswegs allgemeinverständliche Symbolik aufweist, sorgt der Text in jedem Fall für die richtige Interpretation. Die Kombi-Variante eignet sich auch deshalb sehr gut, weil sie gleichzeitig das Sprach- und Bildgedächtnis anregt: Der Anwender prägt sich sehr schnell die Bedeutung von Symbol und Text ein und speichert deren Funktion intuitiv im Gehirn ab. Er wird das Navigationselement deutlich schneller finden und einsetzen, wenn er es benötigt. Ein weiterer Vorteil: Die Vorzüge, die der separate Einsatz von Text und Grafik mit sich bringt, bleiben auch bei der Kombination beider Elemente in vollem Umfang erhalten. Einzige Ausnahme: man benötigt mehr Platz.

Abhilfe schaffen in dieser Hinsicht die Varianten 2 und 3. Die Roll-over-Form wirkt immer elegant und vermittelt der Navigation stets einen Hauch von Dynamik.

Das einzige Risiko beim Einsatz von Variante 2 (Text wird bei Roll-over eingeblendet) besteht darin, dass der Nutzer die Piktogramme möglicherweise zunächst nicht als Navigationselemente identifiziert. Die Wahrscheinlichkeit, dass dieser Fall eintritt, ist allerdings verhältnismäßig gering, es sei denn, bei der Zielgruppe handelt es sich um Personen, die wenig oder überhaupt keine Erfahrung im Umgang mit dem Computer haben (diese Gruppe ist in der Praxis deutlich größer, als man bisweilen annimmt). Für diesen Fall sollte man von vornherein auf textbasierte Hyperlinks als Navigationsinstrument zurückgreifen. Eine andere Lösung wäre, die Screen so aufzubauen, dass außer den Piktogrammen nichts anderes sichtbar ist. Gute Grafiken vorausgesetzt, kann diese Variante optisch sehr ansprechend wirken.

Gestaltung von Navigationsmenüs

Beinahe eine eigene Philosophie ist die Gestaltung von Navigationsmenüs. Das Spektrum der Möglichkeiten reicht hier von statisch/einfach strukturiert bis hin zu dynamisch/kreativ-verspielt.

Für welche Form der Gestaltung man sich letztendlich entscheidet, hängt erneut von der Zielgruppe und ihren Vorerfahrungen ab, doch auch von der Frage, welche Elemente noch in welcher Form zusätzlich auf der Screen Platz finden sollen und welcher Platz ihnen dabei aus didaktischer wie gestalterischer Sicht zugestanden werden sollte.

Wie bei den Navigationselementen gilt auch für Navigationsmenüs die Regel: Je einfacher, klarer und übersichtlicher sie gestaltet werden, und je einfacher sie zugänglich sind, desto größer ist die Zahl der Anwender, die sich auf Anhieb mit ihnen zurechtfindet.

Kreativ und phantasievoll gestaltete Menüs, die im Verborgenen liegen und sich erst öffnen, wenn man mit dem Mauszeiger auf Entdeckungsreise geht, eignen sich nicht für jedermann: Was den jungen Auszubildenden emotional anspricht und zusätzlich motiviert, kann den zielorientiert und zeitbewusst denkenden Manager in den Wahnsinn treiben. Anders verhält es sich hingegen, wenn der Maus-sensitive Bereich, hinter dem sich das Menü verbirgt, als solcher gekennzeichnet ist, z. B. mit dem Schriftzug *Navigation*.

Für welche Methode man sich auch entscheidet: Letztendlich kommt es darauf an, dass ein Navigationsmenü das Angebot übersichtlich und intuitiv erfassbar präsentiert. Aus diesem Grunde sollte man im Übrigen auch die Anzahl der Menüpunkte begrenzen. Studien zur visuellen Wahrnehmung schlagen eine maximale Anzahl von höchstens sieben Menüpunkten vor. Ebenfalls begrenzen sollte man die Anzahl der Untermenüs. Endlos aufklappende Tafeln mit zahllosen Menü-Unterpunkten tragen eher zur Verwirrung als zur Orientierung bei. Als hilfreich und angenehm wird maximal ein Untermenü empfunden.

Wünscht der Anwender zusätzliche Informationen, hat er immer noch die Möglichkeit, das Hauptmenü aufzurufen. Eine andere, sehr komfortable Lösung wäre die räumliche Trennung von Haupt- und Untermenü (mehr dazu im Abschnitt 5.4.2 „Raumaufteilung" in diesem Kapitel).

Das Hauptmenü und eventuell auch die erste Untermenü-Ebene sollten in jedem Fall von überall aus zugänglich sein. Diese permanente Zugriffsmöglichkeit kann zum Beispiel durch die allzeit sichtbare „klassische" Navigationsleiste gelöst werden oder durch einen Link, der in einem separaten Fenster das Navigationsmenü öffnet.

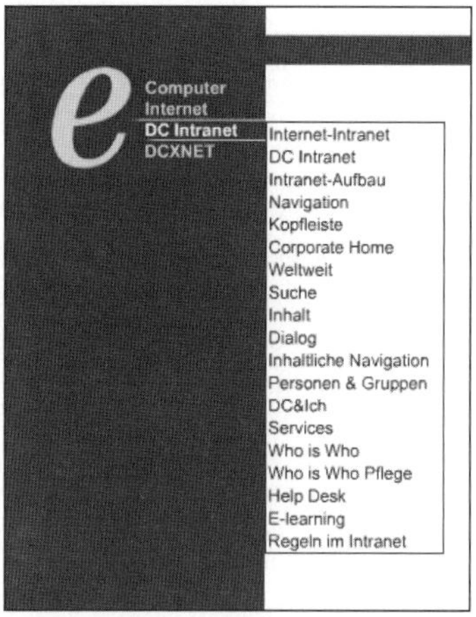

Abb. 2.75: Das seitliche Navigationsmenü in *e-Pass* enthält zahlreiche Einträge, bleibt aber dennoch übersichtlich und geht über eine Ebene nicht hinaus.

5.1.3 Transparenz und Orientierung

Übergeordnete Navigationsmenüs geben dem Anwender in der Regel eine gute allgemeine Orientierung. Fragen wie: „Wo befinde ich mich gerade?", „Wo kann ich die einzelnen Programmfunktionen wie zum Beispiel die Hilfe aufrufen?", oder „Wie gelange ich von Unterpunkt A zu Hauptpunkt B?" lassen sich häufig durch einen Mausklick auf die entsprechenden Menüeinträge klären. Im Gegensatz zum Nutzer konventioneller Anwendungen benötigt der Nutzer eines Lernprogramms aber auch eine *Orientierung im Lernprozess* – einerseits, um das Lernen am Computer individuell steuern und organisieren zu können, andererseits, um seinen Lernfortschritt exakt mitzuverfolgen. Das bedeutet: Der Anwender braucht auf der Screen eine ganze Reihe von Angaben und Informationen zum Lernprozess und muss jederzeit die Möglichkeit haben, sie einsehen zu können, ohne seine Aufmerksamkeit für längere Zeit vom Lerninhalt abzuwenden.

Erfahrungsgemäß sind es vor allem folgende Angaben und Informationen, die eine Orientierungshilfe beim Lernen darstellen:

- in welchem Lernmodul,
- in welcher Lektion,
- in welcher Lerneinheit,
- in welchem Lernschritt befinde ich mich gerade?
- sowie: Was genau kann ich in diesen einzelnen Lernsegmenten lernen? Was erwartet mich dort, was sind die Lernziele?

Werden die Lerninhalte sequenziell vermittelt, sind weiterführende Angaben erforderlich.

- Wie viele Aufgaben enthält jede einzelne Lernsequenz?
- Wie lange dauert es voraussichtlich, um die Aufgaben und Übungen zu bearbeiten?
- Welche Aufgaben sind bereits bearbeitet worden und wie viele stehen noch aus?
- Wie oft kann eine Aufgabe wiederholt werden (Anzahl der Versuche)?
- Wie viel Zeit steht dafür zur Verfügung (Zeitmessung)?

Welche Angabe tatsächlich benötigt wird, hängt vom didaktischen Design der einzelnen Aufgabe ab. Übungen, in denen der Anwender innerhalb einer bestimmten Zeit die Lösung finden muss, sind beispielsweise vergleichsweise selten.

Unabhängig davon müssen alle relevanten Angaben neben den üblichen Bedienelementen, Grafiken etc. auf der Screen visualisiert und angeordnet werden, und zwar so, dass sie auf einen Blick erfasst werden können, gleichzeitig aber Aufbau und Erscheinungsbild der Screen nicht dominieren.

In der Praxis gibt es zahlreiche Beispiele, die zeigen, wie man dieses Problem lösen kann. Die Bandbreite der Möglichkeiten reicht dabei von einfach strukturierten textbasierten Darstellungen, die vollständig und übersichtlich auf der

Screen platziert sind, bis hin zu ausgeklügelten grafischen Konzepten, die mittels geometrischer Formen und unterschiedlicher Farben die Lerninformationen visualisieren. Am weitesten verbreitet sind Kombi-Lösungen, die Text- und Grafikkonzepte miteinander verschmelzen und ausführlichere Informationen zum Lernprozess in einem gesonderten Menü anbieten, das von allen Teilen des Programms aus hinzugeschaltet werden kann.

Ein Musterbeispiel für ein schlichtes, doch äußerst effizientes Visualisierungskonzept ist das Lernprogramm *Java-Script*. Hier haben sich die Programmautoren dafür entschieden, alle relevanten Lerndaten einer Informationsleiste abzubilden und durch dezente Farbabstufungen hierarchisch voneinander zu trennen.

Konzeptioneller Ausgangspunkt für die Visualisierung ist eine hierarchische Unterteilung des gesamten Lernmoduls in vier Ebenen: Lektion, Lerneinheit, Lernschritt, Lernsequenz. Vollständig angezeigt werden in der Info-Leiste

Abb. 2.76: Die zweizeilige Orientierungsleiste im Lernsystems *Java Script* ermöglicht dem Anwender eine optimale Lernorientierung.

stets sämtliche relevanten Daten der aktuell angewählten Ebene. Darüber hinaus gibt es eine Kennzeichnung bis zu zwei Ebenen „aufwärts". Befindet man sich beispielsweise in der Sequenz-Ebene, zeigt die Leiste an, wie viele Screens die Sequenz insgesamt enthält, welche davon gerade aktuell bearbeitet wird, und wie viele davon insgesamt schon erfolgreich bearbeitet wurden. Zusätzlich bekommt man eine Information, zu welchem Lernschritt die Sequenz und zu welcher übergeordneten Lerneinheit der Lernschritt gehört. Was auf der Sequenz- (also der „untersten") Ebene fehlt, ist die Angabe zur Lektion, also zur obersten hierarchischen Ebene. Sie erscheint aber, sobald man im Navigationsmenü eine Hierarchieebene nach oben wechselt.

Der Vorteil dieses Konzepts liegt in der Einfachheit, Übersichtlichkeit und in der klaren, konsequent durchgehaltenen Struktur. Gerade unerfahrene Anwender werden sich in dieser Arbeitsumgebung schnell zurechtfinden.

Eine ganz andere, eher grafisch orientierte Lösung haben die Konzeptionisten des Lernprogramms *Umgehen mit Elektrizität* gewählt. Auch hier gibt es zunächst eine textbasierte optische Anzeige über den aktuellen „Standort" innerhalb der Anwendung und eine screenorientierte Visualisierung der Aufgabengesamtzahl. Eine direkte Anzeige aller Ebenen im Stil einer hierarchischen Gliederung gibt es hingegen nicht. Sie ist auch nicht notwendig, denn dank der Verknüpfung mit dem einfachen, intuitiv erfassbaren und jederzeit zuschaltbaren Hauptmenü gelingt die Orientierung mühelos. Die persönlichen Lerndaten kann jeder Nutzer über ein separates Menü („Lernstand") einsehen. Hier sind in einer grafischen Übersicht alle Lernthemen und Lernsequenzen aufgelistet. Balkendiagramme in Signalfarben und Piktogramme mit hohem Wiedererkennungswert (da allgemein aus dem Alltag bekannt) visualisieren den aktuellen Lernstand: „O.K."-Häkchen auf grün eingefärbten Säulen dokumentieren den Lernfortschritt, Ausrufezeichen in Verbindung mit Rot zeigen hingegen an, welche Bereiche noch nicht oder welche in wie großem Umfang bearbeitet wurden (um nur zwei Beispiele zu nennen).

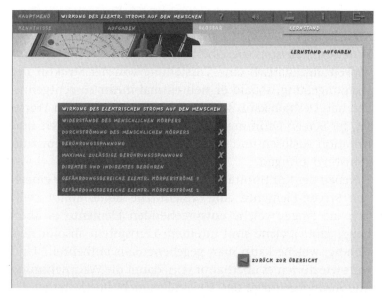

Abb. 2.77: Einfach und klar: Die Lernorientierung im Lernsystem *Umgehen mit Elektrizität.*

Auch dieses Konzept hilft dem Anwender sehr gut, sich im Lernsystem zurechtzufinden und das Lernen individuell zu organisieren. Der Einbezug der einfach gehaltenen, übersichtlichen Navigation und die Abspaltung der Lerndatenübersicht in ein separates Menü sind hier der Schlüssel zum Erfolg.

5.2 Raumaufteilung

Die Aufteilung der Screen nach wahrnehmungspsychologischen Kriterien und die Zuweisung didaktischer Funktionen zu den einzelnen Teilelementen ist für das Lernen am Computer von ganz entscheidender Bedeutung. Denn beide Aspekte definieren, in welcher Form und Qualität der Anwender Lerninhalte am Bildschirm wahrnimmt, aufnimmt und verarbeitet.

Der erste und wichtigste Grundsatz der Raumaufteilung heißt deshalb *Konsistenz*. Für welches Aufteilungskonzept auch immer man sich entscheiden mag – wichtig ist, dass die Anordnung der Elemente auf der Screen und vor allem deren Funktionalität stets dieselbe bleibt. Denn jeder Nutzer entwickelt automatisch eine Vorstellung von der Struktur der Lernumgebung, sobald er sich einmal in ihr zurechtgefunden hat. Deshalb kann schon ein einmaliger radikaler Wechsel der Screen-Ordnung beim Anwender Unsicherheit und Irritation auslösen und seine individuelle Lernstruktur zum „Einsturz" bringen.

Neben der Kontinuität spielt die Funktionalität der einzelnen Screen-Elemente eine wesentliche Rolle. Somit stellt sich die Frage, welche entsprechenden Elemente es überhaupt gibt. Welche sind in einem Lernsystem absolut notwendig, welche kann man gegebenenfalls entbehren? Und wie viele dürfen es überhaupt sein, damit die Wahrnehmung und Aufmerksamkeit des Anwenders nicht überlastet wird?

Erfahrungsgemäß benötigt man auf der Screen eines Lernsystems Platz für folgende Komponenten:

- Steuerelemente/Anzeige für die hierarchische Navigation,
- Steuerelemente/Anzeige für die lineare Navigation,
- Bedienelemente zum Aufruf von Sonderfunktionen (Sprechertext ein/aus, Lexikon, Druckdialog etc.),
- Bedienelemente zur Steuerung multimedialer Darstellungen (Sound, Digitalvideo etc.),
- ein Lernbereich, in dem sich der Anwender aktiv mit Lerninhalten auseinandersetzen kann,
- ein Lernbereich, in den Erläuterungen eingeblendet werden,
- ein Lernbereich, in dem der Anwender am Modell lernen kann (Digitalvideo, 3D-Modelle etc.),
- ein Orientierungsbereich.

Wie ordnet man diese Elemente auf der Screen an, ohne dass sie überfrachtet wirkt und der Anwender mit Reizen überflutet wird?

Grundsätzlich gilt: Weniger ist mehr. Studien über die visuelle Wahrnehmung belegen: Je weniger Elemente auf der

Screen vorhanden sind, desto besser kann sich der Anwender auf die eigentlichen Inhalte konzentrieren. Auf jeden Fall sollte man eine Überfrachtung der Screen und eine Reizüberflutung des Anwenders vermeiden. Experten empfehlen deshalb, beispielsweise nicht mehr als sieben (besser: fünf) Navigationselemente in einer Gruppe zusammenzufassen und die Screen in höchstens fünf Funktionsbereiche zu unterteilen. Von Letzteren sollten nur maximal zwei bis drei eine zentrale Rolle spielen, zum Beispiel als Arbeits- und Informationsfläche. Die übrigen zwei liegen im Verborgenen und werden nur bei Bedarf aktiv.

Die spannende Frage lautet, wie man diese Vorgaben in die Praxis umsetzt, ohne den Nutzer mit zusätzlichen Umständlichkeiten zu konfrontieren oder an so wichtigen Punkten wie Navigation und Orientierung zu sparen (um nur zwei Beispiele zu nennen).

Es gibt dazu mehrere Ansätze. Nachfolgend zwei Extrembeispiele und eine Standard-Lösung:

5.2.1 Die minimalistische Lösung

Eine Variante der Raumaufteilung in einem Lernprogramm besteht in der konsequenten Umsetzung des Grundsatzes „Weniger ist mehr". Das bedeutet: Die Screen bleibt tatsächlich bis auf die Lerninhalte leer. Ein Beispiel für ein CBT mit einem derartigen Raumaufteilungskonzept ist das Ihnen bereits bekannte Lern- und Informationssystem *interBrain*.

Wie bereits erwähnt, steht im Mittelpunkt des Lernkonzepts die Arbeit an und mit interaktiven 3D-Modellen des Gehirns. Entsprechend spielen großformatige Abbildungen im Präsentationsplan eine wichtige Rolle. Insofern ist es nur logisch, dass die Aufmerksamkeit des Nutzers nach dem Start der Anwendung unmittelbar auf die bildschirmfüllende, dreidimensionale Ansicht des menschlichen Gehirns fällt. Erst auf den zweiten Blick nimmt man die interaktive Informationstafel rechts daneben wahr. Neben diesen beiden Lernbereichen – Modellinteraktion und Information –

scheint die Screen weitestgehend leer zu sein. Erst bei intensiver Betrachung entdeckt man weitere Screen-Elemente: eine winzige Orientierungsleiste am oberen Rand, die gleichzeitig als hierarchische und lineare Navigation fungiert, und eine winzige Menüzeile mit Sonderfunktionen wie dem Umschalten von Ansichten oder der Vergrößerung von Teilausschnitten. Alle anderen Funktionen – angefangen vom Sprung zurück in das Hauptmenü bis hin zum Aufruf von Testfragen oder einem Dialog zur Sprachwahl – befinden sich im Kontextmenü, das sich per Klick auf die linke Maustaste in einem separaten Fenster als Dropdown-Liste mit Untermenüs öffnet.

Abb. 2.78: Raumaufteilungskonzept im Lernsystem *inter-Brain*.

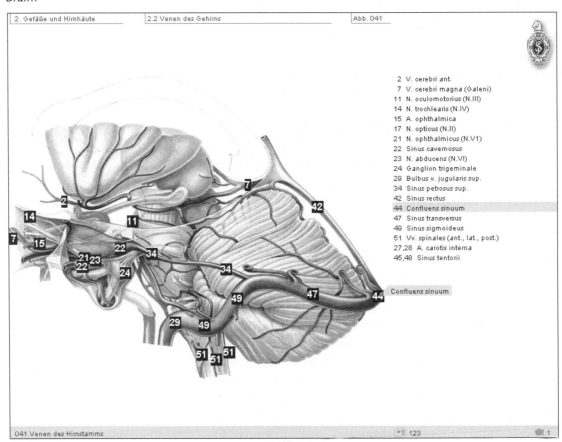

Der Vorteil dieses minimalistischen Konzepts liegt in der unglaublichen Einfachheit und Klarheit, sowohl was die Lerninhalte als auch was die Nachvollziehbarkeit von Aufbau und Struktur der Anwendung betrifft. Die Wahrnehmung und Aufmerksamkeit des Anwenders ruht zu hundert Prozent auf den Lerninhalten; eine Möglichkeit, abgelenkt zu werden, gibt es nicht, weil die Screen leer wirkt. Als besonders elegant entpuppt sich das Navigationskonzept. Egal, an welcher Stelle man sich im Programm befindet – ein einziger Mausklick an irgendeiner Stelle genügt, und schon kann man auf alle Programmfunktionen zugreifen – von jedem Teil der Anwendung.

Der Nachteil des Konzepts liegt zum einen in der Vielzahl der Menüpunkte in besagtem Kontextmenü und in der dortigen Ballung von Informationen. Zum anderen ist die Schrift in der Orientierungsleiste und in der Leiste mit den Sonderfunktionen sehr klein (mit einem Roll-over-Effekt ließe sich dieses Manko allerdings sehr schnell beheben). Entscheidet man sich als Konzeptionist für eine Meta-Navigation über ein einziges zentrales Menü, das auch erst per Mausklick sichtbar wird, sollte man dafür sorgen, dass der Anwender vorab eine Einführung in das Konzept erhält. Nicht umsonst wird das Programm *interBrain* mit einer umfangreichen Beschreibung ausgeliefert, in der zahlreiche Screenshots das Navigationskonzept ausführlich erläutern.

5.2.2 Die „All-in-one"-Lösung

Das genaue Gegenteil von *InterBrain* hinsichtlich der Raumaufteilung ist der Onlinetrainer *Prüfung ortsveränderbarer Geräte*. Hier sind alle relevanten Bereiche – Bedienung, Steuerung, Orientierung, Lernfelder – von Anfang an vollständig auf dem Bildschirm angeordnet. Nichtsdestotrotz wirkt die Screen übersichtlich und klar strukturiert. Dieser Effekt wird optisch zum einen durch unterschiedliche Farbgebung erreicht: die Bereiche, in denen sich die Bedienelemente befinden, sind in Blau-, Gelb- und Grautönen gehalten, während

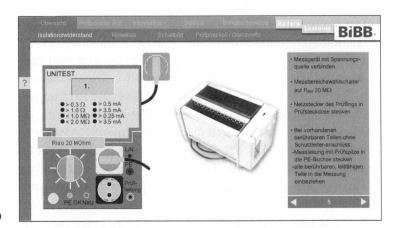

Abb. 2.79

Abb. 2.80

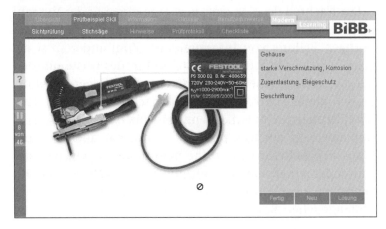

Abb. 2.79, 2.80: Raumaufteilung und Anordnung der Elemente im Lernsystem *Prüfung ortsveränderlicher Geräte.*

die eigentliche Lern- und Arbeitsfläche weiß bleibt. Zum anderen sind die Bedienelemente rund *um den Lernbereich herum* gruppiert, der gleichzeitig den mit Abstand größten Raum auf der Screen einnimmt.

Die Lernfläche selbst besteht aus drei gleich großen Bereichen. Jeder dieser Bereiche hat eine unterschiedliche Funktion: Im ersten werden Animationen abgespielt, im zweiten Abbildungen von Lernobjekten gezeigt und im dritten Erläuterungen in Textform gegeben. Teilweise werden die Bereiche 1 und 2 auch zusammen genutzt.

Die Anwendung arbeitet viel mit Animationen (auch im interaktiven Teil), das heißt das Geschehen auf dem Bildschirm bleibt immer in Bewegung und der Anwender hat ständig etwas zu tun. Auf diese Weise fokussiert der Nutzer seine Wahrnehmung und Aufmerksamkeit intuitiv auf die relevanten Lerninhalte und ist aktiv in das Geschehen miteinbezogen. Die Allverfügbarkeit sämtlicher Bedien- und Steuerungselemente verstärkt diesen Effekt: Dank der geschickt angelegten Navigationsstruktur (hierarchischer Aufbau, gut und übersichtlich in ausfahrbaren Menüs visualisiert) muss der Anwender kein einziges Mal den Blick von der Oberfläche nehmen oder sich gar auf eine Änderung der Screenstruktur einstellen – denn das räumliche Aufteilungsschema bleibt auch bei einem Wechsel der Screen-Inhalte bestehen.

Die Vorteile dieser „All-inclusive"-Lösung liegen auf der Hand: Alles hat seinen Platz und seine Funktion, ist leicht bedienbar, optisch gut erfassbar und bleibt vor allem kontinuierlich an ein und derselben Stelle. Das gesamte Raumaufteilungskonzept macht es dem Nutzer sehr leicht, sich innerlich auf die Arbeit mit der Anwendung einzustellen, und unterstützt ihn im Lernprozess.

Der Nachteil ist, dass trotz der gelungenen optischen Abgrenzung der einzelnen Bereiche die eigentliche Lernfläche eher klein bleibt. Sind alle Bereiche aktiv, wirkt die Screen noch nicht überfrachtet, doch voll.

5.2.3 Die Kombi-Lösung

Die beiden vorangegangenen Beispiele zeigen, dass man die Wahrnehmung und Aufmerksamkeit beim Lernen am Computer sehr gut durch Bildschirmlayout-Konzepte unterstützen kann, sowohl durch solche, die auf alles „Überflüssige" verzichten als auch durch solche, die alle benötigten Elemente in einer Oberfläche integrieren.

Zu diesen „Alles-oder-Nichts"-Lösungen gibt es natürlich auch Alternativen. Ein Beispiel wäre das folgende Standard-Raster zur Raumaufteilung, das als Layout-Vorlage für jedes beliebige Lernsystem in Frage kommt.

Das Konzept ist so ausgelegt, dass es einen zentralen Lernbereich gibt, der etwas mehr als die Hälfte des Platzes auf der Screen einnimmt. Zusätzlich gibt es zwei separate Gruppen mit den wichtigsten Steuerungs- und Bedienelementen. Um ihre unterschiedliche Funktion zu unterstreichen (Navigation versus Sonderfunktionen), sind sie räumlich voneinander getrennt: Die Elemente zur Navigation befinden sich oben rechts, die Elemente zum Aufruf von Sonderfunktionen oben links. Alle anderen Elemente – zum Beispiel die Orientierungsleiste für die Aufgabensequenzen oder die Buttons für die lineare Navigation – liegen „im Verborgenen" und werden *je nach Bedarf* eingeblendet. Der Lernbereich arbeitet ebenfalls mit verborgenen Elementen. So gibt es neben einer – durchgängig sichtbaren – Interaktions- und Visualisierungsfläche ein verborgenes Textfeld, in dem bei Bedarf oder bei Interaktion Informationen auftauchen:

Abb. 2.81 a: So könnte eine Standard-Raumaufteilung für ein Lernsystem aussehen.

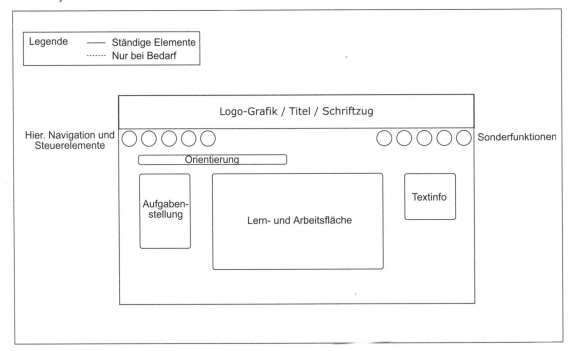

Fährt der Anwender beispielsweise mit der Maus über ein interaktives Modell im Hauptfeld, erscheint im Textfeld eine Erklärung zum Detail, über dem sich der Mauszeiger gerade befindet. Rückmeldungen zum Lernprozess erscheinen in einem verborgenen Fenster unten rechts, doch nur dann, wenn gerade Aufgaben bearbeitet werden.

Ruft der Anwender eine Sonderfunktion auf, öffnet sich ein separates Fenster, in dem er die entsprechenden Einstellungen vornehmen kann (zum Beispiel die Steuerung der Lautstärke). Auch das Hauptmenü erscheint in einem eigenen Fenster. Das hat den Vorteil, dass während des Navigierens die gesamte Programmstruktur sichtbar bleibt und der

Abb. 2.81 b: Je nach Bedarf werden zusätzliche Elemente hinzugeschaltet (im Bild: alle möglichen Elemente).

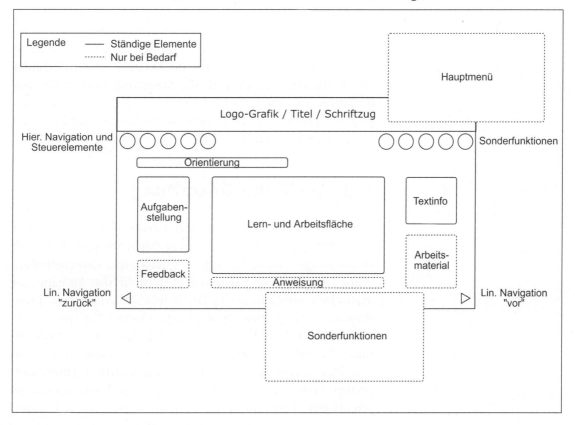

Nutzer sich durch mehrere Bereiche „durchklicken" kann, ohne jedesmal wieder aufs Neue ein separates Navigationsmenü öffnen zu müssen.

Der Vorteil dieses Raumaufteilungskonzepts liegt in der Übersichtlichkeit und Bedarfsorientierung. Die wichtigsten Elemente sind jederzeit verfügbar, ansonsten erscheint immer nur das aktuell Nötige. Das schafft natürlich Freiräume auf der Screen, was für das Auge sehr angenehm ist; gleichzeitig wird die Aufmerksamkeit automatisch auf die Lerninhalte gelenkt. Durch die wechselnde Ein- und Ausblendung von Inhalten und Fenstern entsteht für das Auge zusätzlich eine gewisse Abwechslung und somit auch Entspannung. Eine Irritation oder Verunsicherung des Anwenders wird dadurch ausgeschlossen, dass sich alle Elemente – ob verborgen oder nicht – stets an derselben Stelle befinden.

Damit erfüllt das Konzept die eingangs genannten Kriterien: Der Lernbereich dominiert die Screen, ist aber in nicht mehr als maximal drei sichtbare Aktions- und Info-Felder unterteilt. Die Gruppen für die Steuerung und Bedienung umfassen maximal fünf Elemente und sind hinsichtlich ihrer unterschiedlichen Funktionalität, auch räumlich, klar voneinander getrennt.

5.3 Grafische Gestaltung

Während das Navigations- und Layout-Konzept in erster Linie auf die Bildung kognitiver Meta-Strukturen abzielt (Bedienungs- und Steuerungsmöglichkeiten, Zurechtfinden, Wahrnehmung der Lerninhalte), besteht die Aufgabe der grafischen Gestaltung in der Kommunikation des Lernthemas und der emotionalen Ansprache des Nutzers.

Visualisierung und *Motivation* sind deshalb die beiden zentralen Begriffe, die der grafischen Gestaltung von Lernsystemen zugrunde liegen. Das Design vermittelt einer interaktiven Lern- und Arbeitsumgebung nämlich ein Gesicht. Es schafft eine Lernatmosphäre, ein Arbeitsklima, stellt einen

visuellen Bezug zum Lernthema her und kommuniziert im
Idealfall sogar Lerninhalte.

Bei der Gestaltung von Lernsystemen geht es also um weit
mehr als nur darum, für ein nettes äußeres Erscheinungsbild
der Anwendung zu sorgen. Design kann mehr. Auch und gerade im didaktischen Sinne.

Von besonderer Bedeutung ist in diesem Zusammenhang
die Tatsache, dass Design einen Zugang zum emotionalen
Erleben des Anwenders öffnet. Die grafische Gestaltung
kann auf sehr subtile Weise die visuelle und emotionale
Wahrnehmung beeinflussen – und somit auch die Aufmerksamkeit und Bereitschaft, sich mit den Inhalten des Programms auseinander zu setzen.

In der Praxis macht sich dieser Aspekt besonders in zwei
kritischen Situationen bemerkbar:

- der erste visuelle Kontakt mit dem Programm,
- das wiederholte Arbeiten mit dem Programm.

In dem Moment, in dem der Nutzer das Programm und die
Oberfläche der Anwendung zum ersten Mal sieht, entscheidet er innerhalb von Sekundenbruchteilen, ob und inwieweit ihm *die Anwendung* gefällt. Das heißt, er projiziert
unbewusst den ersten optischen Eindruck vom Gesamt-
erscheinungsbild auf die inhaltliche Qualität des Programms. Beim ersten Rundgang durch das Programm vertieft sich dieser Eindruck oder verändert sich in die umgekehrte Richtung. Insofern entscheidet die zielgruppen- und
themenorientierte Auswahl von Farben, Formen und Grafiken und ihr harmonisches Zusammenspiel nach ästhetischen Gesichtspunkten in nicht zu unterschätzendem Umfang mit darüber,

- ob sich der Anwender in der Lernumgebung *wohlfühlt*;
- ob er sie als *zweckmäßig und themenorientiert* gestaltet bewertet;
- ob er *gerne* mit dem Programm arbeitet.

Das subjektive Empfinden spielt dabei eine zentrale Rolle. Fragen wie „Spricht *mich* das Erscheinungsbild an?", „Hat es *meiner* Meinung nach mit dem Thema zu tun?", „Kann *ich* mir vorstellen, längere Zeit mit dem Programm zu lernen?" sind es, die in wenigen Augenblicken auf einer unterbewussten Ebene gestellt und beantwortet werden. Zielgruppenorientierung und Themenbezug sind deshalb bei der Konzeption des Grafikdesigns für Lernsysteme die beiden wichtigsten Planungsparameter.

Neben dieser Motivationsfunktion übernimmt das Design auch eine Kommunikationsfunktion: es schlägt eine Brücke zum Lernthema. Mithilfe der zielgerichteten Verwendung von Schriftarten, Farben, Formen und Grafiken aus dem jeweiligen Themenfeld und dem Wissen um die voraussichtlichen Ansprüche bzw. Erwartungshaltungen der Zielgruppe kann ein Designer einen sehr direkten Bezug zu den Lerninhalten herstellen. Die hohe Kunst besteht freilich darin, das Design gleichzeitig so zu konzipieren, dass es die Aufmerksamkeit des Anwenders auf die Lerninhalte lenkt und nicht von ihnen ablenkt.

Ein wichtiges Stilmittel bei der grafischen Gestaltung von Lernsystemen ist die Metapher. Das Programm *InterBrain* verwendet beispielsweise eine farblich stark abgeschwächte, transparente Abbildung, die die Konturen des menschlichen Gehirns zeigt, als Hintergrundgrafik. Die Farbgebung in Grau- und Weißtönen ist sehr dezent gehalten, sodass die Aufmerksamkeit direkt auf die Oberflächenelemente gelenkt wird. Farblich betont werden die eigentlichen Inhalte, in diesem Fall das Navigationsmenü mit seinen Verzweigungen. Die Gestaltung des Menüs erfolgte mit weiteren Metaphern aus dem Themenbereich: Bilder von synaptischen Schnittstellen fungieren als Schnittstelle zu den einzelnen Programm-Modulen, 2D-Ansichten bestimmter Gehirnregionen dienen als Button-Grafiken. Der besondere Clou sind Nervensträngen nachempfundene Grafiken, die als Verzweigungsstruktur zur Kennzeichnung der Untermenüs dienen.

Andere Beispiele für Lernprogramme, die mit Metaphern arbeiten, sind das Lernsystem *Lunaris* oder der *Genomic Ex-*

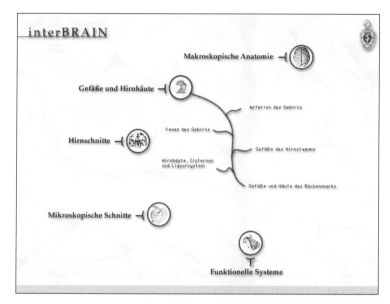

Abb. 2.82: Die Metapher ist das zentrale Stilmittel bei der grafischen Gestaltung der Benutzeroberfläche im Lernsystem *interBrain*.

plorer. Die beiden grafisch sehr aufwändig gestalteten Lernumgebungen kommunizieren nicht nur auf sehr kreative und intelligente Weise das Lernthema, sondern erzeugen darüber hinaus beim Betrachter von Anfang an Spannung und Neugier. Der Anwender wird bereits auf der Startseite emotional angesprochen und in das Lerngeschehen involviert.

Man benötigt jedoch nicht unbedingt Grafiken, um ein bestimmtes Thema zu visualisieren. Was man allein mit Farben erreichen kann, haben die bereits vorgestellten (und im gleichen Designstil gehaltenen) Programme *Holzbearbeitung mit Maschinen* und *Umgehen mit Elektrizität* gezeigt: So markieren unterschiedliche Farben unterschiedliche Bereiche der Anwendung und symbolisieren gleichzeitig das Thema des entsprechenden Bereichs (Grün und Gelb für Holz, Signalrot für Elektroschutzvorrichtungen etc.).

Was die hier vorgestellten Designkonzepte auszeichnet, ist die Tatsache, dass sie einen Bezug zum Lernthema herstellen,

Abb. 2.83: *„Look & Feel"* im Lernsystem *Lunaris*.

eine positive Lernatmosphäre schaffen und gleichzeitig die Lerninhalte in den Vordergrund der Aufmerksamkeit rücken, ohne den Bildschirm zu überfrachten und die Wahrnehmung des Anwenders in irgendeiner Form negativ zu beeinträchtigen.

Es gibt einige wenige Grundregeln für das Design von Lernsystemen. Die wichtigste lautet: Lerninhalte gehen vor. Das bedeutet: Ganz gleich, für welche Zielgruppe und zu welchem Lernthema man ein grafisches Konzept entwirft, man sollte Farben, Formen und Grafiken stets wohl überlegt und sehr sparsam einsetzen. Didaktiker empfehlen deshalb gerne ein unaufdringliches Design für Lernanwendungen, im Sinne dezenter Farben, einheitlicher Formen und inhaltlich aussagekräftiger Grafiken. Letztendlich kommt es jedoch immer darauf an, wer was zu welchem Thema lernen soll. Damit rückt die Frage in Vordergrund, worauf genau es beim Einsatz der einzelnen Gestaltungselemente ankommt. Nachfolgend ein kurzer Überblick.

5.3.1 Farben

Farben sind ein sehr wichtiges Element zur Gestaltung der Benutzeroberfläche. Sie schaffen eine Atmosphäre, transportieren eine Botschaft oder ein Image (modisch, funktional, technisch …), setzen Akzente und lenken die Aufmerksamkeit (zum Beispiel durch Signalfarben). Darüber hinaus beeinflussen sie die Motivation: eine harmonische, themenbezogene Farbgebung kann sehr angenehme Empfindungen auslösen.

Eine wichtige Funktion übernehmen Farben bei der Ordnung, Gliederung und Strukturierung von Inhalten: So zeigen Elemente mit gleicher Farbe eine Zusammengehörigkeit an. Elemente mit abgeschwächter Farbgebung können eine abnehmende oder untergeordnete Bedeutung symbolisieren. Wird Text mit einer bestimmten Farbe unterlegt, kann dies auf eine besondere Bedeutung oder auf einen Merksatz hinweisen. Eine Farbcodierung vermittelt Transparenz und Orientierung. Gute Beispiele für den Einsatz von Farben im eben beschriebenen Sinne sind die Lernsysteme *Holzbearbeitung mit Maschinen* und *Umgehen mit Elektrizität*.

5.3.2 Formen

In einem Lernsystem verwendet man unterschiedliche Formen – „abgerundete" Vierecke, Kreise, Halbkreise, Rechtecke, Quadrate etc. – überwiegend zur Kennzeichnung, Hervorhebung oder optischen Auflockerung von Inhalten. Verschiedene Formen auf der Screen können wesentlich dazu beitragen, die Aufmerksamkeit des Anwenders auf bestimmte Aspekte zu lenken, ohne dass er es – zumindest nicht bewusst – wahrnimmt: Textfenster, die mit einem abgerundeten Rechteck umrahmt sind, kreisrunde Navigationselemente, die stilistisch und gestalterisch eine einheitliche Gruppe bilden, oder eine Reihe aneinander gereihter Vierecke zur Abgrenzung bestimmter Screenbereiche erfüllen diesen Zweck weitaus besser als einfache Linien.

Besonders effektiv ist die *Andeutung* von Linien oder Formen auf der Screen, zum Beispiel durch einen Verlauf oder durch Einzelelemente (indem man beispielsweise von einem Viereck nur die Ecken darstellt – das Auge komplettiert die fehlende Linie automatisch, ohne dass dafür auf der Screen Platz benötigt würde).

5.3.3 Grafiken

Im Rahmen der grafischen Gestaltung haben Bitmap- und Vektorgrafiken keine gesonderte didaktische Funktion, das heißt, sie vermitteln keine Lerninhalte. Ihre Hauptaufgabe liegt in der Kommunikation des Lernthemas, im Transport einer Botschaft. Insofern fungieren sie als Logo, Hintergrundbild oder Ähnliches. Ein sehr schönes Beispiel für einen solchen Einsatz von Grafiken ist das Lernsystem *Check Chances*, das auf seinen Inhaltsseiten jeweils auf großformatige fotorealistische Bilder oder 3D-Grafiken zurückgreift, die optisch das Thema der Seite visualisieren, sowohl inhaltlich als auch ästhetisch. Der relativ trockene Text – es geht um

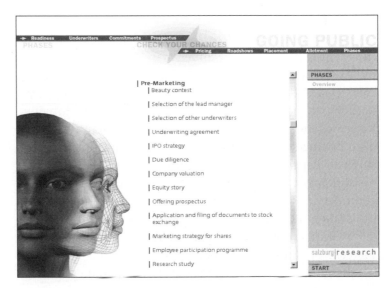

Abb. 2.84

Existenzgründungsfragen – wird dadurch sehr aufgelockert. Vor allem entsteht ein modernes, ansprechendes Design: Man klickt sich einfach gerne durch die Seiten und ist fast schon neugierig, welche Grafik die nächste Seite zeigen wird – und verinnerlicht damit automatisch die Struktur des Pro-

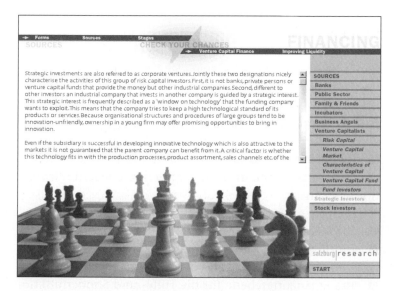

Abb. 2.85

Abb. 2.86

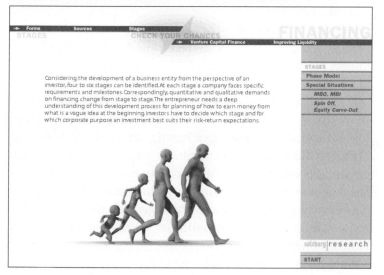

Abb. 2.84–2.86: Einsatz und Wirkung von Grafiken im Lernsystem *Check your Chances.*

gramms. Auf diese Weise wird das Zurechtfinden sehr erleichtert und auch die Inhalte prägen sich ein, da man intuitiv einen Beug zwischen Grafik und Inhalt der Seite herstellt.

5.4 Fallbeispiel: Screendesign

Wie in den Kapiteln „Lernkonzept" und „Aufgaben und Übungen", möchte ich auch in diesem Kapitel in einem Fallbeispiel auf die praktische Umsetzung eingehen. Ausgangspunkt ist erneut das Fallbeispiel des Lernsystems Fotografie.

5.4.1 Navigation und Orientierung

Navigationsstruktur: Laut Bedarfsprofil verfügt das Lernsystem über insgesamt drei hierarchisch gegliederte Navigationsebenen:

- eine Steuerungsebene mit dem Hauptmenü;
- eine Lernebene mit allen Lernmodulen und separaten Unterebenen zum Aufruf von Extra-Informationen;
- eine Ergänzungsebene für die Hilfe- und Sonderfunktionen.

Parallel dazu existiert in den Lernmodulen 1 und 2 eine lineare Navigation durch die Lernsequenzen (sieben Screens in Lernmodul 1 und drei Screens in Lernmodul 2).

Navigationsmenü: Die Navigation erfolgt über ein zentral anwählbares Hauptmenü, das sich in einem kleinen, separaten Fenster öffnet und gleichzeitig als grafische Übrsicht über die Gliederung der Lerninhalte fungiert. Dieses Konzept ermöglicht erfahrenen und unerfahrenen Anwendern gleichermaßen ein intuitives und schnelles Zurechtfinden sowie den direkten Zugriff auf alle wichtigen Inhalte beziehungsweise gewünschten Informationen, ohne den Kontakt zur Benutzeroberfläche zu verlieren.

Navigations- und Bedienelemente: Die Elemente zur Steuerung und zum Aufruf der einzelnen Funktionen (Navigation, Hilfe etc.) sind als Piktogramme in die Benutzeroberfläche integriert. Beim Überfahren mit der Maus wird ein erläuternder Text eingeblendet. Die lineare Navigation findet über Textelemente statt.

Orientierung: Die allgemeine Orienterung in den einzelnen Modulen erfolgt durch eine einfache textliche Kennzeichnung (Überschrift/Titel in der oberen Leiste). Im Lernmodul 1 gibt es eine seitenorientierte Navigation, das heißt, auf jeder Screen befindet sich im unteren Bereich eine lineare Navigationsleiste.

Die Lernorientierung (Angabe von Lektion, Lerneinheit, Lernschritt und Aufgabenanzahl) erfolgt in einer separaten Textleiste im oberen Screenbereich.

5.4.2 Raumaufteilung

Das Raumaufteilungskonzept orientiert sich eng an der Standardvorlage aus Kapitel II/2.5.3: Es gibt eine zentral positionierte Lern- und Arbeitsfläche, in der Grafiken und interaktive Modelle dargestellt werden. Rechts und links davon befinden sich zwei etwa gleich große Bereiche: links eine Fläche mit der Aufgabenstellung, rechts eine Fläche mit Informationen zum angezeigten Motiv oder mit Arbeitsinstrumenten. Die beiden Textfelder können in der Größe variieren – je nach Textmenge. Alle drei Felder lassen sich zur optischen Auflockerung voneinander versetzen. Die Aufteilung bleibt in allen drei Lernmodulen erhalten, die Funktion kann sich je nach Bedarf verändern.

Die Bedienelemente zum Aufruf von Hauptmenü, Lektionen und Guided Tour befinden sich oben rechts, ebenso die Hilfs-und Sonderfunktionen. Oberhalb der zentralen Felder gibt es einen durchgängigen Bereich für Logo und Schriftzug.

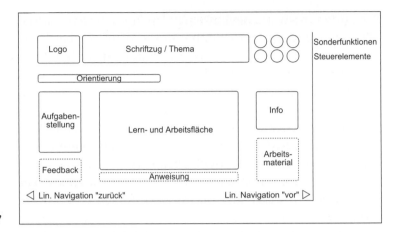

Abb. 2.87

Abb. 2.88

Abb. 2.87–2.88: Die Raumaufteilung im Lernsystem *Fotografie*.

5.4.3 Grafische Gestaltung

Folgt man den Ergebnissen der Zielgruppenanalyse, dann soll das Design für das Lernsystem Fotografie zeitlos-funktional sein. Dieses Ziel wird zum einen durch die Farbgebung erreicht. Ein schlichtes Weiß frischt den Hintergrund auf, ohne aufdringlich zu wirken. Alle Bedienelemente und Formen sind in dezentem Grau gehalten und somit gut erkennbar, ohne jedoch die Aufmerksamkeit des Anwenders unnötig zu provozieren. Diese wird vornehmlich durch kräftige Farbtöne in Anspruch genommen (zum Beispiel: ein massives Dunkelgrau für die Schrift). Die eigentlichen „Farbtupfer" kommen durch die Grafiken und Modelle zustande.

Die dominante Form ist das abgerundete Viereck. Es dient zur Einrahmung der Lerninhalte respektive zur Einrahmung und Abgrenzung der drei zentralen Bereiche. Eine „antike" Kamera dient als Logo-Grafik. Der in Serifenschrift gehaltene Schriftzug „Camera Obscura" und der in der gleichen Schriftart dargestellte Untertitel „Eine interaktive Einführung in die Fotografie" kommunizieren das Lernthema.

Die Abbildungen 2.50–2.53 in Kapitel II/2.3 zeigen noch einmal die Einzelheiten.

6 Entwicklung

6.1 Plattformen

Ein interaktives Lernsystem wird nicht nur auf eine bestimmte Zielgruppe und ein Lernthema zugeschnitten, sondern auch auf eine ganz bestimmte technische Konfiguration, die für das computergestützte Lernen zur Verfügung steht: die so genannte *Zielplattform*. Sie besteht aus zwei Elementen: dem Rechnersystem, an dem der Nutzer arbeitet sowie dem Speicher- und Verteilungsmedium, über das der Computer auf die Anwendung zugreift. Bei Letzterem handelt es sich zum einen um transportable Datenträger (z. B. CD-ROM), zum anderen um Netzwerke (Intranet und Internet). Beide Verteilungsmedien verfügen über individuelle Leistungsmerkmale, die sich aus mediendidaktischer Sicht sehr gut für interaktives Lernen nutzen lassen.

6.1.1 Datenträgersysteme

Das klassische technische Arrangement für computergestütztes Lernen ist die Kombination aus Einzelplatz-Rechner und Lernprogramm auf einem separaten, transportablen Datenträger.

In der Regel handelt es sich bei dem Datenträger um eine CD-ROM. Andere Speichermedien, wie z. B. Diskette oder ZIP-Diskette, werden nicht verwendet, da ihr Speichervolumen für heutige Anforderungen entweder zu klein (Diskette) oder der technische Standard nicht entsprechend weit verbreitet ist (ZIP-Technologie).

Aufgrund ihrer technischen Parameter bietet die CD-ROM einem Programmautor eine ganze Reihe von Vorteilen bei der Gestaltung von Lernprogrammen. Insbesondere das hohe Speichervolumen von durchschnittlich 700 Megabyte öffnet die Tür zum Land der unbegrenzten Möglichkeiten: Opulent gestaltete, großformatige fotorealistische Bilder, hochauflösende Videosequenzen, Musikstücke in CD-Qualität oder in höchster Vollendung gerenderte 3D-Echtzeit-Animationen – nahezu alle speicherintensiven Medien können auf einer CD-ROM in beliebiger Form und Größe untergebracht und miteinander kombiniert werden.

Ein weiterer wichtiger Vorteil: Die Übertragungswege sind kurz. Der Rechner kann über das CD-ROM-Laufwerk direkt auf die Daten zugreifen. Schwierigkeiten bei der Übertragung der Daten und damit verbundene potenzielle Qualitätseinbußen in Bezug auf die Darstellung am Bildschirm, wie man sie von netzbasierten Anwendungen kennt, sind äußerst unwahrscheinlich, wenn die technischen Parameter von Rechnersystem und Anwendung füreinander optimiert sind.

Die CD-ROM eignet sich folglich sehr gut als Produktionsbasis für multimedial aufwändig gestaltete Lernprogramme. Gerade hochinteraktive 3D-Lernwelten im Stile von *interBrain* oder realitätsgetreue Nachbildungen von Lernräumen wie die Werkstatt im CBT *Holzbearbeitung mit Maschinen* verursachen große Datenmengen und können deshalb auf dieser Produktionsplattform hervorragend realisiert werden.

Der Nachteil bei der Verwendung einer CD-ROM als Produktionsbasis besteht darin, dass die Lerninhalte nicht aktualisierbar sind. Alle Daten sind – im buchstäblichen Sinne – eingebrannt. Eine Neuauflage des Programms ist nur unter der Bedingung möglich, dass sämtliche Produktions- und Arbeitszyklen noch einmal durchlaufen werden. Auch müssen die Inhalte neu auf die Datenträger übertragen werden, ganz egal, ob nur ein kleiner Teil oder das gesamte Programm geändert wurde. Bedenkt man, wie viele Personen mit der Entwicklung eines Lernprogramms beschäftigt sein können und wie viel Zeit sie dafür benötigen, wird sehr schnell deutlich, dass die Aktualisierung eines CD-ROM-basierten Lernsystems nicht nur hohe Kosten verursachen, sondern darüber hinaus einige Zeit in Anspruch nehmen kann. In Anbetracht der Geschwindigkeit, mit der Wissen heutzutage veraltet, verliert deshalb ein Lernprogramm auf CD-ROM möglicherweise schnell an Wert.

Insofern ist es sinnvoll, nur solche Lernprogramme auf CD-ROM zu produzieren, deren Inhalte stets aktuell sind oder zumindest über einen längeren Zeitraum hinaus nicht an Aktualität verlieren können. Benötigt man für das Lernprogramm jedoch große Datenmengen, oder möchte man etwas haben, das man dem Anwender in die Hand geben kann, kommt man an der CD-ROM als Speicher- und Verteilungsmedium nicht vorbei.

6.1.2 Netzwerke

Lernprogramme, die über Netzwerke vertrieben werden, können über ganz andere Leistungsmerkmale verfügen als solche, die auf CD-ROM-Basis produziert werden.

Denn Netzwerke ermöglichen die Datenkommunikation zwischen Rechnersystemen. Das bedeutet: Lerndaten können zwischen verschiedenen Rechnern ausgetauscht werden, und der Anwender hat theoretisch die Möglichkeit, mit anderen Lernenden oder einer Lehrkraft in Kontakt zu treten. Damit wird Gruppenlernen auch am Computer möglich, zumindest in virtueller Form (man denke an das Beispiel von *Lunaris*).

In der Praxis haben sich mehrere Formen des Online-Lernens entwickelt, die diese Vorteile gezielt nutzen: Beim *Open Distance Learning* (ODL) handelt es sich um eine Art virtuellen Frontalunterricht auf Digitalvideo-Basis. Ein Dozent gibt in einem einzelnen Raum auf konventionelle Weise Unterricht und ist über das Netzwerk und WebCam mit der Außenwelt verbunden. Autorisierte Anwender, die über eine entsprechende technische Ausstattung (Breitbandtechnologie) verfügen, können am Bildschirm die Ausführungen mitverfolgen. Eine Kontaktaufnahme mit dem Dozenten (zum

Beispiel, um Rückfragen zu stellen), ist in der Regel nicht möglich. Lernprogramme sind in diese Form des Online-Lernens nicht integriert.

Etwas anders ist das *Tele-Teaching* organisiert. Anwender und Dozent loggen sich zu einem verabredeten Zeitpunkt in ein virtuelles Klassenzimmer ein. Dabei kann es sich beispielsweise um eine Simulation mit „Lehrern" und „Schülern" in Form von 3D-Charakteren oder um eine Schaltkonferenz auf Digitalvideo-Basis handeln.

Der Dozent hält seinen Unterricht, die Anwender beobachten und hören zu. Nach Absprache kann es in einer vorher vereinbarten Form zur Kontaktaufnahme zwischen Dozent und Anwender kommen (z.B. direkt im Rahmen der Konferenz oder im Anschluss daran per E-Mail oder Chatroom). Interaktive Lernsysteme sind auch hier nicht involviert.

Beim *Tele-Tutoring* bilden Lernprogramme hingegen das Fundament. Die gesamte Wissensvermittlung erfolgt online über WBTs oder über heruntergeladene Programme. Der Dozent fungiert lediglich als stiller Lernbegleiter im Hintergrund (siehe auch Kapitel 3.2). Seine Tätigkeit beschränkt sich – neben der Organisation des Online-Lernens – auf die Beantwortung von Fragen seitens des Anwenders, die Zuteilung neuer Aufgaben sowie gegebenenfalls die Sichtung und Prüfung der Lerndaten.

Genau darin liegt ein ganz entscheidender Vorteil des Web Based Trainings: Lerndaten können zentral verwaltet, ausgewertet und – mit darauf abgestimmten neuen Lerninhalten versehen – an den Nutzer zurückgeschickt werden. Das heißt, der Lernende erhält im Idealfall nicht nur eine Rückmeldung, sondern vor allem auch gleich neue, an seinen individuellen Lernfortschritt angepasste Übungen. Zentrale Lerndatenverwaltungssysteme wie *Pathware Attain* von Macromedia oder *Librarian* von Click2Learn bieten hier gerade einzelnen Dozenten eine komfortable Möglichkeit, den Lernprozess einer beliebigen Anzahl von Nutzern über das Netz zu verwalten und zu organisieren.

Der wichtigste Vorzug webbasierter Lernprogramme liegt jedoch zweifellos in der Tatsache, dass ihre Inhalte schnell, unkompliziert und kostengünstig aktualisiert und an die neuesten Erkenntnisse angepasst werden können. Gerade Tele-Tutoren sind auf diese Weise in der Lage, ihre Aufgabensets beliebig oft zu modifizieren, neue Testmodule einzubinden oder die Inhalte der Wissensdatenbank auszubauen. Und zwar bedarfsorientiert, das heißt, nur im erforderlichen Umfang und dann, wenn es notwendig ist (zum Beispiel bei neuen Forschungsergebnissen oder Rechtsvorschriften). Ein weiteres Plus: Alle Anwender sind automatisch auf dem neuesten Stand; sie können sofort auf die neue Version zugreifen, wo immer sie sich gerade aufhalten – E-Mail genügt. Um die genannten Vorteile effektiv nutzen zu können, ist allerdings eine konsequente Modularisierung der Lernbausteine unbedingt erforderlich,

Der Nachteil des Lernens im oder über das Netz besteht darin, dass sämtliche Datenmengen durch das Nadelöhr der Telefonleitung oder durch ein Breitbandkabel hindurch müssen. Das bedeutet bei großen Datenmengen: Entweder schlechte Qualität in der Präsentation (lange Wartezeiten beim Laden, ruckelndes Bild, fehlende Elemente) oder ein multimedial sehr mageres Programm.

Welche Möglichkeiten es gibt, diese Problematik aufzufangen, zeigen die nächsten Abschnitte. Sie decken die Ursachen für diesen Misstand auf und geben Hinweise auf Lösungen.

6.2 Entwicklungskriterien

Unabhängig davon, für welche Produktionsplattform ein CBT-/WBT-Autor ein multimediales Lernsystem konzipiert, er wird immer bestrebt sein, die Anwendung optimal auf das Rechnersystem und das Verteilungsmedium auszurichten, auf dem sie später laufen soll. In diesem Zusammenhang spielen besonders zwei Kriterien eine wichtige Rolle: die Kompatibilität und die Lauffähigkeit.

6.2.1 Kompatibilität

Der technische Fortschritt in der Computertechnologie vollzieht sich heutzutage in Halb- oder Ganzjahresschritten. Was bedeutet, dass in regelmäßigen Abständen eine neue Generation von Rechnern auf den Markt kommt. Für sie entwickeln die Softwarehersteller in der Regel neue Versionen ihrer Standardprodukte.

Entsprechend werden interaktive Lernsysteme stets auf ganz bestimmte technische Parameter und – damit verbunden – auf eine ganz spezielle Softwarekonfiguration und Rechnerplattform zugeschnitten. Da die Lerninhalte stets in multimedialer Form oder in einem speziellen Format dargestellt werden, benötigt das Programm entsprechende Zusatzanwendungen und Erweiterungen (Plugins) zum Lesen und Abspielen der Ursprungsdateien.

Üblicherweise handelt es sich bei den Plugins um folgende Zusatzmodule:

- ein Plugin zum Lesen und Abspielen der Hauptdateien, die mit dem Autorensystem erstellt wurden (z.B. der Flash-Player);
- ein Plugin zum Abspielen von Digitalvideos (z.B. Quick Time);
- ein Plugin zum Abspielen von Audio-Dateien (z.B. den Real Player);
- ein Programm zum Lesen von universellen Austauschformaten (z.B. Acrobat Reader).

Wie konventionelle Multimedia-Anwendungen sind Lernsysteme auf aktuelle Versionen dieser Extra-Komponenten angewiesen. Kompatibilitätsprobleme treten in der Regel dann auf, wenn ein neues Betriebssystem auf den Markt kommt oder sich andere technische Parameter verändern. Insofern empfiehlt es sich, diejenigen Versionen, auf die das Programm zugeschnitten ist, der Anwendung als feste Komponenten beizufügen. Alle Plugins sind in der Regel kostenlos erhältlich.

6.2.2 Lauffähigkeit

Die Performance einer multimedialen Lernanwendung ist im Wesentlichen von drei Faktoren abhängig:

- ■ von der Geschwindigkeit, mit der Daten verarbeitet werden,
- ■ von der Größe der Datenmenge, die zwischen Verteilungsmedium und Rechner übertragen wird,
- ■ von der Datentransferleistung (Übertragungsrate).

Das Zusammenspiel dieser drei Faktoren entscheidet darüber, in welcher Form und Qualität die Lerninhalte auf dem Bildschirm des Anwenders präsentiert werden: ob sie schnell geladen und in Echtzeit abgespielt werden, oder ob das System lange lädt oder sogar abstürzt.

Grundsätzlich gilt:
Je höher die Geschwindigkeit,
je kleiner die Datenmenge,
je höher die Übertragungsrate,
desto reibungsloser läuft die Anwendung.

Es gibt drei feste Größen, die diese Wechselbeziehung beeinflussen:

1. Die Leistungsmerkmale des Rechnersystems.
2. Die multimediale Ausstattung.
3. Die Datentransferleistung.

1. Das Rechnersystem: Die technische Ausstattung des Computers bestimmt, in welcher Geschwindigkeit Daten geladen und wiedergegeben werden. Ausschlaggebend sind hierbei Parameter wie Prozessorleistung, Taktfrequenz, Cache-Größe sowie die Kapazität des Arbeits- und Festplattenspeichers. Darüber hinaus spielt die Grafikkarte eine wichtige Rolle, denn sie verfügt über einen eigenen Speicherbaustein; je nach dessen Kapazität können Bilder, Animationen, Videos in hoher oder geringer Qualität abgespielt werden. Unterstützt die Karte 3D-Darstellungen, ist auch die Wiedergabe komplexer 3D-Animationen möglich.

Die Rechnergenerationen der letzten ein bis vier Jahre weisen hinsichtlich ihrer Leistungsmerkmale zum Teil eklatante Unterschiede auf. Das Problem: Die Zielgruppe arbeitet häufig mit Rechnern aus verschiedenen Generationen. Entsprechend unterschiedlich sind die Ausstattungs- und Leistungsmerkmale. Damit die Anwendung auf allen Rechnern gut läuft, gilt die Plattform mit den geringsten Leistungseigenschaften als Maßstab für die Entwicklung des Lernsystems. Dasselbe gilt für Übertragungsmedien wie Modem oder Breitbandtechnologie (xDSL etc.).

2. Multimedia: Die Präsentation von Grafik, (3D-)Animation, Digitalvideo und Ton kann die Darstellungsqualität der Anwendung stark beeinträchtigen. Gerade die Steuerung von bewegten Bildern kostet den Computer sehr viel Arbeitskapazität, da er zahlreiche Veränderungen ursprünglich statischer Modelle präzise und in Echtzeit berechnen muss. Wie hoch diese Kapazität ausfällt, hängt vom Ausgangsmaterial ab, mit dem die entsprechende Sequenz produziert wurde: Je größer, farbiger und hochauflösender, desto mehr Kapazität wird benötigt. Ähnlich wie beim Bewegtbild verhält es sich beim Sound. Auch hier muss der Computer in Sekundenbruchteilen die schnelle Veränderung in Sprache und Intonation berechnen. Gerade längere Sprechersequenzen oder Musikstücke sind äußerst speicherintensiv.

Je nachdem, für welche Plattform man produziert, bietet sich deshalb eine Optimierung der Laufeigenschaften durch Reduktion des multimedialen Datenmaterials an (was sich natürlich unmittelbar auf das mediendidaktische Konzept der Anwendung auswirkt). Doch ob und wie viel an Multimedia gespart werden muss, hängt vor allem von der Datentransferleistung ab.

3. Datentransferleistung: Je nach Zielplattform stehen unterschiedliche Taktfrequenzen zum Transfer von Daten aller Art zur Verfügung. So erfolgt die Übertragung von Daten auf einer CD-ROM über einen Rechner auf den Bildschirm des

Anwenders in einer völlig anderen Größenordnung als über Netzwerk-Verbindungen, besonders im Hinblick auf Menge und Geschwindigkeit. Die Bandbreite der Kabelverbindung spielt in diesem Zusammenhang ebenso eine Rolle wie die Anzahl und Leistungsfähigkeit weiterer zwischengeschalteter Rechner- und Serverplattformen, über die der Datentransfer stattfindet.

Datentransferleistung im Netz	
Modem	**Datenrate**
14,4	1,7 K/sec
28,8	3,3 K/sec
33,6	3,9 K/sec
56,6	6,6 K/sec
ISDN	7,1–16 K/sec
ADSL	1,1 MB/sec
10-T-Ethernet	1,3 MB/sec

Im schlechtesten Fall (Internet) müssen alle relevanten Daten durch das Nadelöhr des Telefonkabels oder stehen im „Datenstau", wenn das Netz ausgelastet ist. Für Lernsysteme, die für den Einsatz im Netz oder auf älteren Rechnern vorgesehen sind, gelten deshalb besondere Richtlinien für den Einsatz von Multimedia – angefangen von der einfachen Einschränkung bis zum vollständigen Verzicht. Bei welcher technischen Ausgangskonfiguration welche Maßnahme sinnvoll ist, darüber gibt die nachfolgende Tabelle eine Orientierung.

Ein nützliches Hilfsmittel bei der Verwendung speicherintensiver Medien auf leistungsschwachen Plattformen ist das so genannte Streaming-Verfahren: es unterteilt Dateien, die wiedergegeben werden sollen, in viele kleine eigenständige Datenpakete. Sobald das erste geladen ist, wird es direkt

	Video	3D-Animation	Ton
CD-ROM	Ja, keine Einschränkung	Ja, keine Einschränkung. Voraussetzung: Grafikkarte unterstützt 3D	Sprechertext: Ja, keine Einschränkung Musik: Ja, keine Einschränkung Geräusche: Ja, keine Einschränkung Feedback: Ja, keine Einschränkung
Modem (14,4 K/sec – ISDN)	Nein	Nein	Sprechertext: Nein Musik: Nein Geräusche: Nein Feedback: Ja
ADSL & Ethernet	Ja, in kleinem Fenster (max. 50 × 50 Pixel)	Ja, einfache Strukturen	Sprechertext: Ja, kurze Sequenzen Musik: Ja, Sound-Loops Geräusche: Ja, Sound-Loops Feedback: Ja

abgespielt, während die übrigen im Hintergrund noch übertragen werden. Auf diese Weise bleibt die Datenmenge, die geladen wird, ständig auf einem kleinen Niveau.

6.3 Entwicklungswerkzeuge

Wie schnell es gelingt, ein Lernkonzept technisch umzusetzen, und vor allem in welcher Form und Qualität, hängt zu einem wesentlichen Teil von der Wahl des Entwicklungswerkzeugs ab, das man zu diesem Zweck einsetzt – dem Autorensystem.

Das Autorensystem ist das elementare Handwerkzeug des CBT-Autors. Es bildet die Schnittstelle zwischen der Konzeption auf dem Papier und den technischen Plattformen. Insofern tragen individuelle Leistungsmerkmale und Funktionen eines solchen Systems entscheidend dazu bei, ob und inwieweit es gelingt, ein CBT-/WBT-Projekt multimedial zu realisieren.

Es gibt heute mehrere solcher Entwicklungsumgebungen auf dem Markt. Sie lassen sich grob in zwei Kategorien einteilen:

- speziell für e-Learning entwickelte Autorensysteme,
- universell einsetzbare Autorensysteme.

Bei der ersten Kategorie handelt es sich um Entwicklungssysteme, die über vorgefertigte Module und Strukturen für Lernanwendungen verfügen (zum Bespiel: Aufgaben- und Testmodule, Feedback-Strukturen, automatische Lerndatenerfassung und -auswertung etc.). Dem gegenüber stehen Autoren-Tools, die ihren Schwerpunkt in der Entwicklung von Multimedia-Anwendungen haben. Sie verfügen naturgemäß nicht über vorgefertigte Bausteine zur Konstruktion von Lernprogrammen, haben aber einen deutlich größeren Funktionsumfang und bieten somit auch mehr Spielraum bei der Umsetzung didaktischer Konzepte.

Autorensysteme sind nach einer Art „dialektischem Prinzip" konstruiert: In dem Maße, in dem sie die Entwicklung von Programmen unterstützen – zum Beispiel durch vorgefertigte Lernmodule und Funktionen –, schränken sie auch das didaktische Gestaltungsrepertoire ein. Das bedeutet: Nicht mit jedem Entwicklungssystem kann man alle didaktischen Konzepte realisieren, und wenn, dann auch nicht in gleicher Qualität. Genau darauf kommt es aber an – ebenso wie auf die eigenen Fertigkeiten im Umgang mit dem Programm. Was nützt ein leistungsfähiges Autorensystem, wenn der Umgang damit Programmierkenntnisse erfordert, die man selber nicht besitzt?

Vor diesem Hintergrund rücken drei Kriterien für die Auswahl von Autorensystemen in den Mittelpunkt:

- der didaktische Gestaltungsspielraum,
- technische Besonderheiten (im Hinblick auf die Qualität),
- Aufwand und Handhabung.

Im Folgenden ein Überblick über die meist verbreiteten Autorensysteme.

6.3.1 Macromedia Director

Macromedia Director ist ein Autorensystem, das hauptsächlich zur Entwicklung hochwertiger Multimedia-Produktionen eingesetzt wird – angefangen vom Zeichentrickfilm bis zur Simulation.

Didaktischer Gestaltungsspielraum: Mit *Director* öffnet sich dem ambitionierten CBT-Autor das Land der unbegrenzten Möglichkeiten. Es gibt kein didaktisches Modell, keinen Programmtyp, der mit *Director* nicht umsetzbar wäre. Herzstück des Autorensystems ist die mächtige, programmeigene Skriptsprache *Lingo*, die es ermöglicht, nahezu jede Form von Interaktion und Bewegtbildsteuerung in Echtzeit vorzunehmen und alle Medienarten zeitgleich zu steuern. Darüber hinaus ist die punktgenaue Synchronisation aller Medienelemente möglich. Aufwändig gestaltete, hochgradig interaktive Anwendungen wie *interBrain* oder *Holzbearbeitung mit Maschinen* wurden mit Director realisiert.

Entsprechend seinem ursprünglichen Verwendungszweck als Multimedia-Autorensystem verfügt *Director* nicht über vorgefertigte Module oder Prozeduren für E-Learning. Alles – angefangen von der einfachen Single-Choice-Aufgabe bis hin zur Lerndatenspeicherung – muss von Hand programmiert werden. Hierfür bietet Macromedia auf seiner Website jedoch Tutorials und Begleitdokumentationen kostenlos zum Download an. Director bietet überdies zahlreiche vorgefertigte und modifizierbare Effekte und Verhaltensweisen für interaktive Objekte (zum Beispiel Blendenübergänge etc.). Besonders wichtig: Director verfügt als einziges Autorensystem über die Möglichkeit, 3D-Elemente (Objekte, Charaktere etc.) einzubinden und zu steuern. Damit können erstmals in einem Autorensystem authentische 3D-Umgebungen konstruiert werden. In Zusammenarbeit mit dem Chipproduzenten Intel ist es Macromedia sogar gelungen, ein Standardformat für 3D *im Netz* zu entwickeln: Das so genannte W3D-Format ermöglicht die Einbindung komplexer dreidimensionaler Welten im Netz der Netze – aus lernpsychologischer Sicht eine äußerst interessante Perspektive.

Für Lernzwecke ebenfalls sehr wertvoll ist die so genannte Multi-User-Funktion. Das bedeutet: Man kann ein Programm so entwickeln, dass mehrere Nutzer gleichzeitig darauf zugreifen und innerhalb der Anwendung untereinander agieren können (siehe auch *Lunaris*). Damit wird die bei WBTs übliche Kommunikationsoption um eine zusätzliche Komponente erweitert.

Director unterstützt alle gängigen Medienformate, auch die exotisch anmutenden. Mit Ausnahme von Videos können alle importierten Medienelemente – auch 3D-Objekte – nachträglich bearbeitet werden, wobei die Möglichkeiten jedoch begrenzt und nicht mit dem Funktionsumfang spezieller Tools vergleichbar sind (so verfügt Director keineswegs über dieselben Möglichkeiten zur Bildbearbeitung wie Adobe Photoshop – eher wie Microsoft Paint ...).

Technische Besonderheiten: Director verfügt über hervorragende Laufeigenschaften und ist in der Lage, alle von ihm im eigenen *Shockwave*-Format erstellten Dateien auf jeder technischen Plattform ohne zusätzlichen Aufwand und ohne Qualitätseinbußen zu veröffentlichen. Dafür verantwortlich ist zum einen der Projektor, ein Präsentationsmodul, mit dem plattformunabhängig alle *Director*-eigenen Dateien jederzeit gestartet werden können, zum anderen der äußerst leistungsfähige Kompressionsalgorithmus, der die Datengröße von *Director*-Dateien um bis zu 90 Prozent reduziert und die Anwendung somit auch für das Web attraktiv macht.

Shockwave-Dateien erfordern jedoch ein Plugin, den *Shockwave*-Player, in der jeweils aktuellen Version. Bei CD-ROM-Produktionen kann dieser als Standalone-Version direkt auf den Datenträger mit gebrannt werden. Bei webbasierten Lernsystemen ist der Download von der Hersteller-Website erforderlich (die Installation erfolgt automatisch).

Aufwand und Handhabung: Das Arbeitsprinzip von Director ist leicht zu erlernen, ohne Programmierkenntnisse kommt man jedoch schnell an seine Grenzen. In Anbetracht der vielen Möglichkeiten, die das Tool und insbesondere dessen Skriptsprache *Lingo* bietet, und der damit verbundenen Komplexität ist der Aufwand zur Einarbeitung als extrem hoch zu bewerten.

6.3.2 Macromedia Flash

Wie *Director* stammt *Flash* aus der Multimedia-Produktion. Das Programm verfügt über herausragende Eigenschaften bei der Erzeugung von Interaktivität, Bewegung und Dynamik in multimedialen Anwendungen. Vielfältige Interaktionsmöglichkeiten und Bewegtbildsteuerung in Echtzeit sind herausragende Merkmale des Systems. Da die Eigenschaften von Flash-Objekten während der Laufzeit verändert werden können, eignet sich das Programm außerdem sehr gut für Animationen und Effekte aller Art. Dank seiner leistungsstarken Skriptsprache *ActionScript* ist *Flash* heute ein eigenständiges Autorensystem – wenn man so will, der „kleine Bruder" von *Director*.

Didaktischer Gestaltungsspielraum: Mit *Flash* können alle didaktischen Konzepte für Lernsysteme mehr oder weniger problemlos umgesetzt werden. Das Programm verfügt sogar in seiner üppig ausgestatteten Verhaltensbibliothek über eine Kategorie namens „learning objects" (ein Begriff, der in der deutschen Version fälschlicherweise mit „lernende Objekte" anstatt mit „Lernobjekte" übersetzt wurde). Dabei handelt es sich um grafische Vorlagen (im Sinne von Eingabemasken) für alle bekannten Aufgabentypen von Lernsystemen. Der Vorteil: Mit wenigen Mausklicks können die Inhalte verändert werden. Der Nachteil: die Programmierung für Antwortanalyse und Auswertung muss ebenso von Hand vorgenommen werden wie die Konstruktion von Feedbacks. Hersteller Macromedia bietet auf seiner Website zwar diverse Dokumentationen und Tutorials zum Download an, doch diese bieten nur wenig Hilfe, da sie sehr oberflächlich gehalten sind.

Technische Besonderheiten: Die Integration von 3D-Elementen in *Flash* ist zwar noch nicht möglich, doch die Flexibilität des Programms erlaubt täuschend ähnliche Nachbildungen in 2D-Format. Alle Medienelemente können importiert und gesteuert beziehungsweise punktgenau synchronisiert werden. Datenbankanbindungen sind unproblematisch. Bemerkenswert ist die Zusammenarbeit mit anderen Anwendungen und Systemen: Beispielsweise steuert Director in Flash erstellte Objekte hervorragend; es werden sogar Variablenwerte aus *ActionScript* in *Lingo* übernommen. Lernprozessdaten wie zum Beispiel Prüfungsergebnisse oder der aktuelle Lernleistungsstand können in Variablen festgelegt werden; leitet man diese an einen Server weiter, können sie dort zum Beispiel über eine Perl-Programmierung ausgewertet und weiterverarbeitet werden (z.B. zur zentralen Lernfortschrittmessung). Gerade größere Bildungsanbieter, die über das Netz arbeiten, wissen diesen Vorteil zu schätzen.

Wie *Director* mit *Shockwave*, so verfügt auch *Flash* für seine ohnehin schon sehr kleinen Dateien über einen hervorragenden Kompressionsalgorithmus, der umfangreiche Datenpakete um bis zu 90 Prozent minimiert. Über einen – wie bei *Director* vorhandenen – Projektor können die *Flash*-Dateien jederzeit aufgerufen und abgespielt werden. Benötigt wird hierzu allerdings wieder ein Plugin, in diesem Fall der Flash-Player. Erfreulicherweise ist dieser inzwischen fester Bestandteil von Browsersystemen, und wenn man den jüngsten Zahlen trauen darf, verfügen unterdessen 95 Prozent aller Surfer über ein *Flash*-Plugin. Ein Problem besteht jedoch darin, dass der Player in verschiedenen Versionen erhältlich ist. Mit jeder neuen *Flash*-Version erscheint in der Regel auch ein neuer Player. Selbstverständlich sind alle neueren Versionen abwärtskompatibel, aber wenn man gerade ein Lernsystem mit einer brandneuen *Flash*-Version erstellt hat, können Besitzer älterer Versionen die Dateien nicht öffnen. Insofern ist es immer sinnvoll, für den Fall der Fälle das Lernsystem mit einem Standalone-Player auszuliefern.

Aufwand und Handhabung: Der Aufwand für die Einarbeitung in Flash ist sehr hoch. Besonders dann, wenn man mit

Flash Lernsysteme entwickeln möchte, ist man – wie bei Director und Lingo – auf vertiefte Kenntnisse von Action-Script angewiesen.

6.3.3 Macromedia Authorware

Geradezu ein Klassiker unter den Entwicklungswerkzeugen für CBT und WBT ist das Autorensystem *Authorware*. Es wurde speziell für die Erstellung von E-Learning-Anwendungen entwickelt und verfügt in dieser Hinsicht über ähnliche Performance-Qualitäten wie *Director* und *Flash*, den beiden Entwicklungssystemen für Multimedia-Anwendungen.

Didaktischer Gestaltungsspielraum: Authorware ist darauf spezialisiert, Lernsysteme zu entwickeln, die sämtliche Standardaufgaben-Typen und jede nur erdenkliche Form von Feedback-Struktur enthalten – und das mit einer Effizienz und einem Komfort, die ihresgleichen sucht. Die Entwicklung hochinteraktiver Anwendungen wie Simulationen oder Lernspielen ist jedoch nicht möglich. Dafür verfügt *Authorware* über zahlreiche vorgefertigte Bausteine und Strukturen für Lernsysteme, die sich beliebig an die eigenen Bedürfnisse anpassen lassen. Die Skriptsprache von Authorware (sie hat keinen eigenen Namen) kennt über 600 Funktionen, die meisten davon zur Verfolgung des Lernfortschritts und zur Erfassung des Wissensstandes. Herzstück des Programms ist die zentrale Oberfläche, eine Art „Reißbrett", an dem per Drag & Drop mit wenigen Mausklicks die komplette Struktur eines Lernprogramms entworfen werden kann – inklusive sämtlicher Aufgabentypen und Medienelemente. Auch Feedback-Strukturen können auf diese Weise schnell und einfach erstellt und vor allem modifiziert werden. Ein Assistent zur Konstruktion von Lerndialogen leistet hierbei zusätzliche Hilfe. Alle einmal erstellten Strukturen werden nach dem Baukastenprinzip verwaltet und sind demzufolge jederzeit wieder verwendbar.

Die Lernmodul-Bibliothek von *Authorware* bietet eine reichhaltige Auswahl an Konstruktionsmöglichkeiten, doch wenn man nicht auf die vorgegebenen Lösungen zurückgreifen möchte, sind bereits umfangreichere Programmierkenntnisse nötig.

Technische Besonderheiten: Authorware integriert sämtliche bekannte Formate für Medienelemente. Alle Medienelemente können schnell, genau und zuverlässig gesteuert werden. Die punktgenaue Synchronisation von Ton, Grafik und Text gelingt in der Qualität, wie sie bereits bei *Director* und *Flash* erwähnt wurde. Als Extra verfügt *Authorware* über zahlreiche Blendeneffekte, ein Werkzeug, das sich besonders beim animierten Bildschirmaufbau und der Aufmerksamkeitslenkung des Anwenders als äußerst hilfreich erweist. Mit Ausnahme einer einfachen Werkzeugleiste gibt es jedoch keine Möglichkeit, Medienelemente zu erstellen – *Authorware* ist eine reine Entwicklungsumgebung. Besonders komfortabel: Der „Web-Button". Ein Knopfdruck genügt, und Authorware bereitet die Anwendung automatisch für das Netz auf. Das bedeutet, es wird eine HTML-Datei erzeugt, in die die fertige, bis zu 85 Prozent komprimierte *Authorware*-Datei eingebettet wird. Über ein Browser-Plugin, den *Authorware Web Player*, kann die Anwendung jederzeit abgespielt werden.

Aufwand und Handhabung: Die Einarbeitung in Authorware erfordert aufgrund der Skriptsprache viel Zeit und Energie. Das liegt unter anderem auch daran, dass das Programm seit einem Jahr nur noch in einer englischen Version erhältlich ist. Die ebenfalls englische Dokumentation erfordert weit mehr als allgemeine Sprachkenntnisse. Deutsche Fachliteratur gibt es kaum, und wenn doch, dann ist sie meistens veraltet. Als Überbrückung eignet sich jedoch die letzte deutschsprachige Version mit der Nummer 5.

Zusatzprogramme: Mit dem Zusatzprogramm *Pathware* steht ein CMI-System zur Verfügung, das die Lerndaten ganzer Kurse organisiert und verwaltet. Dazu zählt beispielsweise die Erfassung von Benutzerdaten, die Aufzeichnung des Lernfortschritts, die Leistungsüberprüfung und der Eintrag in Datenbanken.

6.3.4 Click2Learn Toolbook

Toolbook ist – wenn man so will – das Konkurrenzprodukt zu Authorware. Es wurde ursprünglich zur Erstellung reiner Informationssysteme entwickelt, hat sich inzwischen aber als professionelle Lösung für E-Learning-Programme etabliert.

Didaktischer Gestaltungsspielraum: Alle Lernsysteme mit Standard-Aufgabentypen können problemlos mit Toolbook realisiert werden. Die Entwicklung von Simulationen und Lernspielen ist jedoch auch hier nicht möglich. Mit dem Modul Assistant kann der Anwender schnell und einfach Lernsequenzen erstellen. Es gibt sogar eine umfangreiche Palette an Designvorlagen.

Zusätzliche, speziell auf Lernsysteme zugeschnittene Unterstützungsfunktionen wie Lesezeichen etc. sind ohne weiteres integrierbar. Im Gegensatz zu *Authorware* verfügt *Toolbook* über die Möglichkeit zur Medienerstellung (Grafik, Animation), allerdings bei weitem nicht in der Qualität, wie sie aus *Director* und besonders *Flash* bekannt ist. Auch arbeitet die Grafikkomprimierung nicht so effizient wie die Macromedia-Tools. Äußerst komfortabel ist das Baukastenprinzip, wonach man vorgefertigte Aufgaben per Drag & Drop auswählen und in die Lernumgebung integrieren kann. Die Skriptsprache *OpenScript* bietet einen wahren Fundus an Funktionen und Verhalten, der sich allerdings nicht nur auf Lernsysteme bezieht. *Toolbook* ist ein seitenorientiertes Autorensystem, das heißt, man kann die Anwendung „Bildschirmseite" für „Bildschirmseite" entwickeln, etwa im Stil einer Powerpoint-Präsentation. Der Nachteil ist, dass es keine Übersicht und keine zentrale Konstruktionsoberfläche wie bei den Macromedia-Tools (hier besonders: *Authorware*), gibt. Jede Seite muss einzeln erstellt werden, die Verknüpfung erfolgt über Programmierung.

Technische Besonderheiten: Auch *Toolbook* ist in der Lage, auf Knopfdruck die gesamte Anwendung webfertig zu machen. Das heißt, es wird automatisch ein JavaScript/DHTML-Code erzeugt, den man jedoch nicht einsehen oder gar bearbeiten kann. Die Alternative ist der herkömmliche Weg über eine HTML-Datei samt Plugin, das bei *Toolbook Neuron* heißt.

Aufwand und Handhabung: Toolbook ist in zwei Versionen erhältlich, als Komplettversion (*Toolbook Instructor*) und als spezielle Version für E-Learning (*Toolbook Assistant*), die nur wenige oder gar keine Programmierkenntnisse erfordert – das allerdings ganz deutlich auf Kosten der Flexibilität: man ist auf die Vorlagen angewiesen. Wie Authorware, so ist auch Toolbook nur in einer englischen Version erhältlich. Das Begleitmaterial ist ebenfalls englischsprachig und mit allgemeinen Sprachkenntnissen nicht ohne weiteres nachzuvollziehen. Deutsche Fachliteratur gibt es kaum.

Zusätzliche Programme: Auch für Toolbook ist ein CMI-System als Ergänzung erhältlich: das Programm *Librarian*. Bezüglich seines Funktionsumfangs ist es in etwa identisch mit dem Programm *Pathware*.

6.3.5 Macromedia CourseBuilder

Ein kleines, im Rahmen seiner Möglichkeiten überraschend leistungsfähiges Autorensystem ist das Programm *Course-Builder*, das ursprünglich als einfaches Zusatzmodul für den HTML-Editor *Dreamweaver* entwickelt wurde. Eine kleine Sensation ist die Tatsache, dass Hersteller Macromedia die Anwendung kostenlos(!) vertreibt.

Didaktischer Gestaltungsspielraum: Mit *CourseBuilder* lassen sich alle interaktiven Lernszenarien realisieren, die Standard-Aufgabentypen beinhalten. Die Stärke des Programms liegt vor allem in der Vielzahl vorgefertiger Bausteine zur Aufgabenkonstruktion und Lerndatenverwaltung sowie in der Möglichkeit, diese in unendlich vielen Alternativen zu modifizieren und an den eigenen Bedarf anzupassen. Herzstück des Programms ist ein zentrales Auswahl- und Modifikationsmodul namens Action Manager. Dieses fungiert gleichzeitig als Assistent bei der Zusammenstellung von Aufgaben, der Festlegung von Feedbacks oder der automatischen Aufzeichnung der Lernleistung. Ebenfalls automatisiert und leicht einstellbar sind Funktionen wie die Zeitmessung bei der Bearbeitung von Aufgaben, die Anzahl möglicher Wiederholungen etc. Die eigentliche Programmentwicklung findet in *Dreamweaver* statt.

Handhabung und Aufwand: CourseBuilder ist nur in der englischen Version erhältlich, was das Verständnis der umfangreichen Begleitdokumentation (ausgedruckt: 263 Seiten!) sehr erschwert. Die im Fachhandel erhältliche Literatur ist ebenfalls nur englischsprachig. Der Hersteller Macromedia bietet dafür auf seiner Website mehrere gut verständliche Tutorials (wiederum nur in Englisch) zum Download an. Allerdings geben diese nur einen kleinen Einblick in die Möglichkeiten, die das Programm bietet.

Technische Besonderheiten: CourseBuilder benötigt im Gegensatz zu den übrigen Autorensystemen kein Plugin für den Browser, da es vollständig auf JavaScript und HTML basiert. Der Quellcode wird automatisch erzeugt und kann von Hand verändert werden.

III

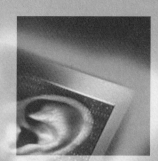

Workshop:
Das Lernsystem
„e-project"

Einführung

Der zweite Teil dieses Buches hat die Anatomie eines Lernsystems offen gelegt und aufgezeigt, aus welchen Bausteinen – Konzepte, Elemente, Strukturen – ein CBT/WBT bestehen kann. In diesem Teil des Buches geht es darum, die einzelnen Elemente zusammenzufügen und zu einem einheitlichen Ganzen zu verweben, mit dem Ziel, ein vollwertiges Lernprogramm zu entwickeln, das sowohl auf CD-ROM als auch über das Netz vertrieben kann. Grundlage für den Workshop ist das interaktive Lernspiel e-project, das Sie bereits in der Einleitung kennen gelernt haben. Es handelt sich um ein Lernsystem, das ich gemeinsam mit D. Heyden-Welsch, M. Förster und K. Ternka für die DaimlerChrysler AG konzipiert und entwickelt habe. Eine leicht modifizierte Version der Anwendung befindet sich auf der CD-ROM zu diesem Buch.

Auf den nächsten Seiten führt Sie der Workshop Schritt für Schritt durch den Entstehungsprozess der gesamten Anwendung. Er greift alle wesentlichen Planungsraster, Konzepte und Strukturmodelle auf, die ich Ihnen im zweiten Teil des Buches vorgestellt hatte, und demonstriert ihren praktischen Einsatz. Ausgangspunkt ist zunächst jedoch ein fiktives Auftragsszenario.

Ausgangsposition

Fiktiver Auftraggeber für unser Lernsystem ist ein international operierender Konzern, der seine Nachwuchsführungskräfte mithilfe interaktiver Lernmedien zu kompetenten Projektmanagern ausbilden möchte. Das Bildungskonzept sieht eine Kombination aus Präsenzunterricht und Arbeit mit multimedialen Lernsystemen vor. Den Vorstellungen des zuständigen Bildungsbeauftragten zufolge soll das Programm in einem zweistündigen Seminar als „multimediales Appetithäppchen" fungieren und den Jungmanagern einen Einblick in die komplexe Wirklichkeit des Projektmanagements vermitteln. Für die Arbeit mit der Anwendung sieht das Seminarkonzept einen Zeitraum von dreißig Minuten vor. Im Anschluss an die Auseinandersetzung mit dem Programm sollen die angehenden Führungskräfte ihre Eindrücke und Erfahrungen aus dem virtuellen Lernszenario mit ihrem Ausbilder diskutieren und Konzepte für den Transfer in den beruflichen Alltag entwickeln.

Zur Wiederholung und Vertiefung des Seminars außerhalb der Präsenzveranstaltung beabsichtigt die Bildungsabteilung, ein unternehmenseigenes Lernportal aufzubauen, in dem die Anwendung sowohl zur Online-Bearbeitung als auch zum Download zur Verfügung gestellt wird. Gleichzeitig ist an eine Verteilung von CD-ROMs an die Seminarteilnehmer gedacht. Der Bildungsbeauftragte weist darauf hin, dass die Manager in Anbetracht ihrer stets knappen zeitlichen Ressourcen das Programm außerhalb des Seminars wahrscheinlich nur dann bearbeiten, wenn sie unterwegs auf Reisen sind oder wenn sich überraschende Lücken im Terminkalender ergeben.

Gleichzeitig macht er deutlich, dass der Konzern mit dem computergestützten Lernen Neuland betritt. Die Mitarbeiter des Unternehmens und hier insbesondere die Führungskräfte sind das Lernen mit elektronischen Medien nicht gewohnt. Vielmehr ist man auf Fortbildungsseminare in speziell dafür vorgesehenen Bildungszentren eingestellt. Mit Skepsis auf der Seite der Teilnehmer sei deshalb in jedem Fall zu rechnen.

Bezüglich der grafischen Gestaltung besteht der Konzern auf Einhaltung der Vorgaben im unternehmenseigenen *Style Guide*. Das äußere Erscheinungsbild der Anwendung habe vollständig dem Corporate Design des Unternehmens zu entsprechen.

Was die technischen Rahmenbedingungen betrifft, so stehen für die Arbeit mit dem Programm im Seminarraum durchschnittlich drei Jahre alte Computersysteme mit Multimedia-Standardausstattung zur Verfügung. Verteilungsmedium ist das hauseigene Intranet mit einer nominellen Kapazität von 100 MBit/sec. Für das Lernen und Arbeiten unterwegs händigt der Konzern seinen Mitarbeitern ein bis drei Jahre alte Notebooks mit integriertem 56kB-Modem aus.

1. Schritt: Zielgruppenanalyse

Der erste Schritt bei der Entwicklung des zukünftigen Lernsystems besteht in der Sammlung und Auswertung von Informationen über die Zielgruppe. Grundlage hierfür sind die bereits aus Kapitel II/1 bekannten Analysekriterien:

Zieldaten

Die Zieldaten werden in einem persönlichen Gespräch mit dem Bildungsbeauftragten erhoben. Nach dessen Kenntnis bewegt sich die Altersverteilung innerhalb der Zielgruppe etwa zwischen 25 und 40 Jahren. Bei den jüngsten Teilnehmern handelt es sich um Universitätsabsolventen, die BWL studiert haben, bei den ältesten um erfahrene Mitarbeiter, die sich nach langen Jahren in verschiedenen Abteilungen einen Platz in der Führungsebene erkämpft haben.

Das Bildungsniveau der Zielgruppe ist hoch. Nahezu alle Teilnehmer des Bildungsseminars verfügen über eine akademische Vorbildung, ältere Mitarbeiter sogar zusätzlich über eine abgeschlossene Berufsausbildung. Gleichzeitig haben sämtliche Nutzer Vorkenntnisse – zum Teil auch schon praktische Erfahrung – im Hinblick auf Projektmanagement.

Die Medienkompetenz der Anwendergruppe beschränkt sich auf die Arbeit mit Standardanwendungen (Office-Programme, Browser, E-Mail-Clients).

Lernort ist ein mit PC-Arbeitsplätzen ausgestatteter Seminarraum in der konzerneigenen Akademie oder – wie bereits erwähnt – jeder beliebige Arbeitsplatz außerhalb des Seminars, an dem der Anwender mit dem Programm zu arbeiten gedenkt.

Der zeitliche Rahmen zur Bearbeitung der Inhalte ist mit maximal dreißig Minuten klar begrenzt. Dem Anwender steht im Seminar eine Fachkraft als Ansprechpartner zu Verfügung. Außerhalb des Seminars ist aber jeder Nutzer auf sich allein gestellt. Die vermutete Erwartungshaltung der

Zielgruppe gegenüber der interaktivem Lernen ist eher skeptisch-ablehnend.

Zieldaten-Auswertung

Ausgangspunkt für die Auswertung der Zieldaten ist die Matrix aus Kapitel II/1.1.3. Mit ihrer Hilfe ist es relativ einfach, erste Anhaltspunkte über Aufbau und Struktur des Lernsystems zu gewinnen. Fügt man die Zieldaten in das Raster ein, erhält man für die einzelnen Analysekriterien folgende Ergebnisse:

Kriterium	Auswirkung
Alter 25–40 Jahre	■ Klare und übersichtliche Präsentation der Inhalte ohne Effekte ■ Schneller Informationszugriff ■ Zeitlos-funktionales Design
Hohes Bildungsniveau	■ Komplexe Aufgabenstellungen nach dem explorativen Ansatz
Durchschnittliche Medienkompetenz	■ Kleine Einführung in die Bedienung und Handhabung der Anwendung ■ Geführte Wissensvermittlung
Gute Vorkenntnisse in Bezug auf Inhalte	■ Arbeit mit explorativen Lernsituationen zur praxisbezogenen Vermittlung des Stoffes möglich
Lernort ggf. mit starken Störeinflüssen	■ Kein Sprechertext
Begrenzte Lernzeit	■ Schnelle und geführte Wissensvermittlung
Einbindung in Seminar und Selbststudium	■ Kurze Bedienungsanleitung zum Nachschlagen; Anwender kennt Bedienung bereits aus Seminar
Gemischte Erwartungen in Bezug auf CBT/WBT	■ Schnelle Erfolgserlebnisse ■ Kreative Aufgaben ■ Intelligente Lernhilfe ■ Ansprechendes Design

Diese Auswertungsergebnisse werden zunächst unkommentiert auf einem „Merkzettel" notiert und in einem späteren Schritt mit den Ergebnissen aus Zielplattformanalyse und Lernkonzept abgeglichen, ehe sie in die Entwicklung der Programmstruktur einfließen.

2. Schritt: Analyse der technischen Voraussetzungen

Der zweite Schritt besteht in der Analyse der Zielplattform. Von besonderem Interesse ist die Frage, inwieweit der Einsatz von Multimedia möglich ist.

Nach Informationen des Konzerns stehen für die Arbeit mit dem Lernprogramm drei Jahre alte Rechnersysteme mit Standard-Multimediaausstattung zur Verfügung. Für das Lernen unterwegs können die Mitarbeiter auf ein bis drei Jahre alte Notebooks mit integriertem 56kB-Modem zurückgreifen. Als Verteilungsmedium sind Intranet, Internet und CD-ROM vorgesehen.

Damit alle Anwender unabhängig vom Leistungspotenzial ihrer technischen Ausstattung mit dem Lernsystem in gleich guter Qualität arbeiten können, ist es notwendig, diejenige technische Konfiguration als Entwicklungsmaßstab (Zielplattform) zu definieren, die das *geringste* Leistungsvermögen aufweist. In diesem Fall handelt es sich um das maximal drei Jahre alte Notebook mit mobilem Internetanschluss. Das bedeutet eine äußerst niedrige Datentransferleistung und somit eine entsprechende Einschränkung für den Einsatz von Multimedia. Nimmt man die Daten aus der Tabelle in Kapitel II/6.2.2 als Maßstab, dann kommen zur Wissensvermittlung lediglich folgende Medienelemente infrage:

- Text
- Grafik
- Musik und Geräuschkulisse nur in Form extrem kurzer und gleichförmiger Sequenzen, die in einer Endlos-Schleife (*loop*) wiederholt werden,
- kurze Feedback-Sounds.

Anders ausgedrückt: Es gibt …

- keinen Sprechertext
- kein Digitalvideo
- keine 3D-Animation.

3. Schritt: Vorläufiges Bedarfsprofil

Fasst man die Erkenntnisse aus der Zielgruppen- und Zielplattformanalyse zusammen, ergibt sich für das Lernsystem das folgende vorläufige Bedarfsprofil:

Das Lernsystem ist …

- *schnell* (in Bezug auf die Datentransferleistung),
- *attraktiv:* die Anwendung hat einen hohen Aufforderungscharakter – sie bietet vielfältige Lernaktivitäten an, die zum Nachdenken anregen und produktives Problemlösen ermöglichen,
- *effektiv:* Lerninhalte werden schnell und praxisorientiert vermittelt,
- *einfach* in der Handhabung und Bedienung.

Für die einzelnen Planungsebenen – Lernkonzept, Bedienung und Handhabung, Medieneinsatz, visuelles Konzept, Entwicklung – ergeben sich im Einzelnen folgende Anforderungen:

Lernkonzept:
- Lerninhalte werden in komplexer Form dargestellt und vermittelt,
- die Wissensvermittlung erfolgt in stark geführter Form,
- es gibt eine allgemeine inhaltliche Hilfe (Glossar).

Medieneinsatz, erlaubt sind:
- Text,
- kleine und gut komprimierte Grafiken,
- kleine Animationen, deren Ausgangsmaterial einen geringen Datenumfang aufweist,
- kurze Ton-Sequenzen, die als Feedback-Sounds oder in einer Endlos-Schleife als Melodie/Geräuschkulisse (sog. *loops*) abgespielt werden können.

Bedienung und Handhabung:
- ◼ kurze Information zur Bedienung und Handhabung,
- ◼ einfache, intuitiv erfassbare Navigation mit Schrifttext als Navigationselement.

Visuelles Konzept:
- ◼ Das Screendesign ist zeitlos-funktional und an die Vorgaben des Style Guide gebunden.

Technische Umsetzung:
- ◼ Wahl eines Autorensystems mit leistungsfähiger Datenkomprimierung,
- ◼ Wahl eines Browser-Plugins mit hohem Verbreitungsgrad (möglichst Flash, Shockwave),
- ◼ Einbindung des Standalone-Players auf CD-ROM,
- ◼ Einbindung des Browser-Plugins in das Intranet (einschließlich automatischem Download und Installation).

4. Schritt: Formulierung von Lernzielen und Gliederung der Lerninhalte

Nach der Feststellung des vorläufigen Bedarfsprofils und der ersten Hinweise auf die didaktische, multimediale und technische Ausrichtung des Lernsystems steht die Sichtung und Strukturierung der Lerninhalte im Vordergrund.

Ausgangspunkt ist die Zielformulierung des Konzerns: Die angehenden Manager sollen einen Einblick in die Realität des Projektmanagements erhalten. Das Lernprogramm soll sie für die komplexen Prozesse sensibilisieren, die im Rahmen der Projektsteuerung und -koordination auftreten können.

Aus dieser Zielsetzung lassen sich Leitfragen für die Informationsrecherche ableiten: Nach welcher Systematik laufen die Prozesse in einem Projekt ab? Wo befindet sich die Schnittstelle zum Projektleiter, und über welche Konzepte und Instrumente verfügt er, um seine Aufgabe erfolgreich zu bewältigen?

Ergebnisse: Folgt man der Fachliteratur, dann verläuft ein Projekt – ganz gleich, in welcher Branche und mit welcher Zielsetzung – immer in einem dynamischen Prozess. Dabei kann der Verlauf durch viele Faktoren positiv oder negativ beeinflusst werden. Die Aufgabe des Projektleiters besteht darin, alle Einflüsse, Interessen und Ressourcen, die das Projekt fördern oder gefährden können, rechtzeitig zu erkennen, zu koordinieren und zu steuern. Besonders wichtig ist es, Faktoren, die ein latentes Risiko für das Projekt darstellen, frühzeitig als solche zu identifizieren und einer etwaigen schädigenden Wirkung durch den rechtzeitigen und maßvollen Einsatz von Ressourcen – Zeit, Geld, Personal – entgegenzuwirken.

Eine Meta-Strategie, ein universell einsetzbares Konzept, auf das eine Führungskraft zur Bewältigung dieser Aufgabe zurückgreifen könnte, gibt es jedoch nicht. Im Gegenteil, die Einflussfaktoren und die Projektkonstellation verändern sich täglich, die Dinge sind kontinuierlich in Bewegung. Insofern ist in hohem Maße vernetztes Denken erforderlich. Als Frühwarnsystem fungieren verschiedene Projektparameter. Sie zeigen an,

- inwieweit Arbeitspläne und Ziele eingehalten werden,
- über welche Stärke das Arbeitsteam aktuell verfügt,
- inwieweit mögliche Risiken kontrolliert werden,
- in welcher Form und in welchem Umfang sich die Stakeholder am Projekt beteiligen,
- inwieweit die Geschäftsvorteile genutzt werden,
- wie es um die Rahmenbedingungen des Projektes bestellt ist,
- inwieweit die Vorteile der Projektarbeit genutzt werden (Synergie-Effekte etc.).

Diese sieben Faktoren gelten als zentrale Dimensionen, die über Erfolg und Misserfolg eines Projekts entscheiden. Insofern werden sie auch als *Schlüsseldimensionen* (engl. *key dimensions* oder kurz: *keys*) bezeichnet.

Das strategische Ziel des Projektmanagements ist darauf ausgerichtet, Status und die Entwicklung in allen sieben Bereichen auf einem produktiven Niveau zu halten. Die Schwierigkeit besteht darin, Ereignisse, die die Dimensionen in ihrem Kern berühren und womöglich gefährden, rechtzeitig als solche wahrzunehmen und sie dahingehend zu beurteilen, ob sie für die Fertigstellung des Projekts einen Gewinn oder eine Gefahr darstellen – und wenn ja, in welchem Ausmaß. Der Schlüsselkompetenz „(Risiken) rechtzeitig erkennen – richtig einschätzen – angemessen handeln" kommt somit entscheidende Bedeutung zu.

Damit nehmen die Lernziele konkret Gestalt an. Nimmt man das Strukturmodell aus Kapitel II/1.1.2 als Grundlage, lassen sich auf der Basis der bisherigen Erkenntnisse folgende Lernziele formulieren:

Richtziel:

■ „Der Anwender hält das Gleichgewicht zwischen den Schlüsseldimensionen in einem Projekt aufrecht."

Die Grobziele beschreiben die Aufgaben im Einzelnen – für jede Dimension:

Grobziele:

■ „Der Anwender hält Arbeitspläne und Ziele ein."
■ „Der Anwender stärkt das Arbeitsteam."
■ „Der Anwender kontrolliert mögliche Risiken."
■ „Der Anwender involviert die Stakeholder in das Projekt."
■ „Der Anwender nutzt die Geschäftsvorteile."
■ „Der Anwender optimiert die Rahmenbedingungen des Projekts."
■ „Der Anwender nutzt die Vorteile der Projektarbeit."

Über welche Kompetenzen die potenziellen Führungskräfte verfügen müssen, um die Grobziele umzusetzen, beschreibt der Feinzielkatalog:

Feinziele zu Grobziel 1 „Arbeitspläne und Ziele“:

■ „Der Anwender identifiziert Einflussfaktoren, die Arbeitspläne und Ziele positiv beeinflussen.“

■ „Der Anwender identifiziert Einflussfaktoren, die Arbeitspläne und Ziele negativ beeinflussen.“

■ „Der Anwender identifiziert Einflussfaktoren, die Arbeitspläne und Ziele in keiner Form beeinflussen.“

■ „Der Anwender beurteilt positive Einflussfaktoren in Bezug auf das Ausmaß ihres arbeitsplan- und zielbezogenen Wirkungspotenzials.“

■ „Der Anwender beurteilt negative Einflussfaktoren in Bezug auf das Ausmaß ihres arbeitsplan- und zielbezogenen Wirkungspotenzials.“

■ „Der Anwender erweitert oder reduziert das Wirkungspotenzial durch den Einsatz der ihm zur Verfügung stehenden Ressourcen.“

Analog zu diesen sechs Feinzielen werden die weiteren Feinziele zu den übrigen Grobzielen formuliert, indem man „Arbeits- und Zeitpläne“ durch die entsprechenden zentralen Begriffe aus den anderen Dimensionen ersetzt. Die Zielverhalten selbst bleiben für jedes Grobziel gleich.

5. Schritt: Wahl der Lehrstrategie

Mithilfe der Lernziele ist es nun möglich, eine passende Lehrstrategie zu bestimmen.

Ausgangspunkt sind zunächst die vier Basiskonzepte aus Kapitel II/1.1.3. Sie sind auf das Training folgender zentraler Kompetenzen zugeschnitten:

1. Fakten- und Anwendungswissen,
2. intellektuelle Fähigkeiten,
3. Verhaltensweisen,
4. praktische Fähigkeiten.

Im Falle unseres Lernsystems steht das strategische Denken und Handeln in komplexen Situationen im Mittelpunkt. Damit fiele das Lernziel in die Kategorie „Intellektuelle Fähigkeiten" (vgl. auch Kapitel I/1).

Die Strategie sieht vor, den Anwender in einem authentischen Szenario eine Information oder ein für die Praxis relevantes Ereignis (im Sinne eines Fallbeispiels) vorzugeben, das ihn vor ein bestimmtes Problem stellt. Er muss sich überlegen, wie er mit dem Ereignis umgeht und sich für eine Vorgehensweise (Problemlösungsstrategie) entscheiden. Sobald er handelt, passt das System die Struktur des Szenarios sofort an sein Vorgehen an und konfrontiert ihn auf diese Weise direkt mit den Konsequenzen seiner Entscheidung. Durch die Authentizität des Szenarios erfährt der Anwender sofort, wie sich der Einsatz seiner Strategie in der Realität auswirkt. In einem nächsten Schritt kann er seine Vorgehensweise überdenken und gegebenenfalls modifizieren. Es ist nicht möglich, die Entscheidung rückgängig zu machen – es sei denn, das Programm sieht im Rahmen eines weiteren Durchlaufs eine zweite Aufgabenstellung vor, die mit Ergebnis der ersten verknüpft ist.

(Kapitel 1.1.3 in Teil II informierte bereits ausführlich über die Struktur der Lehrstrategie).

Damit steht zunächst einmal das Basiskonzept zur Wissensvermittlung. Die inhaltliche Ausgestaltung erfolgt zu einem späteren Zeitpunkt (in Schritt 8).

6. Schritt: Wahl des Programmtyps

Auf der Grundlage der Lehrstrategie kann man nun den Programmtyp bestimmen, mit dem das Lernsystem umgesetzt werden soll.

Wie in Kapitel II/1.1.3 dargestellt, kommt für die Umsetzung einer Lehrstrategie immer nur eine bestimmte Art von Programmtyp infrage. Im Fall der in Schritt 5 gewählten Strategie handelt es sich um die vier Programmkonzepte nach dem explorativen Ansatz:

- Mikrowelt,
- Simulation,
- Plan- und Lernspiel,
- Lernabenteuer.

Welches Konzept sich am besten eignet, hängt einerseits vom übergeordneten Lernziel, andererseits vom vorläufigen Bedarfsprofil der Zielgruppe ab.

Das Lernziel heißt „strategisches Denken und Handeln in komplexen Situationen". Um den Voraussetzungen der Nutzer, ihrem Lernbedarf und ihren Rahmenbedingungen gerecht zu werden, muss die Anwendung laut vorläufigem Bedarfsprofil folgende Bedingungen erfüllen:

- schnelle und praxisorientierte Wissensvermittlung,
- produktives Problemlösen,
- schneller Lernerfolg,
- emotionale Ansprache,
- komplexe Präsentation und Abfrage von Lerninhalten,
- hoher Aufforderungscharakter.

In Anbetracht der kurzen Lernzeit von dreißig Minuten ist darüber hinaus ein Programmtyp erforderlich, der eine hohe Behaltensleistung garantiert.

Sowohl das Lernziel als auch der damit verbundene Anforderungskatalog kann am ehesten in Form eines *Plan- und*

Lernspiels realisiert werden (vgl. auch Kapitel II/2.2.3). Die Verknüpfung von Rollenspiel und Szenariotechnik erzeugt einen schnellen Wissenstransfer und stellt eine hohe emotionale Beteiligung beim Anwender her. Auf diese Weise ist es möglich, eine Behaltensleistung von bis zu 75 Prozent zu erreichen – ohne Wiederholung.

7. Schritt: Szenario-Konstruktion

Die spannende Frage lautet: Wie soll das Szenario aussehen, das dem Planspiel zugrunde liegt? Entscheidendes Konstruktionswerkzeug sind erneut die Grob- und Feinziele. Ordnet man sie den einzelnen Phasen der Lehrstrategie zu, erhält man ein klares Bild von Aufbau, Struktur, Handlung und Verlauf des Lernspiels:

Phasen der Lehrstrategie:
- *Phase 1:* Präsentation der vorgegebenen Information bzw. des fallbeispielbezogenen Ereignisses.
- *Phase 2:* Handlung und Entscheidung im vorgegebenen Setting unter Einsatz der Ressourcen.
- *Phase 3:* Konfrontation mit Auswirkung.

Die Feinziele 1–3 („Identifikation projektrelevanter Ereignisse") und 3–5 („Beurteilung der identifizierten Ereignisse in Bezug auf ihre Auswirkung auf den Projektverlauf") fallen in Phase 1: Die Aufgabe des Anwenders besteht darin, die Bedeutung der vom System generierten Ereignisse zu erfassen und sie im Hinblick auf ihr Wirkungspotenzial zu beurteilen. Feinziel 6 („Erweiterung bzw. Reduktion des Wirkungspotenzials durch den angemessenen Einsatz von Ressourcen") wird in Phase 2 umgesetzt. Hier entscheidet der Anwender über den Einsatz der Ressourcen, um das Gefährdungspotenzial einzelner Risikofaktoren abzuschwächen oder zu neutralisieren. Phase 3 enthält das Feedback in Bezug auf die Teilaufgabe (die Entscheidung) und den Gesamtkontext (das Projekt): der Anwender erfährt, inwieweit sich seine Handlung auf den Status jeder einzelnen Schlüsseldimension ausgewirkt hat und welche Folgen sie für das Gesamtprojekt nach sich zieht.

8. Schritt: Aufgabenkonstruktion

Um das soeben in groben Zügen skizzierte Szenario mit didaktischem Inhalt zu füllen, benötigt man zum einen erneut die Feinziele, zum anderen das Aufgabenset aus Kapitel II/2.1.

Aufgabe für Phase 1

In Phase 1 soll der Nutzer eine Reihe vorgegebener Ereignisse nach ihrer Priorität ordnen. Zentrales Entscheidungskriterium ist das subjektiv vermutete und fachlich begründete Einfluss- und Wirkungspotenzial auf den Projektverlauf. Mit anderen Worten: Der Lernende soll eine Reihe von Ereignissen nach Wichtigkeit und Risikopotenzial sortieren. Für solche Zwecke bietet das Aufgabenset die *Reihenfolge-Aufgabe* an. Um der Komplexität des Themas gerecht zu werden, soll das in Kapitel II/2.1.4 vorgestellte Grundschema der Aufgabe didaktisch verfeinert werden. Das geschieht durch:

- ◼ Hinzufügen von Distraktoren,
- ◼ eine Prognose, mit welcher Wahrscheinlichkeit ein Ereignis vermutlich eintreten wird,
- ◼ eine Erweiterung des Wirkungspotenzials auf *zwei* Dimensionen gleichzeitig.

Distraktoren: Den Feinzielen in Phase 1 zufolge besteht die erste Aufgabe des Anwenders darin, die Ereignisse in Bezug auf ihr Gefährdungspotenzial einzuschätzen. Das heißt, der Lernende muss erfassen können, ob die Ereignisse von großer, geringer oder überhaupt keiner Bedeutung für den Projektverlauf sind. Als Distraktoren bieten sich solche Ereignisse an, die *augenscheinlich* von Bedeutung sind, tatsächlich aber keinen Einfluss haben, oder – umgekehrt – solche, die offensichtlich nicht von erheblicher Bedeutung sind, tatsächlich aber ein beachtliches Wirkungspotenzial aufweisen. Durch den sparsamen, gezielten Einsatz dieser irreführenden „Ereignis-Dummies" kann ohne großen Aufwand mehr Komplexität erreicht werden.

Wahrscheinlichkeit des Auftretens: Eine weitere Steigerung des Schwierigkeitsgrades bewirkt die gezielte Verknüpfung eines Ereignisses mit der Information, mit welcher Wahrscheinlichkeit es vermutlich eintreten wird. Eine dreistufige Skala („hoch"/„mittel"/„gering") erhöht die Komplexität – denn auch wenn etwas sehr wahrscheinlich ist, heißt das noch lange nicht, dass es auch sicher ist.

Erweiterung des Wirkungspotenzials: Jedes Ereignis wirkt sich positiv oder negativ auf den Projektverlauf aus. In der Praxis des Projektmanagements beeinflusst ein Ereignis in der Regel den Status gleich mehrerer Schlüsseldimensionen. Entsprechend sollen sich die Ereignisse im Spiel zeitgleich auf das Produktivitätsniveau zweier Dimensionen auswirken.

Aufgabe in Phase 2

In Phase 2 hat der Anwender laut Feinziel 6 den Auftrag, die ihm zu Verfügung stehenden Ressourcen einzusetzen, um das Wirkungspotenzial von Risikofaktoren zu begrenzen oder ganz zu neutralisieren. Das heißt, er muss entscheiden, für welche Ereignisse er wie viele seiner kostbaren Ressourcen verwendet, und eine Auswahl treffen. Entsprechend bietet sich als didaktische Lösung eine *Auswahl-Aufgabe* an, wie sie in Kapitel II/2.1.2 vorgestellt wurde. Um der Entscheidungssituation im Spiel Authentizität zu verleihen, macht es auch hier Sinn, soll das einfache Grundschema der Aufgabe komplexer gestaltet werden. Das geschieht durch:

- die Begrenzung der Ressourcen,
- die Steigerung der Anzahl von Ereignissen.

Begrenzung der Ressourcen: Im wirklichen Projektmanagement verfügt ein Entscheider nur in den seltensten Fällen über ausreichende Mittel, um an allen Brennpunkten gleichzeitig eingreifen zu können. Insofern muss jeder Manager von Situation zu Situation unter Berücksichtigung der operativen Ziele und der damit verbundenden Strategie entscheiden, welche Ressourcen er wofür einsetzt. Um einerseits das Planspiel realitätsnah zu gestalten, andererseits das strategische Denken in kritischen Situationen zu trainieren, werden die Ressourcen im Spiel begrenzt, und zwar auf einen Wert, der deutlich unter dem Gesamtwert liegt, der zur Bereinigung der Situation erforderlich wäre.

Steigerung der Anzahl von Ereignissen: Strategisches Denken und Handlungskompetenz sind umso mehr gefragt, wenn die Anzahl projektgefährdender Ereignisse sich schlagartig erhöht – zum Beispiel um das Doppelte, (selbstverständlich bei gleichbleibenden Ressourcen). In diesem Fall ist eine Führungskraft erst recht gefordert. Eine solche Option bietet sich zum Beispiel im Spiel als zusätzlicher Schwierigkeitsgrad an für den Fall, dass der Anwender einen ersten Entscheidungsdurchlauf erfolgreich absolviert.

Somit stellt sich die Frage, wie viele Ereignisse es überhaupt im Spiel geben soll und nach welchen Kriterien man diese zusammenstellt.

Anzahl der Ereignisse

Pro Entscheidungszyklus muss der Anwender mindestens drei Ereignisse gleichzeitig einordnen, beurteilen und gegebenenfalls mit Ressourcen versehen. Denn ein Ereignis allein wäre zu einfach und würde keineswegs der Realität des Projektmanagements entsprechen; bei zwei Ereignissen fällt die

Ressourcenentscheidung relativ leicht, der Nutzer könnte die richtige Lösung mit fünfzigprozentiger Wahrscheinlichkeit erraten. Bei drei hingegen muss er die Lage erstmals konzentriert analysieren und seine Vorgehensweise mit Bedacht wählen. Diese Konstellation eignet sich deshalb sehr gut als Einstieg in das Planspiel.

Analog zum didaktischen Konzept (Steigerung der Ereignisanzahl) sieht der zweite Durchlauf die Vergabe von Ressourcen an maximal sechs Ereignisse vor. Die Komplexität der Aufgabe wird somit erheblich gesteigert und ein annähernd authentisches Setting erreicht. In Anbetracht der Kürze der Lernzeit erscheint ein weiterer Durchlauf oder eine nochmalige Erhöhung der Ereignisanzahl wenig sinnvoll. So verbleiben dem Anwender pro Ereignis etwa drei Minuten zur Einschätzung und Entscheidungsfindung.

Auswahl und Konstruktion der Ereignisse

Als Ereignisse kommen natürlich nur Fallbeispiele aus der realen Welt des Projektmanagements infrage. Sie müssen auf jeden Fall *gleichzeitig* Einfluss auf die Stabilität und das Produktionsniveau von zwei Dimensionen haben. Als Distraktoren eignen sich nur solche Vorkommnisse, die scheinbar gravierende Auswirkungen haben oder offensichtlich unbedeutend sind. In der Praxis des Projektmanagements erfüllen folgende Ereignisse diese Auswahlkriterien:

- „Die Mitarbeiter sind unzulänglich ausgebildet."
- „Das Projekt wird nicht ausreichend oder fehlerhaft dokumentiert."
- „Die Kommunikation ist mangelhaft."
- „Die Ressourcen sind unzureichend."
- „Der Projektpate ist nicht ausreichend involviert."
- „Das Team leistet mehr als erwartet."
- „Das Führungspersonal möchte mehr Verantwortung übernehmen."

Als Distraktoren kommen folgende Ereignisse infrage:

- „Das Projektergebnis stimmt nicht mit den Erwartungen überein."
- „Die Räumlichkeiten sind unzureichend."

Der erste Entscheidungsdurchlauf im Planspiel (mit den drei Ereignissen) dient dazu, den Anwender mit der Funktionalität des Spiels vertraut zu machen. Er hat eher Testcharakter. Insofern sollte diese „erste Runde" nicht allzu schwer werden, folglich auch keine Distraktoren enthalten. Für die Auswahl kommt deshalb jeweils ein Ereignis infrage, das leicht, mittelmäßig und schwer als Risikofaktor zu identifizieren ist:

- Leicht: „Die Mitarbeiter sind unzulänglich ausgebildet."
- Mittel: „Das Projekt wird nicht ausreichend oder fehlerhaft dokumentiert."
- Schwer: „Das Führungspersonal möchte mehr Verantwortung übernehmen."

Der zweite Durchlauf hingegen fordert den Anwender auf ganzer Linie. Es gibt vier „echte" Risikofaktoren mit unterschiedlichem Gefahrenpotenzial und den zwei Distraktoren:

- „Die Kommunikation ist mangelhaft."
- „Die Ressourcen sind unzureichend."
- „Der Projektpate ist nicht ausreichend involviert."
- „Das Team leistet mehr als erwartet."
- „Das Projektergebnis stimmt nicht mit den Erwartungen überein." (Distraktor 1)
- „Die Räumlichkeiten sind unzureichend." (Distraktor 2)

Damit ist die Komplexität realer Entscheidungssituationen gut abgebildet. Der Anwender erhält einen konkreten Einblick und kann seine Kompetenzen erproben.

Verteilung der Ereignisse auf die Dimensionen

Bleibt die Frage, wie sich das Gefährdungspotenzial auf die einzelnen Dimensionen verteilt. In dieser Hinsicht gibt es nur wenig Gestaltungsmöglichkeiten. Hier hilft nur der Rückgriff auf die Fachliteratur. Dieser zufolge verteilen sich die Ereignisse auf die Dimensionen wie folgt:

- E1: Das Ereignis „Die Mitarbeiter sind unzulänglich ausgebildet" wirkt sich aus auf:
  - Einhaltung von Zielen und Arbeitsplänen.
  - Kontrolle von Risikofaktoren.

- E2: Das Ereignis „Das Projekt wird nicht ausreichend oder fehlerhaft dokumentiert" wirkt sich aus auf:
  - Stärke des Arbeitsteams.
  - Vorteile der Projektarbeit.

- E3: Das Ereignis „Das Projektergebnis stimmt nicht mit den Erwartungen überein" wirkt sich aus auf:
  - Nutzung der Geschäftsvorteile.
  - Beachtung der Rahmenbedingungen.

- E4: Das Ereignis „Die Kommunikation ist mangelhaft" wirkt sich aus auf:
  - Einhaltung von Zielen und Arbeitsplänen.
  - Stärke des Arbeitsteams.

- E5: Das Ereignis „Die Räumlichkeiten sind unzureichend" wirkt sich aus auf:
  - Stärke des Arbeitsteams.
  - Beachtung der Rahmenbedingungen.

- E6: Das Ereignis „Die Ressourcen sind unzureichend" wirkt sich aus auf:
  - Einhaltung von Zielen und Arbeitsplänen.
  - Stärke des Arbeitsteams.

■ E7: Das Ereignis „Der Projektpate ist nicht ausreichend involviert" wirkt sich aus auf:
– Involviertheit der Stakeholder.
– Nutzung der Geschäftsvorteile.

■ E8: Das Ereignis „Das Team leistet mehr als erwartet" wirkt sich aus auf:
– Beachtung der Rahmenbedingungen.
– Vorteile der Projektarbeit.

■ E9: Das Ereignis „Das Führungspersonal möchte mehr Verantwortung übernehmen" wirkt sich aus auf:
– Stärke des Arbeitsteams.
– Vorteile der Projektarbeit.

Dieser Verteilungsschlüssel wirkt sich unterschiedlich auf die einzelnen Dimensionen aus. Manche sind mehr gefährdet als andere:

Kontrolle von Risikofaktoren	E1
Einhaltung von Zielen und Arbeitsplänen	E1, E4, E6
Involviertheit der Stakeholder	E7
Nutzung der Geschäftsvorteile	E3, E7
Beachtung der Rahmenbedingungen	E3, E5, E8
Stärke des Arbeitsteams	E2, E4, E5, E6, E9
Vorteile der Projektarbeit	E2, E8, E9

Auf diese Weise kann die Realität des Projektmanagements wirklichkeitsnah abgebildet werden.

Umsetzung der Aufgaben in Phase 1 und 2

Für den Lernerfolg ist es wichtig, dass auf dem Bildschirm eine Entscheidungssituation simuliert wird. Dies bedeutet, dass – unabhängig vom Visualisierungskonzept (dazu mehr an anderer Stelle) – beide Aufgaben in Phase 1 und 2 miteinander gekoppelt werden müssen. Als didaktische Lösung bietet sich hier eine zweidimensionale Zuordnungs- und Auswahlmatrix in Form einer Tabelle mit fünf Zeilen und drei Spalten an. Die horizontale Achse bezeichnet die Wahrscheinlichkeit des Auftretens mit den Werten „hoch", „mittel" und „niedrig", die vertikale Achse das Ausmaß des Wirkungspotenzials mit den Bewertungsungskategorien „sehr hoch", „hoch", „mittel", „gering" und „sehr gering".

Mithilfe dieser Matrix kann der Anwender nun problemlos eine Einordnung des Ereignisses vornehmen. Die Komplexität der Beurteilungssituation kann sehr gut übersehen und eingeschätzt werden.

9. Schritt: Feedback und Lernerfolgskontrolle

Die in Schritt 5 ermittelte Lehrstrategie sieht für Phase 3 ein differenziertes Feedback auf zwei Ebenen vor: der Ebene der Teil- und der Gesamtaufgabe.

Da grundsätzlich auf allen Lernzielebenen eine Lernerfolgskontrolle stattfindet (vgl. Kapitel II/1.1.5), bedeutet das für die Nachwuchsführungskräfte, dass sie eine Rückmeldung darüber erhalten,

■ ob ihre Entscheidung über die Ressourcenvergabe richtig oder falsch war (Feinziel-Ebene),

■ wie sich ihre Entscheidung auf einzelne Schlüsseldimensionen auswirkt (Grobziel-Ebene),

■ welche Konsequenz die Summe der Entscheidungen insgesamt – bezogen auf den Projektverlauf – nach sich zieht (Richtziel-Ebene).

Rückmeldung zu einer Einzelentscheidung: Didaktisch lässt sich das Feedback auf Grob- und Feinziel-Ebene zusammenfassen: Die Rückmeldung nimmt zunächst Bezug auf das Ereignis und zeigt auf, welche Faktoren der Anwender bei der Entscheidungsfindung generell mit einbeziehen sollte. Anschließend folgt die Analyse der Entscheidung: der Nutzer erfährt, ob es richtig oder falsch war, für das Ereignis Ressourcen einzusetzen. Außerdem erhält er eine Information, welche Schüsseldimensionen von der Entscheidung betroffen wurden und in welchem Ausmaß sich ihr Statuswert verändert hat. Auf diese Weise konfrontiert die Rückmeldung den Anwender nicht nur mit der Konsequenz seines Handelns, sie enthält auch einen Hinweis auf die richtige Vorgehensweise und zeigt potenzielle Fehlerquellen auf.

Rückmeldung zur Summe der Entscheidungen: Um sich schnell einen Überblick über das Gesamtergebnis seiner Entscheidungen zu verschaffen, benötigt der Nutzer eine einfache, aber aussagekräftige Übersicht über den aktuellen Status in allen Dimensionen. Es ist essentiell, dass diese Übersicht nicht nur über die Auswirkung der Entscheidung in den einzelnen Dimensionen informiert (wie es zum Beispiel in Form einer tabellarischen Aufstellung möglich wäre), sondern auch das netzwerkartige Beziehungsgefüge der Dimensionen untereinander visualisiert. Für eine entsprechende Darstellung eignet sich sehr gut ein Netzdiagramm.

Entwurf der Feedback-Struktur: Integriert man diese Feedback-Bausteine in den Gesamtablauf des Planspiels, ergibt sich folgendes Bild: Der Anwender ordnet zunächst alle Ereignisse nach Priorität ein, anschließend fällt er seine Entscheidung in Bezug auf die Vergabe von Ressourcen. Für jedes Ereignis erhält er anschließend das Feedback auf Grob- und Feinziel-ebene (das entscheidungsbezogene Feedback) mit der Mög-

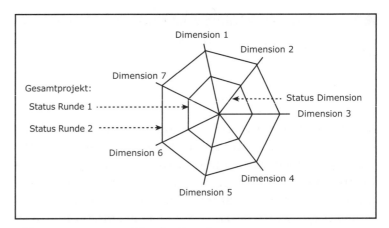

Abb. 3.1: Der Entwurf für das Netzdiagramm.

lichkeit, sich direkt über die Auswirkungen auf die betroffenen Dimensionen zu informieren. Sind alle Rückmeldungen zu allen Einzelentscheidungen erfolgt, präsentiert das Programm die abschließende Übersicht über den Status des Gesamtprojekts (alle sieben Dimensionen).

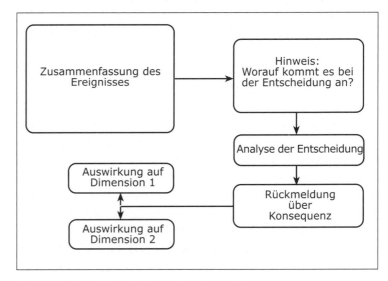

Abb. 3.2: Der Entwurf für das Feedback-Schema.

10. Schritt: Werteschema zur Programmierung

Wie bereits an anderer Stelle erwähnt, ist der Rechner aufgrund seiner formal-syntaktischen Arbeitsweise nicht in der Lage, die inhaltliche Bedeutung der einzelnen Arbeitsschritte des Anwenders im Spielgeschehen wahrzunehmen und zu interpretieren. Folglich ist es ihm auch nicht möglich, eine Beziehung zwischen den Einzelkomponenten (Ereignisse, Einordnung, Ressourcenvergabe, Feedback) herzustellen. Das Planspiel benötigt deshalb in seiner Programmierung ein kleines mathematisches Modell, eine Systematik aus Zahlen und Werten, die es dem Computer erlaubt, diese Beziehung nachzuvollziehen und den Programmablauf nach diesen Vorgaben zu steuern.

Genauer gesagt, sind es zwei Teilbeziehungen, die mit Hilfe von Zahlensystemen konstruiert werden müssen:

■ die Beziehung zwischen der Einstufung der Ereignisse und der Vergabe der Ressourcen,
■ die Beziehung zwischen der abgeschlossenen Verteilung der Ressourcen und der Auswirkung auf den Status der einzelnen Dimensionen.

Beziehung zwischen Ereignis und Ressourcen: Die Beziehung zwischen der Einstufung eines einzelnen Ereignisses (oder der Gesamtzahl der Ereignisse) und der Ressourcenvergabe lässt sich durch ein Punktesystem herstellen: Jedes Ereignis erhält einen Punktwert, dessen Höhe sich am konkreten Einflusspotenzial auf den Projektverlauf orientiert. Zur Abminderung dieses Wirkungspotenzials stehen dem Anwender eine begrenzte Gesamtzahl an *Ressourcenpunkten* zur Verfügung; sie stehen stellvertretend für Ressourcen, wie Zeit, Geld und Personal. Um das Risikopotenzial eines Ereignisses einzudämmen, muss der Anwender so viele Ressourcenpunkte einsetzen, wie das Ereignis wert ist. Die Summe aller

Ressourcenpunkte liegt jedoch *unter* dem Gesamtwert aller Ereignisse, sodass nicht jedes Ereignis mit Ressourcen bedacht werden kann. Dieses Werteschema mit „Preisen" und „Kaufpunkten" ermöglicht es dem Rechner, sehr genau nachzuvollziehen, welches Ereignis welche Bedeutung hat und welches Einflusspotenzial besitzt; vergibt der Nutzer Ressourcenpunkte, kann er gleichzeitig nachvollziehen, ob das Ereignis nun tatsächlich Einfluss auf den Projektverlauf nehmen wird oder nicht.

Als Gesamtressourcenwert bietet sich eine runde Zahl an, zum Beispiel „10". Entsprechend darf der Wert eines einzelnen Ereignisses „5" nicht überschreiten. Warum? Nach der Aufgabenstellung aus Schritt 8 gibt es mindestens drei Ereignisse pro Spielrunde. Wenn bereits zwei Ereignisse zusammen den Punktwert „10" ergeben, ist es für den Anwender unmöglich, das dritte Ereignis mit Ressourcen zu bedecken, selbst wenn er dafür nur einen einzigen Ressourcenpunkt benötigte.

Aus didaktischer Sicht ist diese Systematik reizvoll, denn sie bietet die Möglichkeit, den Anwender zusätzlich zu fordern, indem man einem Ereignis einen „Kaufwert" zuordnet, der mit dem tatsächlichen Wirkungspotenzial identisch sein *kann*, aber nicht sein muss. (So kann man beispielsweise den Distraktoren hohe Werte zuordnen.) Bezieht man dieses „Täuschungsmanöver" in die Punkteverteilung ein, ergibt sich folgendes Punkteschema für die einzelnen Ereignisse in den Spielrunden:

Runde 1	10 Ressourcenpunkte
„Die Mitarbeiter sind unzulänglich ausgebildet."	3 Pkt.
„Das Projekt wird nicht ausreichend oder fehlerhaft dokumentiert."	5 Pkt.
„Das Führungspersonal möchte mehr Verantwortung übernehmen."	3 Pkt.

Runde 2	10 Ressourcenpunkte
„Die Kommunikation ist mangelhaft."	5 Pkt.
„Das Projektergebnis stimmt nicht mit den Erwartungen überein." (Distraktor)	3 Pkt.
„Die Räumlichkeiten sind unzureichend." (Distraktor)	1 Pkt.
„Die Ressourcen sind unzureichend."	3 Pkt.
„Der Projektpate ist nicht ausreichend involviert."	3 Pkt.
„Das Team leistet mehr als erwartet."	1 Pkt.

Die Konstruktion eines Zahlensystems zur Einordnung der Ereignisse auf der zweidimensionalen Matrix ist *nicht* erforderlich. Das Lernziel sieht vor, dass sich der Anwender inhaltlich mit den Ereignissen und ihrer Wirkung auf den Projektverlauf auseinander setzt. Dies geschieht bereits durch das Abwägen, welche Priorität ein Ereignis besitzt; insofern reichen die beiden Achsen der Matrix und der (nicht immer stimmige) Punktewert des Ereignisses als Beurteilungsmaßstab völlig aus.

Beziehung zwischen Ressourcenvergabe und Projektstatus

Theoretisch könnte man das Zahlensystem aus Phase 1 und 2 auch zur Analyse und Berechnung des Projektstatus in den einzelnen Schlüsseldimensionen in Phase 3 verwenden. Mathematisch wäre das jedoch unsinnig, denn die Zahlenwerte würden das Verhältnis der einzelnen Projektparameter zueinander völlig verzerren. Man benötigt deshalb eine zweites Zahlensystem, das über eine Schnittstelle mit dem ersten gekoppelt ist. Und zwar in der Form, dass es nicht die verteilten Ressourcenpunkte zählt und auf den Projektstatus überträgt, sondern lediglich prüft, *ob* einem Ereignis Ressourcenpunkte zugeteilt wurden oder nicht. Je nachdem, wie die Entscheidung ausfällt, teilt das System den einzelnen Dimensionen *Statuspunkte* zu oder zieht ihnen welche ab. Insofern haben Statuspunkte den Charakter von Produktivitätszahlen. Das wiederum bedeutet, dass alle Schlüsseldimensionen einen bestimmten Ausgangswert haben müssen, dem man Punkte hinzufügen oder abziehen kann.

Wie könnte ein derartiges Zahlensystem aussehen? Zunächst benötigt man Werte für die Analyse und Berechnung der Auswirkung auf den Projektverlauf. Hier bieten sich Zahlen zwischen „0" und „2" an. Je nachdem, welche Entscheidung der Anwender trifft, wird der Wert „2" für „gravierende Auswirkung" vergeben, der Wert „1" für „einfache Auswirkung" und „0" für „keine Auswirkung". Auf der Basis dieser Zuordnung kann man nun den Gesamtwert für den Status einer einzelnen Dimension bestimmen. Hier bietet sich der Wert „7" an: In Anbetracht der Tatsache dass das Spiel maximal zwei Entscheidungsdurchläufe vorsieht, können als Auswirkung für jede einzelne Entscheidung in jeder einzelnen Dimension maximal +4 oder −4 Punkte berechnet werden. Deshalb ist es sinnvoll, einen festen Mittelwert zu definieren, der genügend Spielraum nach unten beziehungsweise oben zulässt. Ein solcher Wert wäre „7", als Entsprechung zu „Projektstatus in hervorragendem Zustand". Analog zu dieser Wahl stünde der Wert „0" für das definitive Aus des Projekts.

Es bleibt die Frage, welchen Ausgangswert die einzelnen Dimensionen zu Beginn des Spiels haben sollen und wie viele Statuspunkte für eine einzelne Entscheidung berechnet werden.

Berechnung des Ausgangswerts: Durch unterschiedliche Statuswerte zu Beginn des Programms kann der Eindruck konstruiert werden, dass einige Dimensionen in der Vergangenheit besonders vernachlässigt, andere hingegen besonders gut versorgt wurden. Durch die Bestimmung eines Maximalwertes für den Anfangsstatus kann man nun den Anwender in der vermeintlichen Sicherheit wiegen, in diesem Teil des Projekts könne nichts mehr „anbrennen". Um den Nutzer aber nicht zu über- oder zu unterfordern, ist es wichtig, das Verhältnis der Anfangswerte zueinander ausgewogen zu gestalten. Berücksichtigt man diesen Sachverhalt und nimmt man den Wert „7" als Maximalwert, könnte der Anfangsstatus in den einzelnen Dimensionen folgendermaßen aussehen:

- ■ Involviertheit der Stakeholder: 6 Punkte
- ■ Nutzung der Geschäftsvorteile: 7 Punkte
- ■ Einhaltung von Zielen und Arbeitsplänen: 7 Punkte
- ■ Stärke des Arbeitsteams: 4 Punkte
- ■ Beachtung der Rahmenbedingungen: 4 Punkte
- ■ Kontrolle von Risikofaktoren: 5 Punkte
- ■ Vorteile der Projektarbeit: 6 Punkte.

Definition der Statuspunkte für einzelne Ereignisse: Grundlage für die Definition der Statuspunkte ist zum einen das in Schritt 8 entwickelte Schema, welches Ereignis sich auf welche Dimensionen auswirkt, zum anderen die soeben vorgenommene Definition der Ausgangswerte. Kombiniert man beide Schemata, ergibt sich für jedes Ereignis folgende Auswirkung auf die einzelnen Dimensionen:

- ■ Ereignis: „Die Mitarbeiter sind unzulänglich ausgebildet." Auswirkung in Form von Statuspunkten:
  - – Einhaltung von Zielen und Arbeitsplänen (+/–1 Statuspunkte).
  - – Kontrolle von Risikofaktoren (+/–1 Statuspunkte).

- ■ Ereignis: „Das Projekt wird nicht ausreichend oder fehlerhaft dokumentiert." Auswirkung in Form von Statuspunkten:
  - – Stärke des Arbeitsteams (+/–1 Statuspunkte).
  - – Projektarbeit (+/–1 Statuspunkte).

■ Ereignis: „Das Projektergebnis stimmt nicht mit den Erwartungen überein." Auswirkung in Form von Statuspunkten:
  – Nutzung der Geschäftsvorteile (+/–0 Statuspunkte).
  – Beachtung der Rahmenbedingungen (+/–0 Statuspunkte).

■ Ereignis: „Die Kommunikation ist mangelhaft." Auswirkung in Form von Statuspunkten:
  – Einhaltung von Zielen und Arbeitsplänen (+/–1 Statuspunkte).
  – Stärke des Arbeitsteams (+/–1 Statuspunkte).

■ Ereignis: „Die Räumlichkeiten sind unzureichend." Auswirkung in Form von Statuspunkten:
  – Stärke des Arbeitsteams (+/–0 Statuspunkte).
  – Beachtung der Rahmenbedingungen (+/–0 Statuspunkte).

■ Ereignis: „Die Ressourcen sind unzureichend." Auswirkung in Form von Statuspunkten:
  – Einhaltung von Zielen und Arbeitsplänen (+/–1 Statuspunkte).
  – Stärke des Arbeitsteams (+/–2 Statuspunkte).

■ Ereignis: „Der Projektpate ist nicht ausreichend involviert." Auswirkung in Form von Statuspunkten:
  – Involviertheit der Stakeholder (+/–2 Statuspunkte).
  – Nutzung der Geschäftsvorteile (+/–1 Statuspunkte).

■ Ereignis: „Das Team leistet mehr als erwartet." Auswirkung in Form von Statuspunkten:
  – Beachtung der Rahmenbedingungen (+/–2 Statuspunkte).
  – Projektarbeit (+/–1 Statuspunkte).

■ Ereignis: „Das Führungspersonal möchte mehr Verantwortung übernehmen." Auswirkung in Form von Statuspunkten:

– Stärke des Arbeitsteams (+/–0 Statuspunkte).
– Projektarbeit (+/–0 Statuspunkte).

Mit der Entwicklung des Werte- und Punkteschemas besteht nun eine Beziehung zwischen den einzelnen Elementen des Spielgeschehens, die vom Computer problemlos analysiert und interpretiert werden kann. Auf dieser Basis ist es nun möglich, den Lerndialog zu konstruieren.

11. Schritt: Konstruktion des Lerndialogs

Folgt man dem bisher konstruierten Spielgeschehen – gerade auch unter Einbezug der Lernziele –, dann lässt sich auf der Grundlage der bisher gewonnenen Erkenntnisse ein entsprechender Lerndialog zwischen Anwender und System entwickeln:

1. Das System generiert mindestens drei verschiedene projektbezogene Ereignisse auf einmal, jeweils mit einem Zahlenwert zwischen „1" und „5".
2. Der Anwender beurteilt die einzelnen Ereignisse nach der Wahrscheinlichkeit ihres Auftretens und dem Ausmaß ihres Einflusspotenzials auf das Projekt. Er ordnet sie nach Priorität in einer entsprechenden Matrix ein.
3. Das System stellt eine Gesamtressourcenzahl von 10 Punkten zur Verfügung und fordert den Anwender auf, diese entsprechend seiner vorhergehenden Beurteilung einzusetzen, um das Ausmaß der Auswirkungen einzugrenzen, falls er das für nötig hält.
4. Der Anwender wägt das Für und Wider ab – alle Ereignisse können bei der Ressourcenverteilung nicht berücksich-

tigt werden, dazu reichen die Mittel nicht aus. Er muss Prioritäten setzen und entscheidet sich für die Verteilung der Ressourcen auf bestimmte Ereignisse. Der Zahlenwert des Ereignisses ist jeweils identisch mit der Anzahl der benötigten Ressourcenpunkte.

5. Das System registriert, welches Ereignis mit Ressourcen bedacht wurde und welches nicht. Nach einem vorgegebenen Schema addiert oder subtrahiert es in den betroffenen Schlüsseldimensionen vom aktuellen Statuswert „0“, „1“ oder „2“ Statuspunkte.
6. Das System berechnet den Projektstatus neu und meldet ihn dem Anwender zurück. Gleichzeitig gibt es dem Anwender Feedback zu jeder einzelnen Entscheidung.
7. Der Anwender reflektiert seine bisherige Problemlösungsstrategie und passt diese gegebenenfalls an.

12. Schritt: Lernwegstruktur

Nach der Entwicklung der Aufgabenstellung, des Lerndialogs und der Feedbackstruktur ist es nun ohne weiteres möglich, den Lernweg zu konstruieren. Fügt man die bisher entwickelten Elemente des Konzepts zusammen, erhält man folgende Struktur:

Aufgaben und Feedbacks werden in zwei separaten Lernsequenzen vermittelt, jeweils eine mit drei und eine mit sechs Ereignissen. Der Anwender bearbeitet zunächst die Zuordnungsaufgabe (Ordnung der Ereignisse nach Priorität und vermuteter Auswirkung in der zweidimensionalen Matrix), anschließend die Auswahlaufgabe (Auswahl der am dringendsten zu behandelnden Ereignisse durch Vergabe von Ressourcen). Sind alle Ressourcen vergeben, erhält der Anwender zu jeder einzelnen Entscheidung ein differenziertes Feedback. Wie sich die Summe seiner Entscheidungen auf den gesamten Projektstatus ausgewirkt hat – und somit, wie gut er als Projektmanager ist – erfährt er in der grafischen Übersicht am Ende der Sequenz. Um die Lernleistung zu festigen, mündet die erste Sequenz automatisch in die zweite und kann nicht unterbrochen werden.

13. Schritt: Programmstruktur

Anhand des Bedarfsprofils und des fertig konstruierten Lernszenarios ist es nun relativ einfach, die Programmstruktur für das Lernsystem Projektmanagement zu entwickeln.

Neben dem Lernmodul mit den beiden Entscheidungsdurchläufen und der abschließenden Gesamtübersicht über das Projekt und den Status in den einzelnen Dimensionen gibt es zwei weitere Programm-Module:

- eine kurze Einführung in die Bedienung und Handhabung der Anwendung (eine „Spielanleitung");
- ein Glossar mit wichtigen Hintergrundinformationen zu Themen und Fachbegriffen, die im Programm erwähnt werden.

Direkt vom Hauptmenü beziehungsweise von der Startseite aus gelangt man in die beiden aneinander geknüpften Lernsequenzen. Das Lernstandmodul – die grafische Übersicht über den Projektstatus („Netzdiagramm") – ist in die Sequenzen integriert. Das Glossar und die Bedienungsanleitung sind jederzeit anwählbar. Als Sonderfunktion wird eine Möglichkeit zum Ausdrucken von Lernskripten hinzugefügt, die ebenso Hintergrundinformationen zum Umgang mit den fraglichen Ereignissen enthalten wie Tipps in Bezug auf richtige Entscheidungen und Lösungsansätze für Projektmanagement allgemein.

14. Schritt: Visualisierung –
Wahl der Metapher

Die spannende Frage ist, wie man das entwickelte Lernspiel-szenario am Bildschirm umsetzt, und zwar so, dass zum einen der Konzeptcharakter nicht verloren geht und die An-wender nicht überfordert werden, zum anderen die Umset-zung technisch machbar bleibt.

Das Konzept selbst ist sehr komplex angelegt. Die Anwen-der haben nur dreißig Minuten, um mit dem Programm zu arbeiten, und sie müssen sich mit dem Szenario erst vertraut machen. Sie verfügen aber nur über eine geringe bis durch-schnittliche Medienkompetenz und über keine Vorerfah-rung in Bezug auf interaktives Lernen. Gleichzeitig ist das mediendidaktische Repertoire stark eingeschränkt. Es sind nur Text, Grafik und kurze Sounds erlaubt.

Insofern muss das Visualisierungskonzept drei zentrale Voraussetzungen erfüllen:

- die Lerninhalte schnell, klar und übersichtlich zu vermit-teln,
- für den Anwender Anhaltspunkte mit überdurchschnitt-lichem Wiedererkennungswert zu enthalten, damit er sich schnellstmöglich und intuitiv im Lernszenario zu-rechtfindet,
- mit einem einfachen Multimedia-Konzept auszukommen.

Alle drei Anliegen lassen sich mit Hilfe einer Brettspiel-Meta-pher realisieren.

Ein als Brettspiel angelegtes Szenario verfügt in der Regel über eine einzige Aktionsfläche – den Spielplan – auf der alle wichtigen Spielelemente zentral positioniert sind und gut gesehen werden können. Auf diese Weise erhält der Anwen-der eine schnelle Orientierung über das vollständige Spiel-geschehen sowie über alle Steuerungs- und Einflussmöglich-keiten. Außerdem ist es möglich, Begriffe und Elemente wie

„Spielplan", „Ereigniskarte" etc. zu verwenden, die vielen Anwendern aus Gesellschaftsspielen bekannt sind. Ein weiterer Vorteil liegt in der traditionell einfachen, stark symbolischen Gestaltung der Spielelemente (Figuren, Karten etc.). Sie können mediengestalterisch durch einfache Strukturen dargestellt werden und erfordern deshalb nur ein geringes Datenvolumen.

Abb. 3.3 a–c: Die Spielkarte, ihr Inhalt und ihre Positionierung auf dem Spielplan.

15. Schritt: Spielplan und -elemente

Ereigniskarten: Die Ereignisse werden symbolisch in Form von Spielkarten dargestellt. Pro Runde steht ein Stapel mit drei beziehungsweise sechs Karten zu Verfügung. Bei Mausklick auf eine Karte wird in einem separaten Fenster der Inhalt des Ereignisses eingeblendet, die Karte selbst wird anschließend automatisch im Spielplan eingeordnet.

Aktionsfläche: Grundlage für den Spielplan ist die zweidimensionale Tabelle aus Schritt 8. Die Zellen der Tabelle werden spaltenweise miteinander verbunden, sodass drei Schienen entstehen, auf denen der Anwender die automatisch eingeordnete Ereigniskarte stufenlos verschieben kann, je nachdem, welches Wirkungspotenzial er hinter dem Ereignis vermutet.

Ressourcenbudget: Der Anwender benötigt im Spiel lediglich eine Übersicht über den Bestand der Ressourcen und eine Information über seine „Ausgaben". Diese ist in Form eines einfachen Zählers realisierbar. In der Auswahlaufgabe erscheint er über der Aktionsfläche zur Orientierung.

Elemente zur Ressourcenverteilung: Um die Ressourcen auf die Ereignisse zu verteilen, benötigt der Nutzer entsprechende Instrumente. Zu diesem Zweck erscheinen bei der Auswahlaufgabe an jeder (eingeordneten) Ereigniskarte einfache „Auf"- und „Ab"-Tasten, über die die Zuteilung der Ressourcen erfolgen kann. Mit jedem Mausklick auf eine Taste verändert sich die Gesamtressourcenanzeige. Ist ein Ereignis mit der vollen Zahl an Ressourcen bedacht, dunkelt sie sich automatisch ab.

Elemente zur Projektübersicht und Statuskontrolle: Um zielorientiert und fachgerecht eine Entscheidung über den Einsatz der Ressourcen fällen zu können, braucht der Anwender auf der Spielfläche eine Statusinformations- und -kontrollleiste. Sie informiert ihn darüber,

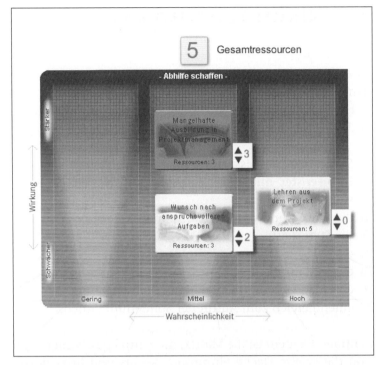

Abb. 3.4: Die Instrumente zur Ressourcenverteilung und der Zähler.

Projektstatus

- welche Faktoren eine Dimension definieren,
- welchen Zustand jede Dimension aktuell aufweist,
- in welchem Zustand sich das Gesamtprojekt befindet.

Diese Leiste ermöglicht ihm jederzeit den Zugriff auf sämtliche relevanten Projektdaten. Gleichzeitig visualisiert sie für jede Dimension den aktuellen Status, sodass sich der Nutzer auf einen Blick ein Bild über den Zustand des Projekts verschaffen kann.

Die Stakeholder sind engagiert

Geschäftsvorteile werden wahrgenommen

Arbeits- und Zeitpläne sind im Soll

Das Projektteam ist leistungsstark

Der Rahmen des Projektes ist realistisch und überschaubar

Risiken werden minimiert

Vorteile der Projektarbeit werden genutzt

Abb. 3.5: Die Projektstatusleiste.

16. Schritt: Raumaufteilung

Es ist essentiell für den Lernerfolg, dass der Anwender auf dem Spielplan alle Elemente zur Aufgabenbearbeitung und Entscheidungsfindung vorfindet. Die Benutzeroberfläche enthält deshalb folgende Elemente:

- Stapel mit Ereigniskarten,
- Info-Fenster mit einer Beschreibung des aktuell angewählten Ereignisses,
- die Einordnungs- und Auswahlmatrix,
- die Statusleiste,
- ein Feld für Arbeitsanweisungen,
- ein Feld für die lineare Navigation,
- einen Bereich für die hierarchische Navigation,
- einen Bereich zum Aufruf der Sonderfunktionen.

Zentrales Element ist die Matrix, die zentral positioniert wird und die größte Fläche einnimmt. Rechts und links davon befinden sich Statusleiste und Infofeld. Unterhalb der Matrix ist das Feld für Arbeitsanweisung, rechts davon die lineare Navigation, links der Stapel mit den Ereigniskarten. Die Steuerungselemente haben ihren Platz ganz oben links unterhalb des Logo-Balkens.

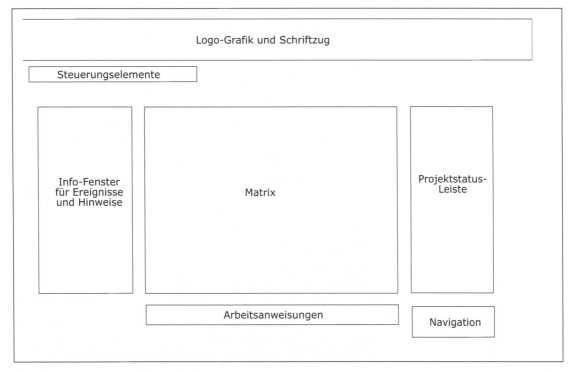

Abb. 3.6: Das Raumaufteilungskonzept.

17. Schritt: Navigationskonzept

Grundlage für die Entwicklung des Navigationskonzepts sind Programmstruktur (vgl. Schritt 13) und Lernweg (vgl. Schritt 12). Demnach gibt es drei hierarchische Navigationsebenen:

■ Das Hauptmenü
■ Die Lern- und Aktionsebene
■ Die Informationsebene.

Aktions- und Informationsebene sind (analog zum Lernweg) sequenziell aufgebaut. Das Hauptmenü enthält einen direkten Zugang zum Spiel und zur Spielanleitung. Die Aktionsebene enthält wiederum Elemente zum Aufruf des Hauptmenüs und der Spielanleitung, außerdem zum Aufruf der Druckfunktion; darüber hinaus enthält sie eine einseitige Verknüpfung zur ausführlichen Beschreibung der Ereigniskarten, zur Darstellung des differenzierten Feedbacks für die Einzelentscheidungen – und natürlich zum Gesamtfeedback nach Abschluss jeder Spielrunde.

In Anbetracht der Kürze der Bearbeitungszeit wird der Anwender in weiten Teilen „automatisch" durch den Programmablauf geführt. Es ist deshalb essentiell, dass der Nutzer die Navigationsoptionen, die ihm darüber hinaus im Programmverlauf offen stehen, sofort erkennt und durchführen kann. Aus diesem Grund sind sämtliche Navigationselemente in Textform gehalten. Lediglich auf der Startseite ist eine Kombination von Piktogramm/Grafik und Text möglich (dazu später mehr). Eine kleine Animation mit Texthinweis dient als Sprungtaste zum nächsten Arbeitsschritt.

18. Schritt: Richtlinien für die Seitengestaltung

Grundlage für die grafische Gestaltung der einzelnen Seiten der Anwendung sind:

■ die Ergebnisse der Zielgruppenanalyse,
■ die Vorgaben des Style Guide.

Ergebnisse der Zielgruppenanalyse: Bei der Zielgruppe handelt es sich um Personen im Alter von über 25 Jahren. Gemäß der

Auswertungsmatrix für Zielgruppendaten bevorzugt diese Altersgruppe eher eine schnelle, einfache und übersichtliche Präsentation der Lerninhalte in einem zeitlos-funktionalen Design.

Vorgaben des Style Guide: Der Style Guide gibt exakt die Verwendung von Schriftarten, Farben, Logos etc. vor, die genau auf das Konzern-Image und alle damit verbundenen Präsentationsformen (vom Briefpapier bis zum Internetauftritt) abgestimmt sind. Im Falle unseres Konzerns handelt es sich bei der Schriftart um eine Serifen- und eine serifenlose Schrift (ähnlich Verdana und Times New Roman). Die Farbe (*corporate colour*) ist ein kräftiges Dunkelblau mit leichten Violett-Einschnitten. Form, Farbe und Abmessungen des Logos sind ebenso vorgegeben wie seine Platzierung (ein einfacher Schriftzug in Serifenschrift mit Kapitälchen-Effekt in *corporate colour* auf weißem Hintergrund).

Festlegung der Gestaltungskriterien: Entsprechend diesen Vorgaben werden nur die beiden zentralen Schrifttypen verwendet. Die Hintergrundfarbe ist generell weiß, Deckfarbe für Schrift und Grafik ist Dunkelblau, wobei hier Variationen in der Deckkraft erlaubt sind (Transparenz- und Verlaufseffekte). Passend hierzu sind weitere Grundfarben: ein warmes, leuchtendes Orange für Roll-over-Effekte sowie ein dezentes Hellgrau zur farblichen Unterlegung beziehungsweise optischen Auflockerung. Signalfarben dienen zur Hervorhebung von Arbeitsanweisungen und zur Visualisierung von Statuswerten nach dem Ampel-Schema.

Zur Andeutung und Hervorhebung der einzelnen Bereiche auf der Screen dienen abgerundete Vierecke. Wichtige Elemente (z. B. Matrix und Karten) sind mit Füllfarbe und Relief-Effekt versehen. Weniger wichtige Elemente (z. B. das Info-Fenster) bleiben weiß und „flach" und ihre Form wird auch nur angedeutet, sodass der Anwender fehlende Linien mit dem Auge ergänzt.

Um die Bildschirmfläche optisch zu verbreitern, gibt es auf allen Spielseiten im oberen Bereich einen Querbalken mit dem Logo des Spiels. Er ist farbgefüllt und optisch auf die anderen Elemente abgestimmt. Fotorealistische Grafiken aus dem Alltag des Projektmanagements dienen zur Visualisierung von Mitteilungen und Inhalten.

Da Konsistenz die Essenz allen Designs ist, werden alle Seiten nach demselben Muster gestaltet. Grundlage hierfür ist
die Hauptseite der Anwendung, also die Spielscreen (nicht
etwa die Startseite, wie gelegentlich gemutmaßt wird). Seiten, die nicht direkt zum Spielablauf gehören (Ereigniskarte,
Glossar etc.) werden so entworfen, dass einerseits ihr gesonderter Charakter erkennbar ist, andererseits ihre Zugehörigkeit zum Spiel unverkennbar bleibt.

In diesem Zusammenhang spielt die Reihenfolge, in der
die Seiten auf dem Bildschirm erscheinen, eine wichtige
Rolle. Die Abfolge der Seiten und ihre individuelle Gestaltung stimmen den Anwender auf das Thema ein, wecken
und lenken seine Aufmerksamkeit und beeinflussen seine
Motivation. Aus diesem Grund werde ich im Folgenden die
einzelnen Seiten in der Reihenfolge besprechen, in der sie
auf dem Bildschirm erscheinen.

19. Schritt: Name für ein Lernprogramm

Die emotionale Ansprache des Anwenders beginnt von dem
Moment an, in dem er den Namen des Programms zum ersten Mal liest. Insofern kommt der Namensgebung des Programms eine größere Bedeutung zu, als man zunächst vermutet.

Ein möglicher Titel für unser Lernsystem wäre zum Beispiel: „Projektmanagement – eine Simulation". An diesem
Titel wäre inhaltlich natürlich nichts auszusetzen. Er ist
sachbezogen und beschreibt den Inhalt klar und deutlich.
Aber vielleicht ist er *zu* nüchtern und *zu* sachlich. Fragen Sie

sich selbst, inwieweit er Sie persönlich dazu motiviert, spontan auf den „Start"-Button zu drücken und mit der Maus auf Entdeckungsreise zu gehen.

Passender wäre ein griffiger, unkonventioneller Titel mit einem entsprechend aussagekräftigen Untertitel, der gleichzeitig Modernität symbolisiert, das Lernthema kommuniziert und den aktiven Charakter betont, der das Programm auszeichnet. Wie wäre es zum Beispiel mit: „e-project – ein interaktives Lernspiel" als Oberbegriff, und als themenbezogene Erläuterung: „Survival in Projekten – Risikofaktoren erkennen und erfolgreich managen"? Natürlich gibt es noch zahlreiche andere Möglichkeiten, der Phantasie und Kreativität sind hier keine Grenzen gesetzt. Für unsere Zwecke soll der letztere Titel jedoch genügen.

20. Schritt: Intro-Sequenz

Das Programm startet mit einer Intro-Sequenz. Ein Intro kann ein sehr wichtiges Instrument sein, um den Anwender für das Lernthema zu sensibilisieren. Besonders Bildüberblendungen und Animationen in schneller Abfolge eignen sich sehr gut, um beim Nutzer Assoziationen auszulösen und ihn auf das Thema einzustimmen. Auch können Intros einen Hauch von Dynamik erzeugen, der spontan auf das Programm projiziert wird.

Gleichzeitig können Intros aber auch genau den gegenteiligen Effekt erzielen. Aufwändig gestaltete, doch ziellos aneinandergereihte Animationen ohne inhaltlichen Bezug hinterlassen beim Anwender nicht nur ein Fragezeichen, sondern kosten auch sehr viel Ladezeit, wenn es sich bei der Anwendung um ein webbasiertes Lernsystem handelt. Auf diese Weise strapazieren sie nicht nur die Geduld des Nutzers, sondern verzögern auch die Arbeit mit dem Programm und bewirken somit genau das Gegenteil dessen, was sie beabsichtigen.

Im Falle von „e-project" – um die neue Bezeichnung für unser Lernsystem gleich einzuführen – erscheint eine kleine Intro-Sequenz sinnvoll. Sie gibt dem Anwender die Möglichkeit, sich innerlich auf die Arbeit mit dem Programm einzustellen, ganz gleich, welche Tätigkeit zuvor seine Konzentration und Aufmerksamkeit beansprucht hat (man bedenke, dass sich der Anwender mit den anderen Nutzern in einer offiziellen Lehrveranstaltung befindet). In Anbetracht der zur Verfügung stehenden Gesamtlernzeit von 30 Minuten und des Verteilungsmediums Internet/Intranet verbietet sich jedoch eine längere Sequenz von selbst. Insofern dient das Intro nur als Mini-Vorspann für den Titel und beschränkt sich auf Textanimation. Eine kleine Grafikkolonne lockert das Erscheinungsbild optisch auf, nachdem die „e-project"-Schriftzüge ihre endgültige Position auf der Screen eingenommen haben. Außerdem sorgt eine kleine Allerweltsmelodie für eine entsprechende atmosphärische Untermalung (da es sich hierbei um einen Sound-Loop, also eine kleine Endlos-Wiederholungsschleife handelt, ist der Speicherumfang für die Ladezeit nicht erheblich).

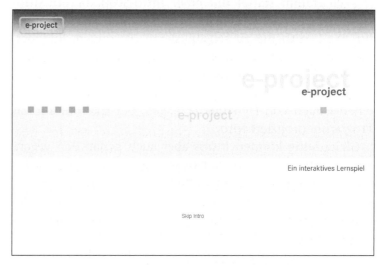

Abb. 3.7: Screenshots von der Intro-Sequenz aus „e-project".

Selbstverständlich verfügt die Intro-Screen über den berühmten „Skip Intro"-Button, um die Sequenz abbrechen und direkt zur Startseite gelangen zu können. In der Regel nutzen viele Anwender diese Option, wenn sie zum wiederholten Male mit dem Programm arbeiten, das Intro schon kennen und direkt zum Inhalt möchten.

21. Schritt: Die Startseite

Die Startseite ist das erste stehende Bild, das der Nutzer von der Anwendung sieht. Sie vermittelt ihm einen Gesamteindruck vom Erscheinungsbild der Anwendung. Die vom Designer ausgewählten Farben, Formen und Grafiken, die Anordnung der Elemente auf der Screen vermitteln ein ganz bestimmtes Image, eine Botschaft, eine Stimmung, die sich auf Lernthema und die Arbeit mit der Anwendung bezieht.

Nun gilt Konsistenz als oberste Maxime des Screendesigns, das heißt: Alle Seiten einer Anwendung sollten durchgängig ein identisches Erscheinungsbild aufweisen. Für Startseiten gilt dieses Devise jedoch nicht zwingend; sie sind häufig anders gestaltet als die übrigen Seiten, ohne jedoch einen massiven Stilbruch zu bewirken. Im Gegenteil: sie verwenden durchgängig die gleichen Farben, Logos und Schriften, ja sogar dieselbe räumliche Aufteilung, und stellen somit einen optischen Bezug zum Rest der Anwendung her. Die Information, die sie vermitteln, ist eine andere als die der übrigen Seiten. Sie präsentieren den Titel, enthalten kurze Informationen zur Handhabung und in der Regel auch das Hauptmenü zur Navigation.

Die Startseite von „e-project" erfüllt vornehmlich zwei Funktionen:

- sie empfängt den Nutzer,
- sie kommuniziert das zentrale Thema des Lernsystems und stimmt den Anwender visuell auf die Arbeit mit dem Lernsystem ein,
- sie fungiert als zentrale Zugangsplattform zu den Lerninhalten.

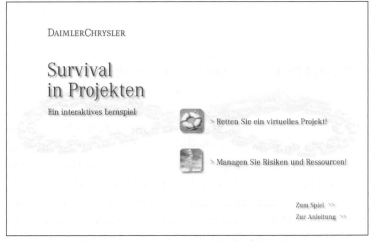

Abb. 3.8: Die Startseite von „e-project" in der Gesamtansicht.

Titel und Untertitel sind großformatig gehalten und zentral positioniert. Bei der Schrift handelt es sich um die bereits angesprochene Serifenschrift, eine Schmuckschrift also, wie sie im Screendesign überwiegend für Überschriften oder Titel verwendet wird (im Gegensatz zu serifenlosen Schriften, die zur Darstellung von allen anderen Texten verwendet werden). Auch die Platzierung des Firmen-Logos erfolgt exakt nach der Vorgabe des Style Guides: es befindet sich oben links auf weißem Hintergrund. Das Design ist entsprechend dem Bedarfsprofil aus der Zielgruppenanalyse zeitlos-klassisch-funktional angelegt. Der Schriftzug von „e-project" ist groß gehalten, in der Farbintensität aber stark abgeschwächt. Der Name des Programms wurde bereits im Intro ausführlich erwähnt und muss nicht mehr gesondert visualisiert werden, zumal auf der Startseite die Aufmerksamkeit des Anwenders auf Titel und Untertitel, die das Lernthema bezeichnen, ruhen soll.

Eine wichtige Funktion übernehmen in diesem Zusammenhang die beiden Grafiken: Der Rettungsring kommuniziert den „Survival"-Charakter im Projektmanagement und somit die generelle Notwendigkeit äußerst effektiver und ökonomischer Handlungsstrategien bei der Organisation und Durchführung von Projekten aller Art.

Die Hand, die lose aneinander gereihte Dollar-Noten auf dem Zeigefinger balanciert, verdeutlicht die immense Brisanz und das hohe finanzielle Risiko, das prinzipiell mit dem Management von Projekten verbunden ist (Stichwort: Investitionsruine). Gleichzeitig steht sie für die extreme Sensibilität, die erforderlich ist, um alle Schlüsseldimensionen eines Projekts in der Balance zu halten.

22. Schritt: Die Spielanleitung

Im Bedarfsprofil wurde die Notwendigkeit einer kurzen Einführung in die Programmbedienung festgehalten. Zum damaligen Zeitpunkt war jedoch nicht absehbar, dass es sich bei der Anwendung um ein Lernspiel handeln würde. Insofern scheint es sinnvoller, die Bedienungsanleitung in eine Spielanleitung umzufunktionieren.

Nun könnte man sich fragen: Warum denn überhaupt eine Anleitung? Der Nutzergruppe steht doch eine Fachkraft als Lernbegleitung zur Verfügung. Kann sie nicht die Spielhandlung und -idee erklären? In der Tat ist es sehr wahrscheinlich, dass der Dozent im Präsenzseminar den Nutzern das Spiel und die damit verbundene Aufgabenstellung in groben Zügen erklären wird. Zur Vertiefung und zum besse-

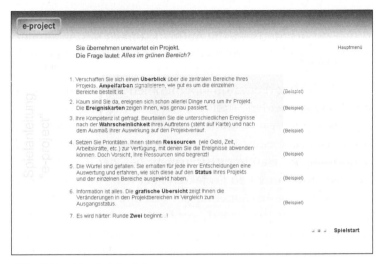

Abb. 3.9 a: Die Spielanleitung.

ren Verständnis der Dozenten-Ausführungen liegt es jedoch auf der Hand, dass sich jeder Anwender noch einmal selber mit der Thematik vertraut machen kann. Auch falls im Spiel selbst Fragen auftreten, kann der Anwender jederzeit die Anleitung zu Rate ziehen, ohne sich an den Dozenten wenden zu müssen. Das ist wichtig, schließlich stehen nur 30 Minuten für die Arbeit mit dem Programm zur Verfügung, und die sollte der Anwender vornehmlich mit den Inhalten verbringen und nicht mit der Bedienung und Erläuterung der Aufgabenstellung.

Vor diesem Hintergrund nimmt das Anforderungsprofil für die Spielanleitung bereits sehr konkrete Formen an: kurz, schnell und prägnant muss sie sein, mit einfachen und anschaulichen Beispielen. Gleichzeitig muss sie auch den Spielcharakter transparent halten. Bedenken Sie: Die Spielanleitung ist der erste Inhalt, den der Anwender vom Programm sieht. Der Text muss den Anwender emotional auf das Spiel einstimmen.

Unter diesen Voraussetzungen bietet sich ein kurzer Text an, der die Ausgangssituation, das Lernziel und die einzelnen Arbeitsschritte beziehungsweise Handlungsmöglichkeiten in wenigen Worten erläutert. Zu jedem Arbeitsschritt gibt es ein konkretes Beispiel, das in einem separaten Fenster einen Ausschnitt aus dem Spiel zeigt.

Die Spielanleitung ist die erste Inhaltsseite der Anwendung. Entsprechend ist sie nach dem Muster der Hauptseite gestaltet. Das heißt, es gibt den „Balken", hier erstmals auch mit dem Logo der Anwendung. Durch die seitliche Anordnung und vertikale Ausrichtung der Überschrift entsteht ausreichend Platz für den Text. Bildlaufleisten sind nicht erforderlich.

23. Schritt: Die Spielfläche

Von der Anleitung gelangt der Anwender zur eigentlichen Hauptseite von „e-project": der Spielfläche. Hier findet das gesamte Geschehen statt, so wie es im Lernkonzept entwickelt wurde.

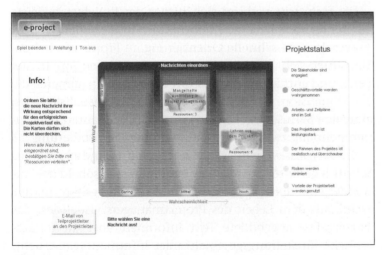

Abb. 3.9 b: Die Spielfläche, hier im ersten Durchlauf.

Die Elemente sind entsprechend dem Raumaufteilungs-konzept positioniert. Die drei zentralen Bereiche sind durch unterschiedliche Formgebung hervorgehoben. Die beiden Felder rechts und links der Matrix sind nur schemenhaft angedeutet, durch die gleich Form wirken sie aber wie aus dem Hintergrund der Matrix „ausgezogen". Eine Farbcodierung nach dem Ampel-Schema (rot-gelb-grün) visualisiert den aktuellen Status in den einzelnen Dimensionen. Die aktuelle Arbeitsanweisung im Feld unterhalb der Matrix ist rot hervorgehoben. Im Feld rechts unten befindet sich die bereits an anderer Stelle erwähnte „Sprungtaste" zum nächsten Arbeitsschritt in animierter Form.

24. Schritt: Weitere Spielseiten

Alle weiteren Spielseiten orientieren sich in puncto Raumaufteilung, Farbgebung, Formgebung und Gestaltung an der Haupseite. Sie unterscheiden sich aber natürlich im Inhalt:

Die Statusseite verbirgt sich hinter der Projektstatusleiste auf der rechten Seite der Aktionsscreen und ermöglicht dem Anwender eine schnelle Orientierung im Projektgeschehen. Sie öffnet sich per Mausklick auf eine Dimension in der Leiste und enthält eine Auflistung aller Projektparameter, die zur Dimension gehören. Eine Ampelgrafik visualisiert den aktuellen Status, eine Legende unten links erläutert den Zusammenhang zwischen Punktestand und Farbcodierung.

Die *Ereignisseite* wird exakt nach dem Grundschema aus Schritt 8 gestaltet. Sie erscheint automatisch, sobald der Anwender eine der Spielkarten aufnimmt. Eine großformatige Grafik aus dem Leben des Projektmanagers visualisiert das Thema. Der abgebildete Text informiert über die alltagstypische Entstehungsgeschichte der Information (Gerücht, Gespräch in der Kantine, E-Mail) und natürlich über den In-

Abb. 3.10: Die Statusseite.

halt. Eine Notiz am unteren Ende zeigt an, welcher Ressourcen-Einsatz notwendig ist, um eventuelle negative Einflüsse auf das Projekt von vorneherein abzuwenden.

Sehr wichtig ist natürlich die *Ressourcenseite*. Sie ist praktisch identisch mit der Aktionsscreen, außer dass die Spielkarten

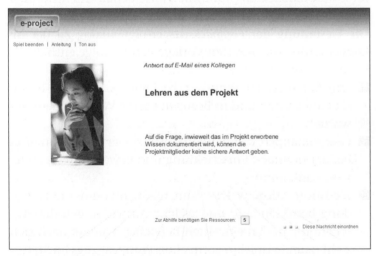

Abb. 3.11: Die Ereignisseite.

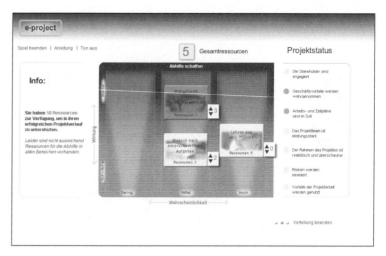

Abb. 3.12: Die Ressourcenseite.

alle auf der Matrix angeordnet und mit Bedienelementen zur Verteilung der Ressourcen ausgestattet sind. Eine zentrale Anzeige über der Matrix zeigt an, wie viele Ressourceneinheiten aktuell insgesamt zur Verfügung stehen. Hat der Nutzer einer Karte die benötigten Ressourcen zugeteilt, dunkelt sich diese automatisch ab. Auf diese Weise behält der Anwender den Überblick über alle noch zur Verteilung offenen Karten. Die Gestaltung der *Feedbackseite* erfolgt analog zu der im Lernszenario konstruierten Vorlage. Demzufolge enthält sie

- eine kurze Bezugnahme auf das Ereignis, das nach Priorität eingeordnet und in Bezug auf seine Wirkung beurteilt wurde;
- einen knappen fachlichen Hinweis oder Tipp, worauf es bei der richtigen Entscheidung und Bewertung des Ereignisses ankommt;
- die Information, welche Dimensionen von der Entscheidung betroffen sind und welche Auswirkungen die Entscheidung in den einzelnen Bereichen konkret nach sich zieht (zum Beispiel in Form eines Punkteabzugs im Statusbereich).

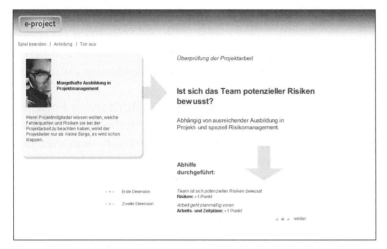

Abb. 3.13: Die Feedback-Seite.

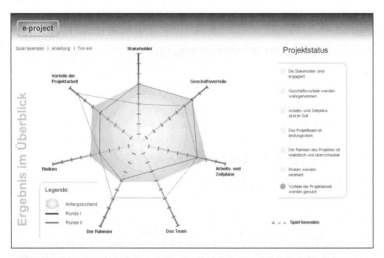

Abb. 3.14: Das Netzdiagramm zur Auswertung der Spielrunden.

Das Ereignis, auf das sich die Rückmeldung bezieht, wird auf der Seite in einem speziellen, farbigen Textrahmen dargestellt. Auch die Grafik, die auf der Spielkarte und der Ereignisseite abgebildet ist, taucht hier wieder auf. Optisch sind alle drei Informationen durch eine koordinierte Raum-

aufteilung voneinander getrennt. Die Punktwerte, die zu-
erkannt oder abgesprochen werden, sind leuchtrot hervorgehoben. Gleichzeitig gibt es einen direkten Link zu den invol-
vierten Dimensionen, der durch eine kleine Animation
hervorgehoben ist.

Einen Überblick über das Gesamtergebnis seiner Entscheidungen erhält der Anwender auf der *Ergebnisseite* am Ende
jeder Runde in einer grafischen Übersicht: dem Netzdiagramm. Dabei handelt es sich um eine Grafik mit Koordinatensystem, die durch eine Netzwerkstruktur das Beziehungsgefüge der Dimensionen visualisiert. Sie visualisiert sehr
schön die aktuellen Statuswerte der einzelnen Dimensionen;
gleichzeitig bildet sie für jede Runde den Spielverlauf in
einem Verlaufsdiagramm ab, sodass man am Ende des Spiels
einen Vergleich zwischen beiden Runden ziehen kann. Die
Übersicht enthält außer einer Legende zur Erläuterung der
Grafik die Liste mit den sieben Dimensionen aus der Aktionsscreen, sodass der Anwender sich noch einmal direkt
über Einzelheiten informieren kann.

25. Schritt: Wahl des Autorensystems

Die multimediale Umsetzung von *e-project* kann nur mit
einem Autorensystem erfolgen, das in der Lage ist, das Be-
rechnungsschema aus Schritt 10 zu konstruieren und in die
Anwendung einzubinden. Über solche Leistungsmerkmale
verfügen lediglich die Skriptsprachen Lingo und Action-
Script der Autorensysteme *Director* und *Flash*. Die Wahl fällt
in diesem Fall auf *Director*, da Lingo die leistungsfähigere und
vielfältigere Skriptsprache ist.

Der letzte Schritt

Mit der Bestimmung des Autorensystems endet an dieser Stelle der Workshop zur Konzeption, Entwicklung und Gestaltung des interaktiven Plan- und Lernspiels *e-project*. Eine vertiefende Darstellung würde neue Felder öffnen (z. B. Programmierung) und den Rahmen des vorliegenden Buches sprengen. In diesem Zusammenhang möchte ich auf die weiterführende Fachliteratur zur Multimedia-Entwicklung verweisen.

Dennoch hoffe ich, dass Sie einen Einblick in den Entstehungsprozess eines Lernsystems erhalten haben und die Informationen in diesem Buch für Ihre eigenen Projekte Gewinn bringend nutzen können.

Quellenverzeichnis

Die Abbildungen im Buch entstammen den folgenden
Lernprogrammen:

Check Chances. Corporate Financing in the Growth Indus-
tries. Basics, Tools & Case Studies. © 2002 salzburg research.

DCePass. Ihr Schritt in die eWelt. © 2002 DaimlerChrysler
AG.

e-project. Ein interaktives Lernspiel. © 2002 DaimlerChrysler
AG.

Genomic Explorer. Ein interaktives Computerspiel zur
Humangenomforschung. © 2002 Verein zur Förderung der
Humangenomforschung e. V.

Holzbearbeitung mit Elektrowerkzeugen. © 1998 Schulungszentrum Robert Bosch GmbH.

Holzbearbeitung mit Maschinen. © 2002 ModernLearning
GmbH. Screendesign: Pina Lewandowsky. Maschinen: Jan
Borchert.

Interaktive Sprachreise Englisch. © 2001 digital publishing.

inter BRAIN. Topographische Anatomie des Zentralen
Nervensystems des Menschen. © 1998 Springer Verlag
Berlin Heidelberg.

JavaScript. Onlinekurs-Demoversion © 2002 bit media
e-Learning solutions.

Konflikte XXL. Konstruktive Konfliktbearbeitung als
Gewaltprävention. © 2001 Verein für Friedenspädagogik
Tübingen.

Kundenorientiert beraten. © 1998 Schulungszentrum Robert
Bosch GmbH.

Lernprogramm Holz. © 1997 Pädagogisches Institut für
Medienentwicklung.

Lunaris. Ein computergestütztes Lern- und Planspiel.
© 2002 SIMLearn GmbH.

Management Skills. Arbeits- und Entscheidungstechniken.
© 1997 Edutec GmbH.

Onlinetrainer Prüfung ortsveränderbarer Geräte.
© 2002 ModernLearning GmbH.

Softwarepaket Existenzgründung. © 2002 Bundesministerium
für Wirtschaft und Technologie.

Steinbearbeitung mit Elektrowerkzeugen. © 1998 Schulungszentrum Robert Bosch GmbH.

Umgehen mit Elektrizität. Grundlagen für aktives Sicherheits-
verhalten. © 2002 ModernLearning GmbH. Screendesign:
Pina Lewandowsky. Maschinen: Jan Borchert.

Voxel Man 3D-Navigator: Brain and Skull. © 1997 Springer
Verlag Berlin Heidelberg.

Vertical Motion Simulator. © 2001 NASA Aviation Systems
Division.

Index

Grundlagen des Webdesign

Webdesign Profis für die Gestaltung gefragt, die der optischen Präsentation genauso viel Gewicht beimessen wie dem Inhalt und der Technik.

Durch die systematische Analyse des Mediums, der notwendigen Arbeitsmethoden zur Seitengestaltung und der Werkzeuge gelingt mit diesem Buch der fundierte Einstieg ins Webdesign als Gestaltungsaufgabe. Dazu gehören die Grundlagen von „HTML & Co", die Bildbearbeitung für Web und Internet und die Planung ganzer Websites mit Navigation, Benutzerführung und Gliederung der Inhalte. Praxisbeispiele, Arbeitshilfen zur Projektplanung, Checklisten und Software runden dieses praxisorientierte Buch ab.

Highlights:
* Praxisbuch vom Grafiker für Grafiker
* Keine Angst vor HTML: Die „Sprache des Web" verständlich erklärt
* Fast schon wie DTP: Wysiwyg-Editoren in der Praxis
* Grafiken für das Web optimal gestalten
* Professionelle Seiten durch Interface-, Page- und Sitedesign
* Projektplanung und Realisation
* Die Website zum Buch: www.designzentrum.de

Ralf Lankau
Webdesign und Webpublishing
Grundlagen und Designtechniken
3., aktualisierte und überarbeitete Auflage
2001. 444 Seiten. Pappband mit CD-ROM
ISBN 3-446-21648-0

Internet und World Wide Web: Neue Medien der Kommunikation fordern neue Wege der Gestaltung. Nach der Anfangsphase als textorientiertes Medium entwickelt sich das Web zur Kommunikations- und Marketingplattform für kommerzielle Kunden. Will man die Entwicklungspotenziale des Web optimal nutzen, sind auch beim

Die beiliegende CD-ROM enthält Browser, Editoren und Grafikprogramme für Windows 95/98/NT/2000/ME und Mac OS. Daneben finden Sie wichtige Tools und Hilfsmittel rund um das Thema Webdesign/Webpublishing und für die eigene Recherche im Netz.

Carl Hanser Verlag

Postfach 86 04 20, D-81631 München
Tel. (0 89) 9 98 30-0, Fax (0 89) 9 98 30-269
eMail: info@hanser.de, http://www.hanser.de

Fax (0 89) 9 98 30-269

HANSER